坚韧担当 进取创新

京津冀文化特质探索

冯石岗 贾建梅 ◎ 主编

上海三联书店

序　言

1　冀、冀域与京津冀

"冀"源于古代冀州。由于古冀州曾经是大于今日河北省的行政区划,尽管五千年来其区划多有变化,但居于今日河北省核心区域则始终未变,冀之名称也经久未息,所以成为河北省的简称。

"冀域"主要是指古代社会京津冀尚未确切划分之前的整个冀州区域,包括今日河北省、北京市和天津市。冀州历史悠久,上古时期,黄帝划野分州,冀为"九州之一",大禹治水后,重新划分九州,冀为"九州之首"。而京津是后来才分化出去的。公元前 1045 年,北京成为蓟、燕等诸侯国的都城。天津则因漕运而兴起,1404 年才正式筑城。研究京津冀古代文化不可避免地要寻根溯源到古代冀州区域,但是,由于文化同源、区域交织,很多文化现象很难截然分清,因而用古代冀域概念挖掘京津冀的文化现象也具有合理性。

现在的"京津冀"是指北京市、天津市和河北省三个省级区划,均处于古代冀域范围内,为了行文方便,本书正文的"冀域"就是指的京津冀区域。京津冀三地如同双黄鸡蛋,河北省相当于蛋清,北京和天津类似于两个蛋黄,三者构成一个有机生命共同体。习近平总书记在 2014 年 2 月 26 日听取京津冀协同发展工作汇报会的讲话中指出:"京津冀地缘相接、人缘相亲,地域一体、文化一脉,历史渊源深厚、交往半径相宜,完全能够相互融合、协同发展。"京津冀作为中华文明五千年活化石级区域,具有丰厚的历史文化资源,涵盖了人类起源、军事战争、游牧文明、农耕文明、海洋文明,古代赵国、燕国,封建王朝首都,近代洋务、现代革命等几乎人类文明的方方面面。京津冀协同发展已经上升为重大国家发展战略,研究京津冀区域的文化认同应该是其协同发展的重要组成部分。

2　冀文化研究与京津冀文化融合创新研究

河北工业大学是地处天津的河北省属重点高校,为河北省经济社会发展和文化繁荣服务责无旁贷。2010 年成立河北工业大学冀文化研究所,确定了以"冀"为服务对象,以"冀域"古代文化为重点范围的研究规划。研究所依托马克思主义理论学科建立冀文化研究平台,着眼于挖掘河北文化资源,服务河北文化建设,培养冀文化研究人才。每年组织青年教师和冀文化研究方向硕士研究生、思想政治教育专业本科生,有计划地开展社会实践和文化普查调研活动。

2014 年京津冀协同发展上升为国家重大发展战略,河北省高校人文社会科学重点研究基地——河北工业大学京津冀文化融合与创新研究中心成立。中心"立足京津冀协同发展前沿,锐意一体化文化融合创新",将京文化、津文化、冀文化比较研究作为研究重点,以文化认同和融合创新为京津冀一体化服务为宗旨,策划开展三个方向的研究:(1)京津冀"元文化"研究;(2)京津冀文化比较研究;(3)京津冀文化融合与创新研究。本成果是京津冀"元文化"研究的部分内容。

3　传统文化与文化基因

关于"文化基因"的假设最早是由美国人类学家克罗伯和克拉克洪提出,他们借用生物遗传这一概念,认为不同地方文化存在像"生物基因"一样的遗传因子,在一定地理隔离的条件下,逐渐累积形成,从而文化特征变得更加明显。什么是文化基因?文化是一个大概念,有一种学说认为,凡是人为的而非自然产生的东西都是文化,包括物质的和非物质的。文化因素浩如烟海,不是所有的因素都能起基因作用的。能担此重任的有三个:语言文字、宗教信仰、生活习惯。这些因素越是成熟,就越稳固,力量也就越大。

文化基因存在于传统文化之中。中国传统文化,是中华民族所创造的物质财富和精神财富的总和,源远流长、博大精深。但博大精深并非庞杂无章,我们可以从中总结出一种中国传统文化的基本精神,就是文化基因。

关于中国传统文化的基本精神,学者们有不同的说法,如张岱年先生认为刚健有为、和与中、崇德利用、天人协调等。也有人概括为相互联系的四个方面:理性精神、自由精神、求实精神、应变精神。英国学者李约瑟曾在剑桥大学的寓所说过:"从5世纪到15世纪,中国古代科学技术曾经对人类做出伟大贡献的绝不是四大发明,而是阴阳协调、整体和谐、直觉顿悟、有机论的思维模式。"英国历史学家汤因比说:"避免人类自杀之路,在这点上现在各民族中具有最充分准备的,是两千年来培育了独特思维方法的中华民族。"这种"独特思维方法",就是天人合一、允执厥中、仁者爱人、以和为贵、和而不同、众缘和合,其核心是"和","礼之用,和为贵,先王之道斯为美"。

冀域是中华文明的重要发祥地,文化基因的发端可追溯到炎黄两大部族在冀域的冲突和融合中播下的和合统一、多元包容精神。

冀域文化既有价值观念的稳定性，又有内部构成的多元性。中华文化基因库中的阴阳协调、整体和谐、多元包容、仁爱、忧患意识、天人合一、以民为本、团结统一、爱好和平、勤劳勇敢、刚健有为、革故鼎新、厚德载物、创新等都能在这里找到渊源和踪迹。

我们是世界民族之林中具有最充分准备的民族，有五千年培育的独特思维方法，记载和传承在我们的集体记忆里，积淀成中华民族最深沉的精神基因，代表着中华民族独特的精神标识。

文化基因既有精华也有糟粕，深深隐藏于语言文字、宗教信仰、生活习惯之中，需要我们去提取、挖掘、提炼和筛选。通过对传统文化的去粗取精、去伪存真，创造性转化和创新性发展，激活我们的优秀文化基因，格物致知、知行合一，经世致用、古为今用，有效增强我们整个民族内心的动力、强身壮体的抗体和慎终追远的定力。

文化是精神的载体，精神是民族的灵魂。纵览世界历史，一个民族的崛起或复兴，常常以民族文化的复兴和民族精神的崛起为先导。一个民族的衰落或覆灭，往往以民族文化的颓废和民族精神的萎靡为先兆。中华民族的文化传统，因应着促进新的文明复兴的时代要求，中华民族的伟大复兴，要在现代化的艰难进程中实现，要靠民族精神的坚实支撑和强力推动。现代化呼唤时代精神，民族复兴呼唤民族精神。

4　京津冀文化具有"坚韧担当，进取创新"的精神特质

冀域燕文化具有举世公认的慷慨悲歌特质，富有勇于担当的文化基蕴。燕国太子丹好养侠客，赵惠文王好养剑客，古老的冀域文化造就了世代相传的浩浩侠风。《史记·货殖列传》中山地薄人众，犹有沙丘纣淫地余民，民俗懁急，仰机利而食。丈夫相聚游戏，悲歌慷慨起则相随椎剽，休则掘冢作巧奸冶。《隋书·地理志》云："悲歌慷

慨","俗重气侠","自古言勇敢者,皆出幽燕"。被尊为唐宋八大家之首的韩愈有句名言:"燕赵多慷慨悲歌之士"。宋代大文豪苏东坡亦曾赞叹:"幽燕之地,自古号多豪杰,名于图史者往往皆是。"冀域大地自古英雄辈出。有"士为知己者死,女为悦己者容"的侠士豫让;有"千场纵博家仍富,几处报仇身不死"的赵国邯郸游侠;有"风萧萧兮易水寒,壮士一去兮不复还"的燕地刺客荆轲;有"当阳桥头一声吼,喝断了桥梁水倒流"的猛张飞;有一身是胆,长坂坡单骑救主的常山赵子龙;有刺配沧州道、雪夜上梁山的好汉林冲;有坚贞不屈、大义凛然,年仅38岁惨遭反动军阀杀害的中国共产党先驱李大钊;有血染沙场、舍身报国的狼牙山五壮士……古往今来,唱出了一曲又一曲激烈、高亢的浩浩燕赵之歌。燕文化的慷慨悲歌特质,内含着丰富的正能量,冀域燕地地处游牧民族和农耕文明交汇处和战争与和平经常转换的拉锯区,环境和需要造就了这里的人自古就有好武之风和敢为天下先的改革之风,长期积淀凝聚成了"坚韧担当,进取创新"的文化基因。

　　冀域作为古代文明发达的中心区,具有与周边地区物质、文化交流的天然优势。中国历史是一部漫长的封建史,重义轻利的儒家文化和农耕经济的主流使得市场经济之花迟迟难以萌发。可事实上,中国社会一直未曾离开过商人的活动。据考证,商最初是个原始部落的名字,位于古代冀域南端,今河北南部邢台、邯郸和河南北部的商丘等地,其部落始祖从事牧业并擅长经商。周灭殷以后,周公(姬旦)告诉殷的遗民,要求他们继续经商。殷商之人善于经商,周朝人便将从事这种行业的人称为商人。冀州商帮在商贸实践中发展壮大成为商界奇葩,培育了优秀的商业意识,形成了独特的商帮文化,其"经营诚信立命,商贸以德立业"的商业精神,具有浓郁的坚韧担当意识,经营过程中甘于良贾,欲而不贪,朴实节俭,善结人脉,好学进取,吃苦耐劳,同舟共济,勇于创新,济世为民,急公好义,公益事业带头慷慨解囊等,在商业活动中丰富发展了冀文化。

冀域陶瓷业作为中外闻名,历史悠久的行业,从公元前540年至今已持续发展二千五百多年。从公元前540年南庄头遗址、磁山陶器的创烧到北朝早期青瓷、白瓷的诞生,为我国瓷业的发展奠定了基础。从主导唐代"南青北白"瓷业格局的邢窑,到宋代五大名窑之一的定窑,再到我国古代北方最大的民间瓷窑——磁州窑的崛起,冀域瓷业确立了在我国陶瓷发展史上的重要地位。

冀域陶瓷曾经长期引领业界风骚的奥秘就是具有坚韧担当、进取创新的精神特质。北朝贾壁窑开创青瓷先河;临水窑完成青白瓷过渡;邢窑制瓷工匠将含铁量低的釉料用在白色胎体上,制造出了白瓷釉,开创白瓷先河;定窑工艺突显创新特色;五代中后期定窑继承邢窑艺术特点的同时进一步发展,烧制创新模仿金银器的"卷边"和"模冲"造型手法,并尝试烧制黑釉瓷器;宋朝开创了"官窑"与民窑竞相发展的新局面。冀域定窑作为当时五大名窑之一,延续了唐代邢窑白瓷的中心地位,在瓷器表面的刻花、印花等花纹装饰方面不断创新,装饰纹样丰富多彩,带有浓厚的民族色彩,形成了自己的艺术特点。定窑为满足不断增长的需要,创制了覆烧工艺,解决了产量问题,这一重要工艺创新对全国各地的瓷窑影响颇深,定窑产品远销海内外,在中国瓷器发展史上占有重要地位。

磁州窑创新技法独树一帜。尤其是白地黑花的创烧,形成了磁州窑的独特风格,它将中国的绘画和书法艺术应用到装饰瓷器上,将制瓷工艺与中国传统绘画艺术、书法艺术融为一体,笔法潇洒自由,绘画题材丰富多样,人物、山水、动物、植物等装饰内容应有尽有,令人耳目一新。

冀域古代科技发展过程中进取创新的精神更加显著。科学研究始于探索发现。南北朝时期（今河北涞水县人）数学巨匠祖冲之，开创先河计算出圆周率的上限和下限（世界上把圆周率称为"祖率"），并在机械发明方面也有所建树：发明制造了"指南车、千里船、水碓磨"等。宋元数学四大家的河北人李冶著有《测圆海镜》和《益古演段》，是流传下来的最早讲述"天元术"的著作。朱世杰著有《算学启蒙》《四元玉鉴》，集前贤之大成，建立了四元高次方程理论。杰出的天文、水利专家邢台人郭守敬参与编制我国古代最精确和使用最久的历法《授时历》，对天文观测工作做了全面、系统的总结，构成了一个严密、完整的天文历法论著系列，展示了我国传统天文学发展高峰。

中国古代卓越的地理学家之一，北魏地理学家（今河北涿州人）郦道元所著《水经注》，是 6 世纪前我国最全面而系统的以水道为纲的综合性地理著作。战国时期名医，传统医学诊断法的奠基人（今河北任丘人）扁鹊，发明"四诊"，提出"六不治"，被誉为"医学宗师"和"中国医学的奠基人"。"金元医学四大家"之一刘完素著有《素问玄机原病式》《素问药证》。李杲著有《脾胃论》。

技术发明方面锐意创新。矗立千年的石拱桥赵州桥，开创世界"敞肩拱"桥型的先河。宏伟壮丽的建筑群北京故宫、北京天坛，建筑群大气磅礴，彰显了中国古代木构建筑技术登峰造极的水平。拼合梁柱构件技术是明清木结构技术的重要成果。天坛建筑物中最具声学效应的是回音壁、三音石和圜丘，充分体现了声波的反射效应。铸造于明代永乐年间，重约 42 吨，位于北京西郊大钟寺内的万钧钟，是世界领先的宗教器物，其内外铸有经文 230184 字，无一字遗漏，铸造工艺之精美让人叹为观止。

冀域古代科学技术的辉煌成就，源于冀域劳动人民坚忍不拔的探索精神和突破樊篱的创新精神。这种坚韧不拔的探索精神和大胆质疑的创新精神,推动了冀域古代科技不断向前发展,也为京津冀乃至中华民族积累了珍贵的精神财富。

冯石岗　贾建梅

2017 年 3 月于河北工业大学

京津冀文化融合与创新研究中心

目　录

第三编　陶瓷名窑故里，技艺几领风骚
——冀域古代陶瓷文化研究

第四编　技术崇实黜虚，科学求真创新
——冀域古代科技文化研究

第一编 慷慨悲歌特质，
勇于担当基蕴
——冀域燕文化精神研究

第一章　为什么研究燕文化

1.1　研究目的和意义

1.1.1　研究燕文化的目的

习近平总书记指出"历史是最好的老师",以史鉴今,以史资政,以史励人,是推进治国理政的经验总结,是指导中国特色社会主义文化事业进步的指南。中国是五千年文明古国,弘扬悠久的优秀文化成果必将有力推进中国社会主义事业更快更好地发展。

本书的研究对象是燕文化。燕文化与燕国的文化不同,燕国的文化是指燕国建立到灭亡期间体现的人文特征,是从文化符号层面进行界定。由于文化精神的存在,文化具有延续性和稳定性,即使符号因为外力作用发生突然性消失,文化精神也会以某种方式得到传播。本书所研究的燕文化既包括燕国存在时期形成的辉煌的文化符号和深层次文化内涵,同时也包括燕国建国之前已知的文化萌芽,和覆国以后燕文化精神的延续。

燕文化是华夏文明的基础文化之一,中国地域文化中的重要一支,是京津冀地区的母体文化,冀文化的元文化要素。本研究旨在通过对燕文化的历史传承、主要内容、精神内涵、多元特征进行分析,提

炼燕文化基因,明确其历史地位和当代价值。为中国特色社会主义
文化建设提供文化资源和基础。

1.1.2　研究燕文化的意义

（1）研究燕文化的实践意义。就京津冀协同发展而言,挖掘和
保护京津冀地区的传统文化,为区域合作经济、文化的发展和国家深
化改革做出贡献是时代的要求。而历史悠久的燕文化作为河北省传
统文化的一大特色,对于增强京津地区的历史认同感,对于京津冀民
族精神的主体精神的形成,在社会发展中发挥民族凝聚作用,对于在
社会主义精神文明建设上为构建社会主义新道德等方面,都有待开
发研究。就河北省建设而言,燕文化挖掘可以形成历史品牌地域文
化,提升河北文化的影响力,直接促进河北经济和文化的发展,同心
共圆河北梦。

（2）研究燕文化的理论意义。丰富中国特色社会主义文化体
系。中国特色社会主义文化体系是马克思主义理论与中国传统文化
相结合的成果。传统文化是中国特色社会主义文化体系的理论来源
和历史基础。燕文化是中国传统文化的重要一支,深入开展燕文化
研究有利于发扬我国优秀传统文化精神,促进中国特色社会主义文
化体系的丰富和完善。

有利于马克思主义中国化、大众化。马克思主义中国化和大众
化,很大程度上是一个与中国优良传统文化相互作用中得到认同的
过程,是根植和融入中国优良传统文化之中并生根、开花、结果的过
程。所以,用马克思主义观点指导研究中国文化和从中国文化视角
解析马克思主义,既是马克思主义被中国文化认同的过程,也是马克
思主义在中国发扬光大和创新发展的过程。不研究中国传统文化,
不优化中国文化土壤,不进行一个个区域文化的挖掘和研究,不利于
马克思主义与中国传统文化相互作用、相互交融。

　　燕文化研究是地域文化研究的重要内容之一。当前冀文化研究处于有益探索阶段,燕文化、赵文化等在河北大地孕育出的文化均属于冀文化的研究内容。由于燕国记载的史料缺失,燕文化研究明显落后于赵文化,深化燕文化研究有助于为冀文化提供一种新的思路和研究理念,有利于中国传统文化研究的深化和细化。

1.2　燕文化研究现状

1.2.1　燕文化研究的始末回顾

　　燕文化研究基本经历了考古研究、历史梳理和精神内涵挖掘三个研究阶段。前一阶段的展开为后一阶段的开展提供了文献资料的支持,保证了燕文化研究的顺利开展。

　　(1)燕文化考古研究阶段。上世纪初,我国地域文化研究随着吴楚研究的兴起而大量开展,由于燕国历史资料欠缺,燕文化对于地域文化研究者来说一直是一个神秘而又无从突破的领域,这决定了燕文化研究必须先从考古学的史料搜集方面开展。

　　第一,研究初始期。燕国的研究初始阶段在 20 世纪 30 年代至50 年代。1929 年至 1949 年,著名考古学家马衡教授带队,对燕下都遗址进行了专题调查,并对老姆台进行了考古发掘,发现了大量出土文物,引发了考古界的震撼。到 20 世纪 50 年代,二十年间大量的考古发现,证明了燕国这个神秘而古老的诸侯国的存在,为历史地理学家和其他领域专家的介入提供了突破口。例如,在挖掘中出土了一枚印玺,是用燕国的文字书写的,李学勤先生将之译为"燕下都",这一实物印玺的出土,证明了这里就是燕国的下都都城所在地。同时在挖掘的过程中发现燕国都城分为东西两个城区,道路、排水、手工作坊等设施完善,这充分证明了燕国曾经的辉煌。此外在东北赤峰一带对燕北长城也展开了调查,但是资料零星。

第二,研究缓慢发展期。20 世纪 50 年代到改革开放前是我国社会政治的特殊时期,燕文化研究的步伐放缓,但仍取得显著的成绩。1961 年燕下都被国务院公布为第一批全国重点文物保护单位,在大量文物被损毁的年代,这一决定使燕文化免遭破坏,为后世继续研究提供了可能。这一时期的全国文物普查工作中,发现并挖掘了一批重要的遗址和墓地,如琉璃河遗址、天津张贵庄战国墓等。考古工作的不断深入为燕史研究注入了活力,更多历史地理学家开始对燕国始封展开探讨,并根据发掘的文物对燕国的历史兴衰进行了研究。

第三,恢复并快速发展期。20 世纪后期,随着改革开放的步伐加快,各个领域的工作恢复正常。北京琉璃河西周墓地以及董家林古城的考古取得重大突破,最终证明了周初召公封燕之事的存在;燕北长城的发现基本确定了燕国的疆域;依据大量的出土文物,确定了燕国的早、中、晚三个分期;从铜器上的铭文研究,基本确定了事实治理燕国的第一代封侯为燕王克。总之,这一时期丰富的考古资料使更多的专家学者瞩目燕文化研究,促进了考古学这一领域呈现一派繁荣。

（2）燕文化历史脉络研究阶段。燕文化考古学的兴盛,为燕国历史脉络的完善提供了有力的材料支撑。这一时期最早对燕国历史进行完善梳理的是夏自正教授。1988 年,夏自正教授发表《燕国史简说》,该文对燕国在统一蓟之前到春秋晚期至战国早期、中期燕的发展历史及燕国形势的逆转和败亡,并对燕昭王的振兴和乐毅伐齐事件进行了详细记载,呈现出燕国历史面目的基本轮廓。

1995 年,北京市房山区召开了由中国殷商文化学会和北京市文物研究所联合举办的“北京建城 3040 年暨燕文明国际学术研讨会”,参加会议的不仅有国内权威专家学者,还包括海外研究人员。此次会议虽然以考古研究为主,但会议上学者们对燕国地域和燕国史进行了基本界定,同时还呼吁成立专门的研究团体,组织协调有关省市学者开展燕文化研究,把燕文化研究推向一个新的时期。

1995年,辽宁教育出版社、紫禁城出版社出版了张京华教授的著作《燕赵文化》。该书对历史上称为"燕赵"的河北地区从地理环境、时代背景、人的行为发展、社会走向等方面做了多方位探讨,对燕赵区域的风土人情进行了综合描述,并讨论了商周时期的燕国古史。张京华教授认为,"慷慨悲歌、好气任侠"的精神传统,是燕赵文化区域的标志,是区别其他地域文化的最主要内容。该书成为学术界研究燕赵文化的必读书目之一,被纳入河北省的《燕赵文库》之中。

2001年出版了由河北大学教授王彩梅编著的《燕国简史》一书。该书详细介绍了燕国建立前后幽燕地区经济、政治、文化与民族融合等现象,并对燕国历史中的重要事件进行了论述,归纳了各家各派对燕王哙禅让和荆轲刺秦的观点,同时提出了自己的看法主张,该书还对燕国的产马、蓟、枣栗等地方特色和燕地多方士这一习俗进行了记载。文章引征翔实,考证严谨.可以说是一部非常全面的燕国史书。

(3)燕文化精神内涵研究阶段。进入21世纪,随着燕国历史脉络的清晰和社会主义精神文明建设的需要,燕文化研究进入精神内涵层面。燕文化精神内涵研究成果显著,尤其在慷慨悲歌精神内涵方面研究颇丰。

第一阶段,部分学者独立研究,发表学术论文。河北保定市委党校的杨玉生教授夫妇是发表燕文化精神层面研究成果最多的学者之一,主要研究包括:《燕文化及其在中国传统文化中的地位》《论召公封燕及其对燕文化的影响》《燕文化的价值和对中国古代文化的影响》《简论燕文化资源的开发利用》《慷慨悲歌风格的形成》《论慷慨悲歌》《论先燕文化》等。杨教授认为燕文化慷慨风格的形成由山高气寒的地理环境、农牧文明的交界、燕地多侠士、长期的战争和民族融合等多因素导致。慷慨悲歌精神对于当代精神文明建设具有重要作用,在《燕文化与社会主义精神文明建设》《燕文化在建设先进文化中的作用》中,杨教授指出燕文化是爱国教育很好的素材,是建设先进文化的宝贵资料。张比在《"慷慨悲歌"新解》中阐述自己的新颖观点,认为"慷慨悲歌"的重心不在"悲"而在"慷慨","悲"的真正含义是"悲壮"而不是"悲伤"。除此以外,其他学者还从多角度对燕文化进行研究,例如洛保生、孙进柱发表的《黄金台考》《黄金台现象的产生和演变》《黄金台现象对燕赵文化的影响》《黄金台现象的现实价值》等文章,把黄金台、黄金台现象与燕赵文化、历史及现实有机地连在一起,给燕赵文化特色以新的阐释,开辟了燕文化新的研究途径。

第二阶段,引起学界重视,开展会议研讨。在 1995 年,北京市召开的"北京建城 3040 年暨燕文明国际学术研讨会"上学者呼吁建立专门的研究机构,但是此次会议后并没有成立专门的燕文化研究团队,燕文化研究依然呈现分散性的特点。2001 年,河北省社会科学院燕赵文化研究会正式成立,并组织各界专家学者开展了全面广泛的研究。相比之下,燕文化研究由于缺乏有力的统一协调组织,明显落后于赵文化研究。

2011 年 10 月,由河北省史学会主办,保定学院和保定直隶总督署博物馆联合承办"全国衙署文化与燕文化学术研讨会"于保定学院召开,会议旨在总结衙署文化与燕文化研究的成果,推动衙署文化与燕文化研究的深入发展。与会专家提出了诸多新问题、新视角。2014 年夏,"燕赵文化精神研讨会"在秦皇岛举行,该会议上关于燕文化的专题研究也涌现出新思想、新观点。

1.2.2　燕文化研究的主要成就

由于燕文化是我国原生文化体系中的一部分,其研究主要在国内开展,国外对燕文化研究的文献尚未发现。但是国外对于地域文化研究、中华传统文化研究成果依然为燕文化研究的开展提供了借鉴。当前国内燕文化研究的成就包括以下几个部分:

(1)燕文化地域界定。由于燕国的早期历史失传,《史记》等史学著作对燕国的记载寥寥无几,界定燕文化圈的范围只能从考古学发现的建筑瓦当、青铜冶铁、兵器农具、陶器货币、服饰装饰、车马用具及都城遗址遗迹进行推断。根据推断,周朝召公受封于燕,当时的燕地主要在今北京、河北北部一带。春秋晚期,《史记》中开始记载燕国的风土人情,当时燕国虽在诸侯国中最弱,但地域广泛,为了抵御少数民族的入侵,燕国北部修筑燕长城,燕长城的修筑基本确定了燕国北部的边界和燕域的走向,当时的燕国主要包括今北京市和河北省的北部、中部部分地区,还有辽宁省的西南部,其南面与赵国接壤,东北与少数民族部落相接。至燕昭公时,秦开伐东胡,进一步拓宽了燕地的范围,西起今山西省东北角,北到内蒙古南部,东到辽宁省,南到河北省中部保定一带。

(2)燕国经济和政治。第一,燕国的经济。在史念海先生的《战国秦汉时期黄河流域及其附近各地经济的变迁和发展》中指出与赵国相比,燕国土地相对贫瘠,但是当时的燕国国都"蓟"仍是经济大都会。石永士先生在《战国时期燕国农业生产的发展》中进一步指出燕国虽不如赵国一样土壤富庶,但是燕国疆域辽阔,农业发展的条件仍然十分优越。李爱玲女士发表的《西周燕国农业探研》一文指出,燕国的不仅冶铁业发展迅速,酿酒业、纺织业也得到了重要发展,主要取决于燕地丰富的自然资源、复杂的地质环境和统治者对农业生产的重视。第二,燕国的政治制度。阎忠生的《战国时期燕国制度稽考》通过对古籍研究,详细论述了战国时期燕国的官制、郡县制、玺印制、兵制、刑制及以上制度的子制度。陈慧在《战国之燕对辽东的经营开发》中将辽东作为案例,进一步介绍了郡县制产生和应用的全过程。后小荣在《燕国县级地方行政都考》中指出,燕国实行的不是郡县制而是郡都制,并从官印、陶文、金文和后世文献几个方面进行了详细论述。

（3）燕国重要历史人物及事件。在燕国历史上具有重要意义的历史事件包括燕昭王修筑黄金台、燕王哙让国、燕北长城的修筑。当前关于这些的研究成果也是极其丰硕。

第一,燕昭王修筑"黄金台"。燕昭王修筑"黄金台"礼待贤士在燕赵大地广为流传,进入 21 世纪以来,对于黄金台的研究取得突飞猛进的发展。洛保生、孙进柱先后在《河北学刊》等重要期刊上发表《黄金台考》《黄金台现象的产生和演变》《黄金台现象的现实价值》等论文,在黄金台的名称由来上根据古代典籍的考察和古建筑学进行了论证。随着对黄金台文化内涵解释的愈加清晰,国内学者对黄金台的研究热潮从文化现象开始向管理科学转变,先后有《黄金台招贤》《燕昭王与黄金台》《鉴赏黄金台》等多篇学术文章的发表。

第二,燕王哙让国。燕王哙让国是燕国历史上一个备受争议的事件,至今为止学术界仍对其褒贬不一。徐克谦在《燕王哙让国事件与战国社会转型中的政权交接问题》中指出,燕王哙让国的内在原因是燕王哙自身勤俭忧民,外在原因是受谋士的蛊惑,社会背景是受墨家"兼爱""尚贤"思想的影响。靳宝发表的《燕国"禅让"实践的重新解读》一文指出,燕王的让国行为正是对"禅让"学说的实践,虽然该行为最终以恶果告终,但是从反面证明了禅让制度在当时社会背景下行不通。

第三,燕长城的修建。燕长城是我国最早的古长城之一,关于燕长城的起止点和走向国内学者莫衷一是。阎忠先生认为燕长城分"内线"和"外线"两种走向,内线西段又分为东、西两段。这种复线说在学术界引起了广泛讨论,除此以外还有"辽东说"、"平壤说"。

第四,荆轲刺秦王。荆轲刺秦事件的主人公荆轲和太子丹几千年来一直是备受争议的人物。《燕子丹》《战国策》《风俗通义》等文献中均有对于荆轲刺秦事件的态度与司马迁在《史记》中的不尽相同。路云亭在《荆轲热文化探源》一文中指出两晋、隋唐、明清由于社会状况不同,世人对其态度亦不尽相同。张海明先后在《〈史记·荆轲传〉与〈战国策·燕太子丹质于秦〉关系考论》和《谁的荆轲——荆轲形象论之一》两篇文章中将众多史料进行对比,指出人们所谈论的荆轲是司马迁融合了自身意愿的一个理想形象,表现的是"有心杀贼、无力回天"的报国无门之怨。

(4)燕文化的精神价值。杨玉生教授在《燕文化及其在中国传统文化中的地位》一文中指出燕文化在中国传统文化中的重要地位表现在燕文化的自身价值和为构筑中国传统文化作出的重要贡献两个方面。燕文化的理论价值在于其慷慨悲歌精神是构建中华民族灵魂的重要一部分,深刻影响着中国人的思维方式和生活习惯。在《燕文化在建设先进文化中的作用》、薛兰霞的《燕文化资源的开发利用》几篇文章中指出燕文化资源在社会主义精神文明建设中作用突出,在建设先进文化中提供了宝贵的资料,推动河北民众在现代化建设中奋勇前进,同时指出燕文化资源的开发利用中存在开发程度低、认识程度不高、专业人才匮乏、实践性不强几个问题,并提出了开发燕文化资源的构想。

1.2.3　燕文化研究存在的问题

燕文化研究成果显著,但也存在着一些问题。这些问题和不足的产生既有客观原因,也有主观因素,对京津冀区域文化探究存在不利影响。

(1)重视程度不够高。燕文化是北京、天津、冀北的原始文化,对京津冀协同发展有着重要作用,理应得到充分的重视。从目前的研究成员来看,主要存在以下几个问题。

一方面,缺乏专门的研究机构。燕文化至今并无专门的研究机构,研究机构是研究人员开展工作的平台,对燕文化各方面的研究者和团队起到组织协调的作用。燕文化研究机构的短缺导致了研究工作只能单打独斗地开展,整个研究层面缺乏宏观引领性和整体计划性。研究力量薄弱,缺乏交流沟通,导致研究内容不成体系化。另一方面,缺少专业知识研究队伍。研究人员均是出于个人爱好和燕属地的家乡情结,或者是地域文化研究的某一个阶段进行研究,各自为战,不成气候。

产生以上问题的原因在于,河北省长期以燕赵大地冠称,人们对燕赵文化这一系统文化比较专注,对其各要素文化相对冷淡。燕文化与赵文化相比,赵文化是一种经济富裕的大国文化,对当今的社会发展有一定的借鉴意义,相比之下学者们对赵文化的研究更加重视,对燕文化这种相对落后的反抗性文化,认识度不高。

(2)研究领域有局限性。从上文中可知,燕文化最早在考古领域开展,逐步向历史学领域和更多研究领域扩展。这种研究领域扩展方向的产生是由于燕史资料不足,其后果是使后期研究领域的广度和深度受到限制,也导致其研究的权威性存在多方面的质疑。例如对于慷慨悲歌的研究,可供当前学者研究的最早的史料就是《史记》中对荆轲刺秦的记载,但是在这之前是否存在慷慨悲歌现象或人物就无从而知;再如燕文化地域界定,由于考古学对燕长城的确切走向观点不一,这就导致了燕文化风俗和精神的研究只能局限在北京和河北北部地域,对于有争议的东北地区的风俗则搁置不议。燕下都、董家林琉璃河遗址等考古挖掘,为重绘燕国迁都的历史事件提供了线索,随着考古发现的不断突破,对燕国史的研究产生了新的挑战。在主客观多种因素的影响下,燕文化的研究领域需要不断突破,研究内容需要持续创新。

（3）对比研究不足。文化比较研究是文化人类学方法论的重心。包括纵向比较和横向比较。纵向比较是从文化发展的历史阶段出发，对不同阶段的文化现象和文化本质进行比较。燕文化的历史阶段特征比较目前只局限在先燕文化和姬燕文化的历史比较，秦朝统一六国以后，燕域的文化成果比较少见。横向比较是跨文化类别的比较。一地文化特色的凸显一定要通过与周边文化的对比才能挖掘，燕国地处河北东部沿海地区，与中山国、赵国、齐国和游牧民族相邻，将燕文化与这些文化对比研究是深入挖掘燕文化特色的主要途径之一。当前进行燕文化与周边文化对比研究的学术成果十分少见，只有《先秦燕赵文化比较研究》和《燕与中山文化比较研究》两篇硕士论文。而两篇论文分别从燕国与周边国的出土文物、风土习俗和历史脉络进行比较，并未涉及深层次的精神文化对比。

（4）燕文化灵魂研究有待深入。从当前出版的刊物来看，燕文化的考古著作和历史研究的著作都已有出版，而关于燕文化精神内涵的研究著作尚未出版。慷慨悲歌精神内涵方面的缺陷是慷慨悲歌的从属地域界定不一。韩愈的一句"燕赵多慷慨悲歌之士"为燕赵"慷慨悲歌"文化特色进行了盖棺定论。当前学者每当提到燕赵文化时普遍认为燕赵文化的精神特色就是慷慨悲歌，司马迁首次使用"慷慨"一词是在刺客列传中描述荆轲这一人物形象，燕文化的研究学者亦将燕文化的特色定义为慷慨悲歌，这就导致了对慷慨悲歌从属地域界定的不一。燕文化精神的"慷慨悲歌"与燕赵文化精神的"慷慨悲歌"是否存在相同的内涵？二者的内在关系如何？这些问题都没有确切的答案。

第二章　燕文化的历史演化

文化是一个历史概念,任何文化都在特定的时空状态下产生、形成和发展。地域是文化生长的土壤,地域文化是地理环境与历史脉络的结晶,并随着社会的发展而积淀形成鲜明特征。燕文化的孕育、形成、发展、繁荣、转型,均体现出燕域的环境特征以及燕域人与人、人与社会之间的行为方式、心理特征、思想情结。本章将在探讨燕文化的形成、发展、转型过程中,分析燕文化不同时期的表现。

2.1　燕国历史的演变

2.1.1　商燕起源之地

傅斯年撰《东北史纲》,已明确推断"商之兴也,自东北来,商之亡也,向东北去。商为中国信史之第一章,亦即为东北史之第一叶","商之起源,当在今河北、东北暨于济水入海处"[1]。到了商朝时期,文献记载燕地成为商朝的分封之地,中心已经南迁至冀域南部。从商代考古学文化看,商王朝并非是一个独立的国家,而是以商部落为核心的,诸多部落联盟。这些部落联盟与周朝被分封的诸侯国存在明显的不同之处,诸侯国是由周天子分封给臣子和贵族的,其疆域原本就属于周天子;而商朝的周边部落是与商部落同时存在的,甚至有些还要早于商部落,其与商部落只是合作关系,即使方国臣从于商,也是自愿选择的政治行为,而不是迫于某种政治体系。商部落的国家政权管理范围基本分为王畿、四土与四至三个构造部分:首先,王畿地区即商朝的都城及其周围地区,由于商朝最早建都在今商丘地区,后迁都殷墟即今安阳地区,所以商王朝的王畿大概是河南的中北部,其辐射范围包括河北的南部、山东的西部,这一地区是商文化最本土、最核心地区。其次,四土地区是指商部落国土除了王畿以外所达到的最远疆域。最后,四至是指臣服于商部落,在保留本部落文化的同时接受商部落文化的诸边方国,这些方国一旦被商部落吞并,就成为四土的范围。至中后期,王畿地区变化不大,政治疆域的北土仍达燕山以南、河北中北部的所谓"朔方"地区,考古学家在今北京房山地区发现了商朝遗址,据此断定该地很可能为燕国的古都城。燕域严重边缘化,成为分封国中最北一个。

2.1.2 方国合并之燕

周武灭商以后,大封子嗣和功臣,按照宗法制的亲血统规定,王室子嗣被分封在镐京周围,功臣被封至边远之地。召公奭作为王室成员受封于燕,当时燕为西周东北边境,不可谓不重要。当时与燕国并存的周边国家有代、蓟、无终和孤竹,虽然这些周边小国综合实力不及燕国,为了扩大资源,大都被燕国所并。代国是周朝最北方的诸侯国,比燕国还要靠北,范围在山西大同与河北蔚县一代,一向是"胡汉杂居",又盛产马匹,故人民彪悍尚武,多体格健壮的骑士,与山戎不相上下,是防御山戎进攻的有力藩篱。由于所处自然环境恶劣,一直有向南扩张的野心,对接壤的燕国有威胁,后来代国被赵国所灭,其领地被燕、赵两国分别占有。蓟国建国于商朝,系黄帝部落之后裔,是周朝的一个弱小"宾服"之国。西周时,《礼记·乐记》载:"武王

克殷返商,未及下车而封黄帝之后于蓟。"[2]蓟国定都在今北京西城
广安门一带,约公元前 7 世纪为燕国所并,当前的史料并无燕、蓟两
国的交战证据,但《韩非子》曾记载曰:"燕襄公以河为境,以蓟为国。"
说明在燕襄公以前原先的蓟国已经被燕国吞并,并且成为燕国的都
城之一。无终国紧邻燕国,积极推进与晋国的亲和关系,一度成为诸
戎国中的首领之国。三家分晋后,无终国没有了强国靠山,最终被燕
国占据。孤竹国是北方的另一个小国,诞生于商朝初年,位于滦河之
滨,是最早的奴隶制诸侯国。公元前 664 年与燕争斗,被增援燕国的
齐桓公所灭,孤竹国领地划归燕国。

2.1.3 烽火多变之国

战国时期,七雄争霸,战争不断,然而燕国除了面对其他六国的
威胁,最大的困扰还在于北居的山戎。燕国与山戎的战争时间长久,
山戎的侵扰不仅影响燕国的经济发展、社会稳定,还直接影响到燕域
范围的大小。燕恒侯时期,由于山戎侵燕,被迫将都城南迁到临易。
这一时期燕国疆域范围缩小,到燕庄公时期,齐国助兵伐戎,才帮助
燕国取回原有疆域。燕王哙让位于子之之后,燕国大乱,齐国趁机攻
进燕国都城,并占据燕国三年之久,这一段时间燕国几乎处于灭亡状
态,直至赵国护送燕公子职回国以后,齐兵才撤出燕国,公子职是为
燕昭王。《三国志·东夷传》记载:"后子孙稍骄虐,国人离志,燕乃遣
将秦开攻其西方,取地二千余里,至满番汗为界,朝鲜遂弱。"[3]秦开
却胡是我国历史上重要的一次疆土扩张过程,这一事件基本确定
了战国时期燕域的最广范围,北到内蒙古高原中北部,东到朝鲜半
岛,南以易水为界,大概今保定市。对于秦开的记载并无详细年
代,学者根据时间推断,应为燕昭王在位期间。燕昭王之后,燕国
综合实力急剧下滑,燕攻赵地之时,受到齐、赵的联合报复,燕国失
去中阳地区。燕王喜在位期间,与赵国发动战争,燕败,被迫割让

五座城池。战国后期赵国伐燕的过程中,燕国又失去武遂等四座城池。

2.2　燕文化的形成过程

2.2.1　萌芽于原始社会

人类活动从原始社会开始,经历了漫长的岁月,留下来亘古遗迹。燕域这片土地上发现的多处旧石器和新石器遗址,充分证明燕域是古人类的发源地之一。

上个世纪在张家口阳原发现泥河湾遗址群,震惊全世界,为人类起源提供一个新的视角。本世纪考古工作者在张家口怀来县附近发现了珠窝堡遗址群,经过考察,该遗址群与泥河湾同属一个年代层,从此张家口、涿鹿县、蔚县、怀来县,同山西大同、北京延庆的泥河湾文化层共同组成了"大泥河湾遗址群"。其中涿鹿、蔚县、怀来、北京均是后来燕国重点活动区域。位于原燕域内的承德市城南鹰手营子矿区营子镇发现了河北省境内第一处旧石器时代遗址——"四方洞",该遗址位于燕山山脉深处,有明显的人类活动足迹,通过考古专家论证,该遗址距今至少已有三百万年,属于旧石器时代晚期。充分证明在蒙昧时期,燕文化已经萌芽。北京周口店遗址是原始人类活动材料保存最丰富、最完整、最有研究价值的遗址群,引起了世界的广泛关注。该遗址群的发现证明在距今五十万至二十万年前,北京地区的人类已经能够直立行走、打制工具、使用火种,人类活动日趋成熟。位于辽宁省营口市的金牛山遗址,是位于燕域发现的另一重要遗址群,该遗址距今约二十八万年,出土发现了完整的晚期猿人化石,与早期智人形态非常接近。

燕域不仅有大量的考古发现,更流行了亘古神话。神话传说虽然不能作为科学研究的有力论证,但是传说不是无根之木,是人们在日常生产生活中的夸张写照,传说源于现实,又神秘于现实。流传至今的许多家喻户晓的神话传说中,涿鹿之战、阪泉之战、釜山合符、大禹治水、女娲斩黑龙等均与燕域有关,充分证明燕域在史前社会已经有大量的人类活动,人类从这里走出,华夏文明从这里起源。

2.2.2 兴起于西周早期

商燕文化也称为"先燕文化"。商人部落长期生活在河北南部、河南北部一带。商人的祖先虽然多次迁都,但始终在河南北部、河北南部一带。都城所在地及周边为王畿,王畿外围领土为四土,四土外围是臣服于商的方国,称为四至。燕域早在商部落繁荣之前就已经存在土著居民,孤竹国是当时北方最大的方国,都城位于今唐山滦南地区,领土范围西至太行山,东至北朝鲜,北至外蒙古,只不过到周朝以后,周王为了巩固统治,封召公于燕,孤竹国的国土压缩到冀东一隅。因此,商朝的孤竹国文化与当前探讨的燕国土著文化具有极大一致性。孤竹国接受并深受商朝文化的影响,由于远离中原变革中心,也成为商朝遗风保留最好的地区之一。当然,除了孤竹国以外,还存在蓟这个国家。蓟灭亡后,燕以蓟为都城,故也是燕域土著居民之一。西周初年的大分封,为该地带来了先进的周文化,并得到广泛推广。周文化、商文化、土著文化相融合,加之周边少数民族文化的影响,促进了燕文化的大繁荣。综合北京地区、内蒙古地区挖掘的燕国墓葬来看,在占卜用的甲骨、祭祀铜器、生活陶器、官用印玺等上面都有文字。

2.2.3 断代于西周至春秋

燕国是一个历史不详全的国家,司马迁写《史记·燕召公世家》对召公奭受封以及召公的个人功德进行了详细介绍,但是除此之外,"自召公已下九世至惠侯"一句将中间九世概括。接下来对燕国历史的记载也仅仅是"某年，某某侯卒，某某侯立"，对各燕侯的功绩以及燕国发生的事件，全无记述。其他史料关于燕国历史事件也无考证。直至齐恒公救燕伐山戎，才有了燕国史事的记载。

对于燕国历史"消逝"的原因，学术界提出了各种推测，概括有两点：

第一，少数民族侵扰说。燕国活动范围在周朝疆域的北部，周围有戎、狄和东胡等部落，仅东南面与齐国相邻，与中原各诸侯国往来交流不便。根据考古挖掘，在出土的西周的燕国遗址中，发现了少数民族元素的使用。据于此，有学者提出燕国记载断代是因为少数民族屡次犯燕，甚至燕国在此期间处于灭亡状态。此推测未免有些大胆。《世本》和《史记》两部记载中均提到燕召公受封以后至燕惠公共九世，说明当时是有九位国君存在，并非亡国。如若少数民族侵犯，燕国覆灭，则与记载相冲突。

第二，实力弱小，被忽视说。我国历史上各朝各代均有史官，其中"内史"记录皇帝命令，"外史"负责搜集各地民间传说，外史也就是所谓的野史，一般为游学之人所传授。商周时期因为文字尚未成熟，考古挖掘仍在进行中，对于这一时期的完整正史掌握尚少，加之秦始皇时期焚毁大量书籍史料，留给后人的文字更是极其匮乏。司马迁整理编写的《史记》除了一部分来源于保留的文字记载，仍有一部分是来源于外史。在史料记载中，燕国一直是一个被鄙视的大且弱的国家。如孟子对于齐国伐燕的师出之名为"燕虐其民"，燕王接见张仪时说"寡人蛮夷辟处"，荆轲刺秦中自称"北藩蛮夷之人"。可见当时燕国实力确实弱小，在弱肉强食的战争年代，实力弱小的燕国被人忽视也是有可能的。

2.2.4　中兴于战国时期

燕国虽然在七国中实力最弱，但是能跻身于战国七雄，得益于战国时期的兴盛。燕国的兴盛表现在：

一是燕国遗址范围扩大。西周时期的燕国遗址挖掘主要集中在北京、天津、河北地区，为西周燕文化的研究提供了地域界定。近几年战国时期的燕文化遗址范围不断扩大，不仅仅包括京津冀地区，还包括内蒙古、辽宁、吉林，甚至在朝鲜地区均已发现具有燕文化元素的墓葬、兵器、钱币、用具，充分说明燕域北疆最远曾到达吉林，东端到达朝鲜半岛，燕国军事实力之强大可见一斑。

二是燕国农业发达，物产丰盛。《战国策》中记载苏秦游说燕文侯时说："地方二千余里，带甲数十万，车七百乘，骑六千匹，粟支十年。南有碣石、雁门之饶，北有枣栗之利，民虽不由田作，枣栗之实，足食于民矣，此所谓天府也。"[4]

三是贤君任位，国治民安。燕昭王继位以后，接手的是一个家破国亡、百废待兴的局面。为了恢复燕国，昭王励精图治、选贤任能"卑身厚币，以招贤者"，"吊死问生，与百姓同其甘苦"，可谓煞费一番精力，二十八年后，燕国殷实富裕，实现中兴。

2.3 燕文化的发展转型

公元前222年，秦国灭燕以后，燕文化开始进入转型阶段。随着社会的变化和发展，尤其是政治因素的主导，燕文化逐渐转型为京都文化、津卫文化和畿辅文化。

2.3.1 正统的京都文化

北京地区虽然一直以来是燕国的管辖范围，但真正成为全国政治中心是在辽金以后，从此北京开始渐进性地从燕文化中脱离出来，形成独特的京都文化。明清时期京都文化发展到顶峰，北京地域成为中国传统文化的集大成区域。

（1）政治责任感强烈。作为全国最高统治者所在地，北京政府机构林立,各国使臣云集,关乎国计民生的所有政令均出于此地,各地区的实时消息也均从四面八方汇聚于此。作为北京常住居民,有多一半是士大夫或者与官员有密切关系的富商,国家的前途和命运与他们自身的利益息息相关,另外一部分本土居民的日常起居也与士大夫阶层断不开联系,在长期接触和环境熏陶中,本土居民具有了其他地区没有的高度政治敏感性。北京人关注时政也热衷于议论时政,街头巷尾、茶馆酒肆经常看见三三两两的人围在一起在滔滔阔论。

北京人敢说敢做,政治责任感并不仅仅体现在嘴上,更体现在实际行动中。新文化运动开展最激烈、最具有成效的是北京大学,是北京大学生最先站起来,举起了新民主主义旗帜。抗日战争时期,中华民族命悬一线,北京大学的学生开展了"一二九运动",掀起了全国人民抗日运动的新高潮,促进了抗日民族统一战线的形成[5]。

(2)市民文化素质高。由于政治中心的开放性,北京市民结构复杂,其中既有本土燕地遗民,也有士大夫统治阶层、没落官僚贵族。从隋唐开始实行科举制,辽、金、蒙、清少数民族政权进入北京以后,纷纷实行了有利于民族融合的政策,延续了科举选拔制度,不仅大大提高了士大夫贵族的素质,更在这一过程中实现了对少数民族的汉化,也叫做"去胡化"。在这一过程中,北京地区原有的"崇勇尚武"遗风逐渐弱化,老百姓由习武到习文。西方列强枪炮打开中国大门后,1862年北京地区建立了"洋务学堂"——京师同文馆,开授外语、几何、地理等学科。1898年,又建立中国近代第一所国立大学——京师大学堂。改革开放以后,我国教育事业发展迅速,北京更是教育资源的集中地,作为只有2000万人口的直辖市,其中211大学22所,985大学8所。这种教育资源的倾斜也是由其首都地位决定的。

（3）官本位气息显著。北京成为都城以后,成为声名显赫、达官贵人的集中之地,官场上的行为习惯不可避免地渗透到北京的所有角落中,老百姓也逐渐官本位气息。主要体现在两个方面,一是好面子。北京人常说的一句话是"面儿比理重要",所以北京人说话经常称呼对方为"大爷"或"某某爷",在我国重宗教伦理的思想下,"爷"是一种高辈分的身份,称呼中带这个字可以让对方听起来非常舒服,对方也会同样用此方式回复你。北京人称呼"你"为"您内",称呼"他"为"丫",这样在说话时称呼对方用尊称,称呼第三方用蔑称,更能体现出谈话的对方地位高,给足对方面子。这种圆滑、世故的语言风格,就是所谓的"京油子"。另一种官本位气息就是重圈子,有政治的地方就有斗争,就有政治团体,在我国古代社会也一样,达官贵族之间因为利益不同,往往会结成各种人际圈子,圈子内有身份地位高的,也有身份地位低的,运用圈子内的力量,操控时局,是官场上习惯的做法。至于老百姓之间也是一样,就如冯小刚的电影《老炮儿》一样,不同年龄、不同社会地位、不同经历都会结成各种人脉团体。到了现代,北京地区成为国家机构、事业单位、国企央企集中的地区,从事体制内工作的人员明显高于其他城市,这成为当前滋养官本位文化的土壤。

（4）自大散漫情结。北京人的散漫在各种漫画、小说、影视作品中均有描绘。明清时期,早起遛鸟、喂鸽子,有事的做小买卖,没事的蹲墙根聊天、晒太阳。遛鸟、喂鸽子、散漫的生活最早起源于京城的贵族子弟,而能在墙根下悠闲晒太阳的人,必定也不需要为生计发愁,于是拥有这种生活成为身份的象征。作为皇城根下生活的居民,久而久之也就把悠闲自得的享受生活,成为人生追求,并进行效仿。北京人能够享受生活还源于稳定的生活环境,作为政治中心的所在地,除非改朝换代,这里一直是最为稳定的地区,即使边疆战争和地区灾害不断,北京人也不需要担心自己生活环境会受到严重的威胁,这种安全感久而久之就产生了安逸散漫的行为。到今天为止,这种行为特征依然存在。外地人到北京求学、打工、定居,但是祖辈就在北京的本地人,很少有外出打工或者定居的,他们宁愿在北京从事一份工资并不很高的工作,依然自得其乐。这种优哉游哉、逍遥自在的心理并不病态,恰恰是北京皇城根下人的特有心境。

2.3.2　多元的津卫文化

天津是北京的东大门和通商、通洋大通道,也是信息人才资源库,北京通过天津接收消化多元文化。

(1)兼收并蓄的河海文化。天津的发展离不开水。金、元时期,天津的河运、海运迅速发展,奠定了它重要的经济地位和水路交通枢纽地位。在这之后,都城迁至今北京,大批的粮食和生活物资都需要经由现在的南运河、潘阳河、子牙河、大清河等汇集到天津,再转至都城。

天津枕河襟海,境内有海和多条河流密布,与京杭大运河交错贯穿,最终汇入渤海湾。天津经济和文化的发展与漕运息息相关,漕运的发展为天津带来的丰富的物资、人口,带动了当地商品贸易、服务业等各种行业的繁荣,其中最重要的就是盐商业的发展。紧邻都城,又是经济繁荣之地,必然成为官府和驻军的要地。在天津,人口构成复杂,自古商人南来北往、形形色色,驻军也由明成祖时期从两江地区迁来,因此天津人均是外来人口,各地的价值观、行为方式相互交融,例如原先在江浙地区的歌舞小调,随着漕运的发展传入天津,并在天津地域文化的影响下形成了独具天津特色的曲艺文化。

(2)气息浓厚的市井文化。天津人豁达乐观,光明磊落,讲义气。天津是一座移民城市,早期移民来到天津的都是普通的穷苦百姓,衣食住行、生老病死、官府地痞盘剥,各种困难使得这些流落异乡的人们只能守望相助[6],因此当地形成了各种帮派,帮派的生存之道就是"义"字，久而久之，随着人际圈子的界限越来越模糊，义气的范围不断扩大，成为了人们普遍认可的道德准则。

天津人"哏"。"哏"形容人滑稽、可笑、有趣。这是天津人特殊的情结，它展现了天津人豁达、开朗、乐观的性格，再艰辛的生活和困难的情况都可以被轻易化解、一笑而过。天津人自嘲的称本地为"哏都"，并创造了相关艺术，其中最具有代表性的就是天津相声。天津相声是天津本地民俗的文化和艺术，它以天津方言为载体，向世人展现了天津人独有的"精气神"。天津人的语气、心态、性情、举手投足、处世方法都透露着豪迈直爽的"天津味"[7]。

（3）中西合璧的租界文化。近代以来天津一直处于恐怖黑暗的凶险境地。第一次鸦片战争中英国军舰直逼天津，第二次鸦片战争后天津被迫开埠，以及甲午海战失败、不平等的《马关条约》的签订、八国联军火烧大直沽、强拆大沽口炮台等等。作为九国租界，充满异域风情的大量建筑物、贸易、宗教等文化符号使东西文化的对比更是鲜明。艰难中则奋起，危难中则变革。天津成为封建社会改良的实验田。近代先进文化率先在天津登陆，中国的许多"第一"，像第一条铁路、第一条电报线、第一所大学、第一列城市有轨电车等等，都出现在天津。在天津还拥有了中国最早的几所现代医院和医学堂、最早的邮票和邮局、最早的自来水公司；活跃在天津的南开大学、北洋大学等名牌大学和一批具有全国影响的中学和专科学校，以及具有海内外广泛影响力的报纸杂志，如《大公报》《益世报》等，均堪称近代天津文化的创举；天津有世界上最先进的制碱方法，海洋工艺全国领先。这一时期，古今中外文化交错，相互角力，形成了杂糅的文化特色。

2.3.3　朴实的畿辅文化

畿辅是指京城周围附近的地区，在清朝是直隶省的别称，管辖范围包括北京、天津和河北的大部分，河南、山东的小部地区。直隶省的前身是元朝的"腹里",明朝时有所缩小,称为北直隶,清朝时称为直隶,省城定于保定。直隶所管辖的县域均环卫都城,久而久之形成了特殊的畿辅文化,其中以河北省的北部张家口、承德、廊坊、唐山、保定文化最为突显。

(1)环卫国都,顾全大局,无私奉献。京城为天子所在地,是一朝的政治中心,京城是否稳定决定着天下是否太平,百姓是否安居乐业。在生产力低下的封建社会,人们无法决定天灾,只能尽力减少人祸。畿辅作为环卫北京的重要城区,百姓们深谙所处环境的重要性,自愿无私奉献,为京城百姓提供生产、生活资料,维护统治中心的安定。除了正常供给以外,畿辅之地的百姓还需要面对非正常的资源掠夺。如京城征用劳役,最先征用的就是畿辅之地的百姓。朝廷大兴土木,侵占的最先是畿辅百姓的土地。面对如此事件,畿辅的百姓往往会无抱怨的选择奉献,并成为一种习惯,延续到当前。例如为了保护北京的环境,张家口地区宁愿贫穷也不发展重工业,唐山等地也是只要逢重要会议,则关闭一切工厂。面对国家利益和个人利益发生冲突时,这些地区的百姓习惯性地选择顾全大局,无条件地服从国家利益。

(2)勤劳简朴,安于现状,缺乏竞争。河北人勤劳,这是有口皆碑的。河北人很少有像四川、重庆、海南等地喝下午茶、整天打麻将的习惯。一方面由于先天环境恶劣,地处北方,冬天气温寒冷不适合生产耕作,正常的工作时间只有三个季度,因此百姓习惯在可利用的时间内尽可能多地完成积蓄。另一方面,受京城显赫生活环境的刺激,畿辅之地的百姓自然也追求更高层次的生活,不甘拮据。我国封建社会形态下,统治者重农抑商的思想牢牢束缚住百姓,这种思想最浓厚的区域就是涉及到京城安定的畿辅之地。畿辅之地的家庭生产几乎全部用来自己自足,辛勤劳动提高生产,是实现生活富足的最重要条件。但是受统治者思想禁锢的影响,畿辅之地百姓创新意识、改革精神欠缺,富商很少,大多是小富即安。例如著名的有徽商、晋商、扬州丝盐商,河北北部的商人却很少,就连"冀州帮"也属于冀南地区,已出畿辅范围。

2.4　燕文化的历史脉络

燕国虽然史料记载缺乏,但是在考古的支持下历史脉络已经逐渐清晰。三皇五帝的原始社会,炎黄阪泉之战、釜山合符均在燕域发生,标志着燕文化萌芽产生。

商朝燕国是商的一个臣服部落,归商部落管辖;西周初,周武王封召公为燕国君,标志着燕正式成为周王室统治范围,先进的周文化与当地的商文化、土著文化融合,促进了燕文化兴起。

西周后期至春秋时期,燕国的史料记载或者缺乏或者泛泛,为燕国的断代期。

战国时期燕国成为七雄之一,并在政治舞台上扮演了重要角色。燕昭王时期燕国实力达到鼎盛时期,为燕国的发展奠定了强大的物质基础。燕王喜时期,荆轲刺秦激变了燕文化精神,燕文化实现了中兴。

燕文化发展过程见图 2.1 燕文化的历史脉络。

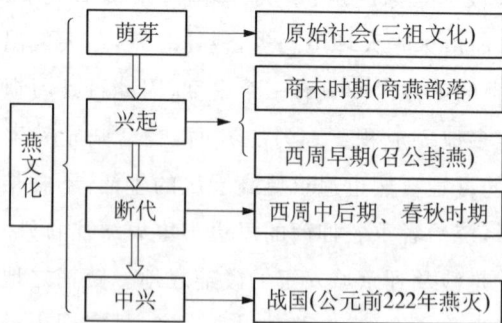

图 2.1　燕文化的历史脉络

第三章　燕文化的主要内容

由于研究角度和使用方法不同,当前学术领域包含多种文化分类方法。其中二分法,分为物质文化和精神文化;三分法,包括物质文化、精神文化和制度文化;四分法,则在物质文化、精神文化、制度文化之后增加了行为文化。几种分法并不矛盾,无非是越来越细,二分法比较笼统,内含了四分法中的制度文化和行为文化。笔者认为,三分法更有利于研究,本书以此为据展开燕文化内容解构。物质文化是指生产生活过程中,一切物态、可感知事物的总和。精神文化是人类在社会实践和意识活动中,经过长期蕴育而形成的价值观念、审美情趣、思维方式等,是文化的核心部分。制度文化是指文化主体在社会化过程中建立的普遍适用的行为规范。

3.1　厚重的物质文化

3.1.1　领先的冶铁技术

铁器的出现大大促进了社会生产力的发展,对于铁器出现的确切时间说法众多,根据墓葬挖掘情况,在甘肃、长沙、陕西等几座春秋中晚期的古墓中均发现铁器,可见铁器的使用时间应该不晚于春秋时期。事实上早在商朝,我国就已经使用了陨铁器物,而燕域是我国发现陨铁器物最早的地区之一。燕国长期受北方游牧民族的入侵,对兵器有大量的需求,而青铜兵器坚硬性差,比较笨重,急需寻找一种轻便、锐利、性能更好的兵器制造方式,而燕地境内地形复杂,山脉绵延多铜铁等金属矿藏和木材燃料。丰富的冶炼资源为冶铁技术的进步提供了必要性和可能性。

在北京市平谷县的商代墓葬随品中,发现了一件经过锻炼的铜铁合成刀,其刀刃部分是由陨铁打造的。可见这一时期燕域百姓已经认识到铁比铜更坚硬,更锐利。但是由于陨铁属于天外来物,并非每一地区均有陨铁存在,存在量极少,所以商朝的陨铁器物并没有普及。因此,只有在人们的冶炼技术提高,能够从铁矿石中提炼出铁,并将其使用于生产工具以后才开始进入新的社会阶段。

幽燕地区挖掘出土的铁器不仅数量多而且分布广,在今天的北京、天津、河北、辽宁、内蒙古等地均出现了战国时期的铁器。在易县燕下都遗址中有铸造铁器的手工业作坊区,出土的铁器包括包括锄、镰、铲、耙等农业工具,斧、凿、刀、锛等手工业工具,矛、剑、戟、刀等兵器,颈锁、脚镣等。河北省兴隆县的燕遗址挖掘证明了燕国铁器是自己制造的,兴隆县地区大概位于燕山山脉附近,这里树木葱茏,适合做燃料,群山环绕,矿产丰富。挖掘出的遗址布局中,有巨大的铁矿石矿坑,矿坑壁筑有供人行走的台阶,外围还发现了铁渣、铁范、炼铁锅、炼铁用的铁料等以及使用过的烧土。通过对出土器物的科学分析,其中不乏有纯铁制品,以及采用高温下还原铁矿石为铁水,从而浇铸形成精美制品。这种冶铸技术在当时是非常先进的,不仅表明燕地在战国时期是铁器普遍使用地区之一,也是燕国冶铁技术水平的标志。

3.1.2　发达的青铜制造

周灭商以后大规模分封,召公受封于燕后由于需要在周都继续辅政,派儿子克前往燕地任职,从此周人正式入主幽燕地区。燕国建立以后,促进了燕域与中原地区的文化交流,其中青铜文化也得以快速发展。辽宁省的西周燕国遗址发现了分布密集的古铜矿遗址,里面展示了完整的开采、选矿、冶炼、铸造系列程序。北京琉璃河遗址的燕国墓地和北京昌平的西周墓葬中均发现大规模的青铜墓葬,在后来发现的属于春秋、战国时期的燕国墓葬中,又发现了采用比商朝青铜制造技术更高的技术制造青铜器物。

燕国的青铜制造具有非常明显的自身特点,体现了燕国文化的多样性、实用性、地域性,具有创新性和先进性。

首先,用途广泛。商周时期的青铜制品以礼器为主,主要用于祭祀、陪葬、祈福、明确身份地位的用途,日常器皿中对青铜器的数量、大小、形状都有明确的规定。燕国由于远离周的政治中心,因而对原有制度的遵守相对比较宽泛。例如在北京昌平燕国墓葬以及北京琉璃河遗址中均出土有大量的青铜器,其中有礼器、兵器、饰品、马具。

其次,器形融入少数民族元素。周初燕国与山戎、肃慎、鬼方相邻,深受北方少数民族文化的影响。例如在商周时期的铜器镶嵌纹路多为宏伟壮观的龙纹、凤纹、蝉纹、饕餮纹、祥云纹,体现出中原文化的雄浑凝重,以及人们的早期图腾信仰。燕域出土的青铜器则镶嵌有狩猎纹、猛兽纹。

再次,燕国的青铜器形状体现了地域特色。我国国家博物馆展示的燕国铜鼎,一般腹部较深,三足较高,看上去比齐国的平盖顶要显宽阔、大气,又比楚国的细高足结实、稳重,体现出燕地受游牧民风影响,民风开放;在燕墓出土的器物有鸟的元素,有的青铜器皿附耳做成鸟喙形,甚至还有鸟形青铜器,体现出燕国以鸟为图腾。

最后,燕国的青铜制造业存在时间长久,即使进入铁器社会,青铜制造业仍继续发展。战国后期的燕国墓葬中出土的青铜器明显展现出镶金、镶银、镶铜、镶铁等技术,器壁更加薄,纹路更加简洁、精细。

3.1.3　古老的水利工程

先秦时期,各国均意识到水利工程对经济发展的重要性。燕国境内河流众多,水资源丰富,为兴修水利提供了便利。燕国著名的水利工程有督亢泽、督亢陌、陶井、易水堤防、运粮河。其中又以督亢泽最为著名。在荆轲刺秦的历史事件中,荆轲接触秦王的借口就是献上燕国督亢之地的地图,从以上记述中可见,督亢之地深得秦王欢心,位置之重要可见一斑。

督亢位于今河北省涿州市以东,北京以南,包括易县、涿县、固安、涞水,"亢"就是"沆",是指一望无际的无水沼泽地,这种地形条件本是不利于耕作,得助于督亢水利工程的兴建,引水灌溉,此地成为燕国物产丰腴之地。据《周礼·职方氏》记载,"东北曰幽州,其谷宜三种",其中三种为黍、稷、稻,稻为水田作物。督亢沟是一条人工开凿的河流,自拒马河引水,过涞水县向东流入督亢泽。沟水汇入至督亢泽中分为两支,一支向东流过黄金台后散为沼泽之地,一支向南汇入易水。

陶井是用陶圈套叠起来,形成筒状的井,主要用于饮用和灌溉,在北京宣武门、陶然亭、永定河附近有大量发现。井的使用使人类摆脱了对河流和自然的依赖,方便了人们的生活,促进了城邑的形成。对于西周时期燕国都城蓟的范围学术界并无定论,从考古发现的陶井聚集度来说,北京宣武门地区当时人口密集度比较高,应该是燕国的重要都城所在地。

易水堤防是一项军事水利工程,也叫做易水长城。燕长城分为南北两道,燕南长城是为了抵抗山戎南下,燕北长城是为了防止齐、赵等诸侯国的进攻。燕北长城就是这道易水长城,它沿易水河北岸的峭壁,在其本来就陡峭的断崖上修筑了高达 4 米的城墙,城墙高低走向均依河道地势而起伏,高耸的城墙屹立在河面宽阔、波涛汹涌的易水河北岸,形成坚实的防护,使易水之南的诸国知难而退。

3.2　规范的制度文化

3.2.1　继承周朝官僚制度

燕国有史记载是从西周开始,西周施行的是严格的宗法制度和嫡长子继承制,从中央的官制而言,位置从高到低依次是周天子、卿士、诸侯、卿、大夫、士、国人。燕作为周朝的分封国,西周时期自然依循周王朝的制度。在中央官职方面,燕侯作为地方最高统治者,燕侯之下设有卿、大夫、士、国人,四个序列。其中卿序列中最重要的是"司马"、"司徒"、"司空",也称为"有司"。春秋战国之时,各国官僚组织分为明确的体系,文、武、物官职中各设一名为最高管理者,目的在于分割官员的权力,便于君主的管理。卿又分上中下三等,上卿在官僚机构里仅次于诸侯王,分为文武两个管理系统,职位包括相和将。相,又称为"司徒"是文官系统的首脑。在史料记载中,多次有燕相出现,曾任此职位的有:子之(燕王哙时)、公孙操(燕惠王时)、栗腹(燕王喜时)。将,又称"将军"、"司马",是武官的首脑,见于传世文献的有:市被、秦开。对于司空的记载在《周礼》中已经遗失,班固在《后汉书·百官志》中对于"司空"的注释为"掌水土事",即负责城邑的修筑、军防工程的建造、墓葬的修建以及水利工程等等。同时司空还负责管理祭祀、册封等皇家礼仪。在古代,祭祀是一件举国关注的大事,故司空的位置极其重要,在讨论国家大事时与司马、司徒的地位相同。卿以下称为大夫,大夫也分为上、中、下三个等级,是朝廷内的普通官职。诸侯、卿、大夫均是嫡长子继承下来的官员,除嫡长子外的次子们则自动降到下序职位。古语云"刑不上大夫",可见大夫以上均是特权阶层,即使触犯法律,也会自动减刑甚至免受惩罚。士是大夫以下的职位,并非是继承官制,而是凭借自己才华谋得的身份,如"毛遂自荐"。随着后来士阶层的快速壮大,大夫与士往往统称为"士大夫"。从燕国墓葬出土的地方官制上地方的行政长官是"守",都是由武官来充任的,《战国策·赵策四》记载"燕以奢为上谷守",从出土的燕国官玺看,除了太守以外,还有司马、司徒、司空、丞等官职,可见郡的地方官职也是仿中央官制而设。郡以下是县,县的最高长官称呼不详。

3.2.2　创新燕国人才制度

周朝的阶层中,贵族与百姓之间有明显的分界,其中士属于贵族中的最下层、百姓中的上层,处于灰色地带。春秋战国时期,士阶层进一步打破严格的身份限制,开始成为社会上最为活跃的阶层。作为知识分子群体,其中不乏将相之才,于是各国纷纷掀起养士热潮,擅长谋略的称为谋士、有武者称为勇士、学问渊博的称为儒士、擅长游说的称为策士,这些士族称为春秋战国时期重要的人才。士人多才多艺、各有擅长,由于游历四方、见识广泛、头脑灵活,在春秋战国时期为诸侯的强大发挥了重要的作用。因此,士人的多少成为一地人才贫弱的重要标准之一。

燕地人才缺少,原因包括地理环境和社会环境两个方面。从地理环境来讲,燕地位于诸侯国最北方,山高水寒,气候环境相对恶劣。从中医角度看,温暖的地方易患外感体肤性疾病,寒冷的地方发生肺腑内伤性疾病概率高,容易伤及生命,在医疗水平低下的情况下,此处实在不是最佳宜居之地。从社会环境来讲,北方有山戎时常骚扰,南方有齐、中山、赵的窥伺,战争多发,百姓经常流离失所。当时的人才大多出于物产富庶、实力雄厚的齐、楚、秦这些中原地区,大多会趋避燕国这种战争之地。另外,从人才自身来讲,"良禽择木而栖,贤臣择主而侍",在礼乐崩坏的战国,拥有问鼎中原的霸气之君才是良主,士阶层也以辅佐主公成就霸业为目标。燕地在六国中实力最弱,显然在没有特殊贤明君主在位的情况下,并不是士阶层实现自身价值的最佳选择。

自燕昭王之后,燕地君主对人才求之若渴,主要的选录人才大概有三种方式,一种是招揽,如燕昭王建黄金台,为求人才而掷千金,各地人才争相前来,弥补了燕国人才不足的局面;一种是推荐,如《荆轲传》中两次出现推荐,第一次为鞠武向太子丹推荐田光,认为田光先生智勇深沉,有勇有谋,是可以共谋大业之人,第二次是田光向太子丹推荐荆轲"所善荆卿可使也";最后一种是自荐,如苏秦胸怀"合纵连横之术"游说列国,最终被燕王采纳,这种游说就是自荐。

这些人才到了燕国以后得到了高等待遇。首先,给予人才丰厚的物质待遇。燕昭王在百废待兴、经济苦难时期,为求才一掷千金,黄金台成为燕国历史上的标志性建筑。太子丹对于人才也是给予了十分丰厚的待遇,尊荆轲为上卿,住最好的房子,使用最好的器皿,时不时赏赐一些新奇的好东西,并提供大量的香车美女供其享乐。燕文侯听了苏秦合纵提议后认为很有道理,资助苏秦车马金帛,前去游说诸侯国。苏秦私通燕易王的母亲,燕易王知道了,并没有大怒反而更加厚待苏秦。

其次,对待人才高度信任,给予精神上的尊重。战国时期,百家争鸣,思想解放,知识分子不仅仅满足于物质层面的更注重精神层面的优厚待遇。百里奚原为晋国的奴隶,秦穆公用五张羊皮把他赎回,并将国家治理大任交由他,赐称号为"五羖大夫"。乐毅投奔燕国以后燕昭王没有任何怀疑封其为亚卿,仅居王位之下;当太子挑拨乐毅与燕昭王关系时,燕昭王不顾父子之情痛打太子。太子丹见田光时亲自逢迎,并为其做引路,拂去坐席上的尘土。物质上的满足和精神上的尊重双管齐下,吸引更多的人才前往燕国。

人才引进来以后，能否得到重用，任用是否恰当，是统治者面临的核心问题。能职相匹才能最大化地发挥人才的作用，促进社会的发展；反之，不仅浪费人才资源，更对社会的发展起到阻碍作用。燕昭王充分发挥人才的作用，给予贤能者以重任，对燕国的强大起到了事半功倍的效果。

邹衍是中国战国时期阴阳家学派创始者与代表人物，他将中国的"五行说"与治国理政联系在一起，提出了"五德说"，并帮助燕昭王成为北方最强霸主，因而受到燕昭王的礼遇和重用，这种学说后来被秦始皇所接受，为其称帝和统治服务。邹衍在燕国时期领导经济建设和发展生产贡献很大，王充在《论衡·寒温篇》中说，"燕有寒谷，不生五谷，邹衍吹律，寒谷可种"，为燕国的兴盛提供了强有力的经济基础。

智慧化身的诸葛亮曾经以管仲和乐毅自比，足见乐毅的智慧和才能非同一般。乐毅是战国后期杰出的军事家，燕昭王封乐毅为亚卿，采纳乐毅论功授爵授禄的政治制度，并改革吏制，设相国和将军，拜燕上将军，受封昌国君，分掌政治、军事大权，辅佐燕昭王振兴燕国，统帅燕国等五国联军攻打齐国，连下 70 余城，创造了中国古代战争史上以弱胜强的著名战例，报了强齐伐燕之仇。

3.2.3　发展燕国地方制度

对于燕国的地方等级管理制度，学术界对此存在多种看法。一种认为燕国顺应历史潮流，在春秋战国时期已经开始实行了郡县制，县是地方治理的最基层长官；另一种观点认为燕国不同于其他诸侯国，郡以下设置的不是县，而是"都"，而"都"以下是否设县则不能考查。但是根据考古挖掘的文物记载来看，燕地确实存在郡和都。目前已经知道的称为"郡"的有上谷、渔阳、右北平、辽西、辽东五个区域，称为"都"的行政区域有文安都、涿都、柳城都、方城都、泉州都、容城都、徐无都等等。其他地名阴阳、枝埋、武平、平阴、日庚、单佑等属于哪一级别尚无定论。燕国地方行政制度除了郡都制还有多都制。这里的"都"不再是地方行政级别的他称，而是都城的意思。

　　燕国于西周受封之前就已经存在，学术界一般把燕国受西周封国立都之初的都城称为燕国的初都。经过考古学家发现，今北京市房山区琉璃河镇董家林遗址保存有完整的居住区、墓葬区和古城址，并且大量发现陶井遗址，以此推断此地应该是人口密集的燕初都。

　　蓟是西周时期燕国北部的一个小国，其政治中心在今北京城区。西周中晚期，燕国不仅扫平了燕山附近的割据势力，吞并了东部的孤竹国的大部分领土，还攻下了北部的蓟国，并将燕国的首都迁到了蓟国的地盘上，从那以后便有了"燕都蓟城"的说法。蓟是燕国都城的记载在文献中频繁出现："燕襄王以河为境，以蓟为国""蓟丘，燕所都之地也"，蓟丘为古代地名，在今北京城区德胜门地区，而在蓟丘以南则发现了燕国瓦当。蓟丘并不是蓟城的中心地区，其中心地区在今北京宣武区，在广安门桥外有"北京建城记"石碑。桓侯徙临易之后二三十年，燕襄公时期，燕国都城又迁都蓟。由此可以看出蓟一直在燕国处于重要的地位。

　　临易是燕国的都城之一。大概是公元前桓侯时期迁都临易，今河北省雄县地区。具体原因不详，但根据燕国当时所处的环境来看，桓侯迁徙应与山戎的侵扰有直接关系。燕除了迁徙主要都城外，还建有中都和下都。《太平寰宇记》卷六十九记载："良乡县，在燕为中都，汉为良乡县，属涿郡。"考古工作者在北京房山区窦店镇发现一座分为大、小的古城，经过调查，该古城的大城始建于战国早期，很可能是燕中都。燕下都在今河北易县境内，位于易县城东南，介于北易水和中易水之间，这个地点和《元和郡县图志》关于易县的记载"武阳故城，县东南里，故燕之下都"一致。同时，考古学家也在易县挖掘到文化遗存丰富、面积很大的易县燕下都遗址。燕王营建多都的原因有二，一是军事目的,北方的蓟城是燕国最主要的政治中心,也是抵御游牧民族入侵的军事重镇,在北京挖掘的墓葬中青铜礼器和生活用具出土数量是最多的,同时也有大量的兵器;燕下都和燕中都均位于燕域南方,目的在于应对中原诸侯国的进攻。另一个重要原因在于稳定政治,燕国一直是战争多发地,并且在战争中经常处于弱势一方,当原有政治中心不安全时,中都和下都就是最好的王室转移地点。

3.3　丰富的精神文化

3.3.1　燕国的神仙信仰

燕域盛行神仙说。神仙说根源于民间传统的不死思想,盛行于战国、秦汉时,在燕、齐之地成为人们普遍的信仰。燕地盛行神仙说最早要追溯到商朝,商朝是一个迷信鬼神的朝代,商人相信鬼神是有思想的、客观存在的神秘力量,因此无论何事必须占卜问神,而这项神圣的工作有专门的人员掌握,就是神职人员。周人统治时期也相信鬼神的存在,并保留祭祀的传统,但是鬼神只是祖先灵气的留存并不能决定国家兴亡,祭祀表达的是人们对祖先的尊重和感恩。周人信天,这里的天相当于"道",天即是德。燕地在商朝时就已经是殷商的忠实部落,召公后代受封到燕地促进了商文化与周文化的融合,加之燕地自然环境恶劣,生产力水平低,人们自然而然寄托于一种更神秘的力量,这就形成了神仙说的历史和现实需求。燕地的图腾是鸟,东邻渤海,这些又成了神仙说的元素,燕人描绘的神仙都是可以自由飞翔,来去自如,生活在缥缈仙境之中[8]。

对于神仙说的盛行程度,汉桓宽《盐铁论·散不足》曾有言:"当此之时,燕齐之士释锄耒,争言神仙方士。"[9]可见当时燕域百姓谈神论仙之风的盛行程度。一种信仰的传播必然有推崇者,神仙说的极力鼓吹者称为方士。方士们热衷于炼仙丹、做长寿之药。他们相信,经过修炼,人是可以打破生死轮回,进入神仙位列的。《史记·秦始皇本纪》载:"方士欲炼以求奇药。"《史记·封禅书》:"而宋毋忌、正伯侨、充尚、羡门高,最后皆燕人,方仙道,形解销化,依於鬼神之事。"他们的中心思想就是讲求长生,认为服食、淫祀可以成为神仙。司马迁说他们是"形皆(解)销化,依于鬼神之事"。班固将他们叫做"神仙家",《汉书·艺文志》说:"神仙者,所以保性命之真,而游求于其外者也,聊以荡平心意,同生死之域,而无怵惕于心中。"神仙学说的盛行不单单靠方士的个人努力,最主要的是统治者的支持。春秋战国时期是人性解放、私欲极度膨胀时期,统治者为了谋求长生不老,派人入海求仙。《史记·封禅书》载:"自威、宣、燕昭使人入海求蓬莱、方丈、瀛洲。"至今河北省秦皇岛市有"秦皇求仙入海处"一景点,据说是秦始皇派燕国的方士入海求仙之地。

3.3.2　燕国的文艺生活

文艺以生活为原型并为生活服务。燕地的文艺具有浓厚的地方特色,有些种类已达到了一定高度。

祭祀乐舞是燕地出现的最早文艺活动。殷商时期,社会生产力低下,人们对于自然充满畏惧,祈求祖先庇佑、鬼神保护是商人最重要的活动。为了表达当时人们激动的心情,体现对祖先的尊重,祭祀活动必然要表演盛大的乐舞。《诗经·邶风·简兮》中这样描写商朝乐舞的场景:"简兮简兮,方将《万舞》。日之方中,在前上处。硕人俣俣,公庭《万舞》。有力如虎,执辔如组。左手执龠,右手秉翟。赫如渥赭,公言锡爵。"可见当时的乐舞由文人和武人共同表演,并且有表演道具。

击筑唯有在燕域有所记载。到了战国时期,严格的礼乐制度被打破,歌曲不再是王家专有,而使音乐在民间发展迅速,突出体现的是荆轲、高渐离易水旁边击筑和歌。筑是我国古代的一种弦乐器,关于筑的记载寥寥无几,只有《战国策·燕策》中有所记载。战国时期是否普遍流行尚且不知,但是几千年历史只有燕国史书记载过,筑在燕地必然是普遍流行的一种乐器。荆轲在易水之滨拜别太子丹及诸位友人,临行之时,高渐离击筑,荆轲和慷慨悲歌:"风萧萧兮易水寒,壮士一去兮不复还。"这一时期歌词简单明了,直接叙事,但是曲调已经出现了高难度的变化,先为"变徵之声",此调悲凉、凄婉,宜放悲声。后"复为羽声",音调高亢,声音慷慨激昂。后荆轲刺秦失败,高渐离也落难并且失明,为了复仇,高渐离在击筑的时候,用筑猛击秦王头部进行刺杀秦王,可惜最终以失败告终。

春秋战国时期,我国的绘画艺术开始初步形成。这一时期,燕国也出现了绘画形式,绘画的题材包括人物、花鸟、动物,例如燕国出土的青铜器上的猛兽纹饰,瓦当上的龙凤纹饰。这一阶段的绘画目的在于装饰、祈福、镇邪,并无画家这一专业群体,进行绘画的均是百工,也就是所谓的手工艺者。

这一时期的击剑、射艺、博艺在诸侯国普遍盛行,荆轲曾经就在榆次与盖聂论剑术。这些娱乐活动有些需要技巧,有些需要体力,而燕人地处北方,身体结实浑厚,自然盛行力量型活动,例如搏艺。燕国人尚武,从"武"的发展来看,最早用于战争,而后为了提高防御成为人们追求的活动之一,到了现代才成为一种观赏性活动。燕域自古多战争,百姓尚武好斗,民间盛行习武之风,久而久之,燕域成为武术之地,至今仍然是"武术之乡"。

3.3.3　燕国的风俗习惯

燕域处于中原北端,深受游牧文化影响。古时北方游牧民族被称为蛮夷之地,司马迁曾说:"燕北迫蛮夷。"这里司马迁只是陈述燕国的地理位置,并未赋予燕国感情色彩,然在《史记》和《战国策中》燕国多次被鄙视为蛮夷之地,并得到当地人认同。如燕王接见张仪时说:"寡人蛮夷辟处",荆轲刺秦中也自称"北藩蛮夷之人"。身处蛮夷之地,必然带有特殊的风俗习惯。

（1）待客习惯。燕域百姓性情憨厚、淳朴,待客热情,《吴子》曰:"燕性憨,其民慎,寡做谋";《汉书·地理志》载:"初太子丹宾养勇士,不爱后宫美女,民化以为俗"、"宾客相过,以妇待宿,嫁娶之夕,男女无别"、"其速愚悍少虑,轻薄无威,亦有所长,敢于急人,燕丹遗风也"。可见燕国百姓热情好客,重义轻色甚至让妻子侍奉客人,这种情况的根源于女性地位低下,将女性看做是家庭的财产和政治的筹码。另一方面,燕国紧邻北方游牧民族,据记载,北方游牧民族也具有此民风。

（2）饮食习惯。燕地饮食习惯比较复杂,燕地气候寒冷不适合农作,《战国策》记载:"燕地南有碣石雁门之饶,北有枣栗之利,民虽不田作而枣栗之实足食于民矣。"《史记·货殖列传》记载:"燕有鱼、盐、枣、栗之饶。"可见,燕国由于气候问题,主要食用枣、栗子这种乔木或灌木果实。但是这种情况在燕昭王时期得到好转,王充在《论衡·寒温篇》中记载:"燕有寒谷,不生五般,邹衍吹律,寒谷可种。燕人种黍其中,号曰黍谷。""黍"又称黄米,可见邹衍到燕国以后,谷物也成为重要的燕国饮食习惯之一。到现在为止这种饮食习惯仍可探寻一些痕迹,例如沧州金丝小枣之乡,唐山玉田县有孤树小枣基地,遵化板栗、迁西板栗远近闻名。

（3）祭祀习惯。先秦时期并无节日,对于百姓而言最重要的日子就是祭祀。全年分为四个重要的祭日,分别为春分祭日、夏至祭地、秋分祭月、冬至祭天。太阳是原始生活中最为重要的依赖,日出而作日落而息,四季冷暖变化,一天明暗变化都是由太阳决定。关于太阳的传说广为多见,"后羿射日"、"夸父追日"等等,因此在原始先民的意识中,太阳是神圣的代表,而春季是万物复苏的季节,这个时期,人们最重要的就是祭祀神圣的太阳。到了先秦时期,人们已经开始了文明社会的农业生产活动,农业生产离不开土壤、河流,因此祭地也是原始社会祭祀的一个重要内容。祭月是延续到现在的一个节日,即今"中秋节"。早在《周礼》一书中,已有"中秋"一词的记载,月亮是仅次于太阳的神灵,春天时祭祀太阳,祈求农作物生长顺利,到了秋天收获季节自然要进行一年收成的汇报,也叫做"报秋"。祭天是统治者专有的活动,商周人的祭天和明清时期的祭天有所区别,商周人祭天仪式不是宣告自己的权力来自于天赐,而是表达自己对神秘力量的服从,具有神秘教化意义。[10]1941年在喀左咕噜沟村曾出土大鼎,1955年以来先后6次在马厂沟、北洞、山湾子、小波汰沟等地发现了铜器窖藏,所出铜器大都为西周初年燕国祭祀山川时埋藏的礼器。

3.4　燕文化内在结构

物质文化是社会生产力的直接体现,燕国先进的冶铁技术反映出战国时期燕国已经进入封建社会,发达的青铜制造业体现出燕国是周朝的重要诸侯国,是周礼维护最完整的地区之一,兴修的水利工程说明当时燕国重视农业发展,水利工程地区往往是人口重镇,督亢陌是燕国丰腴之地。大量物质载体表明,随着生产力的发展,燕国的在农业、水利、制造等方面的科学技术水平已经达到相当高的程度,为燕国的经济发展、制度建设、精神文化奠定了坚实基础。

经济社会的发展是一个系统工程,一定由一套相应的制度来维护。燕国延续周朝的官制,维护周礼的同时,实行了先进的郡县制度,显现出已经融入了封建社会体系的制度文化,其选贤任能更是重要的人事制度改革,符合诸侯争霸的潮流,成为跻身于战国七雄的重要制度保障。

　　燕国的风俗习惯是在历史和环境基础上,由特定的物质基础和社会制度所决定而逐渐演化形成的。紧邻北方少数民族,燕地民风淳朴,游牧民族的好客、轻妇之风在燕地盛行;气候寒冷,多产耐寒植物,因此饮食也以枣、栗之类为主,配以谷物;维护周朝后人统治地位和发展封建关系的需要,燕地成为保留周文化和商文化最完整的地区之一,商周的祭祀习惯在燕地得到传承。经济建设和战争需要,乐舞、击筑、舞马成为燕地官员、百姓的娱乐活动之一。统治阶级维护其地位和寿命的追求,也为了加强社会统治,造成燕地盛行神仙传说,并成为方术的主要传播地区。

　　燕文化的内在结构见图 3.1

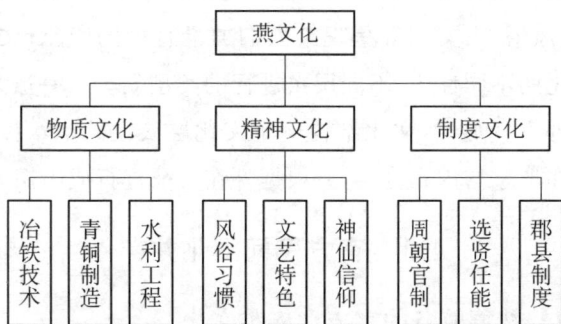

図 3.1 燕文化内在结构图

图 3.1 燕文化内在结构图

第四章　燕文化特征的探索

文化是社会存在的反映和凝结,探讨文化的特质首先要从孕育文化的土壤中去考察其文化风貌和文化结构。文化风貌是指一个地方的历史、风俗、人文等等呈现给人们的最直接的印象;文化结构是指根据文化的不同性质、不同层次进行的类型划分。一般来讲,文化风貌强调外审直观性,文化结构侧重文化层次性。本章探讨的是燕文化的外在形象与内在分层,并根据外在特征进行成因探索。

4.1　官方民间文化并存

4.1.1　礼德兼备的官方贵族雅文化

雅文化也并非指高雅文化,这里的"雅"是指合乎规范。由于古代阶级社会,社会规范是由统治阶级制定,所以古代社会的雅文化指的是在统治集团中流行并为统治阶级认可的文化。雅文化不是自然产生的,其根源于俗文化,经过统治阶级有目的地挑选和推崇而形成的能反映统治集团的根本利益和长远利益的文化。雅文化主要由政府推广,依靠文章、书籍和正规的教育渠道广泛传播。燕国的雅文化主体是周文化,周朝文化的一个特点在于"礼"、"德",这在燕国统治阶层中体现明显。当然,生活在燕国的周人只是少数,燕王施政之前必须接受尊重当地文化,因此燕国历代君王既成为周文化的弘扬者又成为商文化的继承者,进而形成一种异形文化。

"德"是统治者的行为指南。在周朝人看来,皇天是佑德者,"惟德是辅",因此敬德成为统治者维护统治的中心问题。史料关于燕王推行德政的记载也是颇为丰富,据《史记》记载燕国的第一任封侯燕召公虽位居高官,但是极其简朴,巡行之处不住豪华殿宇,不扰民宅,只在甘棠树下办公,不分日夜。这种不扰民的施政作风为各阶层怀念,并有《甘棠》诗留世。甘棠之思也成为表达对德政官员的怀念之思,并为燕国后代君王效仿。《史记·燕召公世家》有载:"鹿毛寿谓燕王:'不如以国让相子之。人之谓尧贤者,以其让天下于许由,许由不受,有让天下之名而实不失天下。今王以国让于子之,子之必不敢受,是王与尧同行也。'燕王因属国于子之。"[11]燕王哙听从鹿毛寿的建议,上演了禅让的闹剧。从这段对话来探究燕王哙的心理,主要是君王须有德性这一思想根深蒂固,导致燕王哙头脑盲目,而上演了历史闹剧。禅让事件发生后并没有对燕王"德政"思想有任何影响,燕昭王即位后面对的是破旧不堪、家国破落的景象,其听从谏言、广纳人才,最终政通人和、百废俱兴。其广泛修筑黄金台的举措,不仅成就了其明君的美名,更成为影响深远的人才观,得到后世广泛歌颂和研究。

"礼"是统治者地位的体现。《礼记·礼器》有云:"贵者献以爵,贱者献以散"、"尊者举觯,卑者举角"。可见,王公贵族们使用酒杯的规定依据身份的高低贵贱而进行严格区别,并不能僭越。在当时,无论天子还是群臣使用青铜器皿不仅是为了饮酒,而且反映了一种"仪式",这种仪式就是礼。历史年代相距久远,对于礼的秩序只能从史料考察,用陪葬器皿佐证。古代社会认为人死后会转回到另一个世界,因此生前的用具均需陪葬到墓地,在未知世界享用。这些陪葬品种类齐全,包括祭祀用具、生活用具、生产工具、战争武器等,这些陪葬品的材质包括陶、瓷、玉石、青铜,反映出当时先进的手工技术。其中以鼎为核心,用鼎的多寡标志着墓主人社会地位的高下。在北京琉璃河遗址的墓葬群挖掘的陪葬品中就有大量的鼎、尊、鬲、爵、觯等礼器,其中有1鼎2尊,6鼎4尊等差别,而在小型墓内陪葬品以陶器和装饰品为主,很少有显示身份的礼器出现。周王推行德政,具体表现在重赏慎罚。《尚书·康浩》曰:"惟乃王显考文王,克明德慎罚,不敢侮鳏寡。"在燕国遗址挖掘的礼器中部分刻有铭文,从"匽侯赐伯君贝""匽侯赏复贝三朋"的文字可以读出,这些器具是匽侯仿效周王,对诸侯君臣施以优礼,广交人才的信物。

4.1.2　崇武尚鬼的民间百姓俗文化

俗文化并不是指低俗、不堪入目的文化。这里"俗"是取通俗之意。俗文化是一种由生活在底层社会的人们创作并产生的原生态文化,包括民间谚语、神话传说、民风民俗。历史是人民群众创造的,俗文化往往最能反映当时的历史趋势和民心向往。燕地的俗文化包括来自中原的殷商文化、原有居民创造的土著文化。其特征表现最明显的是崇武、尚鬼。有学者指出,燕文化继承的是商文化而非周文化,此观点虽有些片面,却从另一面表明商文化在燕域风土人情中表现充分。商朝人不讲"德"性,殷商人心目中的上帝既主宰自然,又主宰社会,但却没有德的属性。在《诗经》中,收录的殷人诗歌大多歌颂的是先王的武力功业,而不言其德,如"相土烈烈,海外有截""古帝命武汤,正域彼四方"之类,这说明商人在价值观上有明显的尚力倾向[12]。殷商文化的另一个明显表现是尚鬼神,《礼记·表记》有载"殷人尊神,率民以事神,先鬼而后礼",这说明商代的宗教观点,是上帝崇拜和祖先崇拜[13]。这种敬鬼神的原始宗教思想在燕地延续并不断发展。邹衍入燕以后,将阴阳五行之说发扬光大,更影响了一批宣传信奉之士。"宋毋忌、正伯侨、充尚、羡门高最后皆燕人,为方仙道,形解销化,依于鬼神之事。"[14]燕、齐沿海地区出现了一批讲神仙术的方士;历史上更有秦始皇、汉武帝将燕域视为求仙问道圣地。辽宁朝阳市出土的匽侯盂证明了燕是周初分封的诸侯,盂体纹饰精美,通体以云雷纹为地,布满夔凤纹。云雷为自然现象,夔凤为人们想象的神鸟,这种装饰文脉普遍出现在新石器时代,在商朝后期已经出现较少,而燕域在西周以后仍然以这种图像作为装饰,可见当地仍保留原始崇拜遗风。这种遗风保留时间至少到秦统一之前。从出土的瓦当来看,齐国出土的瓦当是双骑士纹饰,体现出人们的注意力从原始自然转移到人文现实。而燕国出土的瓦当纹饰是兽面纹,其崇拜自然的风俗可见一斑。燕域的崇武风俗最明显体现在钱币上。秦统一六国之前,各诸侯国钱币形状不一,并在各诸侯国内流动,从目前考古挖掘的钱币种类来看,齐国有布币和刀币、秦国有环币、楚国贝币,在燕国出土最多的是刀币,其形状与山戎、北狄等北方游牧民族渔猎、军事用的武器极其相像。与齐国形态优雅、雕刻精致、艺术色彩浓厚的刀币相比,燕币棱角更加鲜明,做工略显粗糙,然而却具有一种深厚的武器风格,简洁锋利、率直生动。而燕域内出土的古遗址与墓葬中,又以武人性质者偏多。

4.1.3　雅俗文化成因分析

（1）历史传统奠定和合精神底蕴。华夏文化与西方文化不同之处突出表现在涿鹿之战之后华夏民族高超的和合统一智慧。涿鹿之战的结果,不是西方式你死我活地一方吃掉一方,然后形成经久不断的世仇血根而世代东征西战,而是通过战争尊重对手,战后不以胜败论英雄,胜方从组织到感情上进行统一整合。据文献记载,蚩尤虽然战败,但仍然与炎黄二帝并列为中华"三祖",在我国多地都设有三祖祠,而当前我国苗族等少数民族更是奉蚩尤为祖先,可见蚩尤、华夏两个部族群体共同构成了中华文化的族源。蚩尤死后,炎、黄、蚩三部族结成一体,定居在桑干盆地,从此,华夏、东夷共同融为后来华夏族的核心,并日益强大,继而经过合符釜山形成了中华民族的雏形。

和合源于中华民族传统文化融合。"和"是中国哲学中一个很重要的概念,用现在的话就是"和谐"的意思。"和"本身已经包含了"合"的意思,就是由相和的事物融合而产生新事物[xiv]。和合精神一贯被认为是中华传统文化的精髓,而燕文化正是和合文化的最正统形成地域。燕文化在时间上萌发于多部落融合、华夏文化初立时期,典型事件是釜山合符发生于此;形成于奴隶社会残余仍存、封建社会元素已现的春秋战国时期。空间上,燕文化地理位置上处于中原文化和草原文化的交接带,山地文化和海洋文化的过渡区。燕文化的衍生过程就是华夏文化确立时期多元文化的融合过程。在和合这一深远历史底蕴影响下,官方雅文化与民间俗文化两种异质文化体系能够和平共生、繁衍转化。

(2)商朝遗风根深蒂固。燕域是殷商的重要管辖地区之一。商朝时期生产力进一步发展,农业和手工业均取得进步,于是产生了繁荣的商品交换,许多商贾流转到边远地区从事各种交易。从殷都的挖掘来看,虽然商人的祖先屡次迁都,但是都城的主要范围还是在河南、山东、河北一带,与幽燕地区相距不远,幽燕作为少数民族与中原的交界地,自然吸引了大量商人经过购买牲畜、皮毛等,长此以往燕地的百姓与商人交往甚多,风俗习惯影响深厚。虽然商王朝最终被周朝代替,商朝风俗习惯却得到保持,究其原因主要归结为:

首先,幽燕远离中原变革中心,虽然周王室在此分封了燕侯,但是权力的权威性有所弱化,尤其是随着诸侯的历代繁衍,家国天下的意识逐渐淡化,中央和地方关系逐渐疏远。封王的行为由受周王室的掌控,逐渐更具有利己性,为了维护封地的安稳,自然对幽燕百姓的原有风俗有所尊重。

　　其次,周朝原本是一个小国,虽然取得政权,但是对原有商民依然畏忌,为了巩固统治,周人对殷商移民进行排挤,剥夺了其土地,仅允许进行小商品交换。所谓买卖必然是东奔西走地调剂余缺,当时中原地区农业已经发展迅速,五谷产量提高,而边疆地区畜牧业发达,盛产牲畜、皮毛。幽燕地处农业和游牧业交界带,成为了当时主要的商品交换之地。这些来来往往的商人身上保留的不可抹杀的殷商遗风,在燕地也得到推广。

　　最后,燕国管辖范围内有一个重要的商朝老国,就是孤竹国。孤竹国和商朝有同一血缘关系,所以是商文化的忠实捍卫者,周武王灭商以后,并没有将孤竹国消灭,而是纳入燕的管辖范围,这样大量的孤竹百姓融入燕中,燕自然成为商朝遗风保留最好的地区之一。

　　(3)统治者具有空降性质。周人发源地在陕西渭水地区,与幽燕距离较远,活动交往不多,联系不大,文化上差别明显。周武王灭掉商以后,首先要解决的问题就是边境的巩固和国土的管理。为此西周创立了分封制,最初分封的主要国家有齐、鲁、燕、管、蔡等,从此周人开始大规模的扩散到全国各地,建立据点,开疆扩土巩固周王室统治。这一时期的分封按照血缘亲属,血缘关系紧密的被封到国都周围,血缘关系疏远的被封到边疆地区,召公奭并非王室直接贵族,故被封到最北方管理燕这片土地和人民,但是召公作为官员中的顶梁柱,需要继续帮助周王治理朝政、平定叛乱,只能派其儿子"克"前往燕地进行管理。燕王克及其亲眷进入幽燕地区,具有一定的空降性质,他们与一般意义的移民不同,他们作为周王室的大贵族领受周天子的分封命令,到幽燕地区管理这里原有的百姓和土地,并建立治理一个新的诸侯国,目的在于镇压殷商遗民,防御外敌侵扰。这种具有军事色彩的移民必然带有大量的军队和谋臣,同时身为王室股肱大臣的后裔,燕王克绝不会两手空空地来到新的封地,也带来了大量的财物和奴隶,器皿和制作器皿的工匠。这些人来自原来的周部落,其行为方式自然体现着周文化。作为幽燕地区的周王室代表,燕王克到达燕地以后大量推行周人文化,但是也不可能消灭燕地各族人民所创造的原有文化,为了追求不同利益集团的平衡,统治阶级的周文化和燕地原有的风俗文化逐渐妥协,这就导致了雅文化与俗文化截然不同,却同时存在,为通过文化认同走向文化融合奠定了基础。在琉璃河遗址中发现了大量的铜鼎等西周礼器,而在周边的陪墓中也发现了一些含有商人和幽燕土著文化要素的匕首、刀剑等,反映了雅俗、官民、农牧等多样化文化。

(4)矛盾心理调适接受异类文化。两种异质文化体系能够在燕文化中长期并存,除了华夏文明产生、商周政权的转变等历史原因,更重要的是受春秋战国时期的政治格局所左右。

一方面,燕国是战国七雄中最具有周王室正统地位的诸侯国。在齐楚燕韩赵魏秦,七国之中,秦是建国始于周平王时期,韩赵魏是"三家分晋"后才算正式建国,楚国是周成王时期受封建国,只有燕和齐是西周开国之初,第一次大分封时候受封的诸侯国,但是"田氏代齐"以后,齐也换了掌门人,失去了王室正统的尊贵地位。只有燕是唯一一个没有经历过兼并和重组的西周封国。作为周王室的老臣,燕王一直为其地位陶醉。宗法制的先秦时期,正统则位尊,虽然实力上燕国并不强大,但是历代燕侯还是存在着自大心理,对于能够坚持周文化几百年表示骄傲。

另一方面,任何事情都具有两面性,老牌国家的优势下也导致了实力落后的劣势,血统自豪与国力自卑意识同时存在。《史记·张仪列传》载燕王曰:"寡人蛮夷僻处,虽大男子裁如婴儿。"在诸多鸠鸠老国中,能够保留最久、最完整,确实是一件不容易的事,这种"不容易"的思想则孕育出了小富即安、温饱即满的观念,不思进取,思想守旧。"惟然,故重家族,以族长制度为政治之本,敬老年,尊先祖,随而崇占之念重,保守之情深。"[15]在变法图强的时代,保守必然落后,更何况燕国的自然条件并不是十分优越。因此,燕国逐渐变成"弱"国。对内,燕国虽有"鱼盐枣栗之饶",但经济实力并不强大,政治制度上与变法后的六国相比也较为落后。对六国,政治、经济较其他六国相对落后,如时人所称"燕,弱国也。东不如齐,西不如赵。"对异族,燕国在与少数民族的战争中大多处于被动地位,燕恒侯为了躲避山戎曾经弃都城逃到山里;燕庄公时,燕几乎被山戎所灭,后求救齐国才得以保全。实力上的弱小导致燕王不敢对国内进行严格的文化排挤,即使民间世俗文化出现了胡化或者新的变化,统治者只能被迫接受。

这种自大又自卑的矛盾心理下,燕域君主时而发扬周文化重视礼、德之风,时而思想洒脱决策轻浮;燕域百姓既坚持本土文化,又谦虚接受外来文化。

4.2　精神内涵正负两维

不同地域的社会环境、自然环境等因素影响下,会形成不同地域的性格,也就是所谓的"一方水土一方人"。例如,厚重的黄土影响下,山西人淳朴憨厚;安定的生活环境下,江浙人安逸享受;而复杂、矛盾的燕域环境影响下,燕域百姓性格也呈现出矛盾性。

4.2.1　隐忍内敛与热情奔放呼应

(1)隐忍内敛的秉性。隐忍内敛即将痛苦的事情深深藏于内心,强力克制忍耐。燕域最初的隐忍基因起源于边缘化的政治地位、自卑的政治心理。其主要隐忍的是列国的欺凌和少数民族的骚扰。随着历史的发展,成为多种文化的汇聚地,这使得燕文化的隐忍精神更具有开放包容的价值内涵。孤竹国夷齐让国、叩马谏伐、耻食周粟、甘饿首阳的故事是隐忍内敛传统之源。争相让国的伯夷叔齐兄弟二人,对周武王父亲死了不在家守孝却大动干戈,作为商朝的臣民前去弑杀自己的君主这种行为所不耻。武王伐商功成后,伯夷叔齐隐居求志,不与武周为伍,谢绝周武王的封赏和高官厚禄。夷齐兄弟不吃周粟"采薇而食",直至饿死首阳山。伯夷叔齐爱国守志、清正廉明、仁义礼让、隐忍内敛的高尚品行,是燕文化的宝贵财富,是遵守规则、家庭和睦、社会和谐的精神文化之源。在几千年的历史进程中,中原文化与草原文化、海洋文化与山地文化、农耕文化与游牧文化在燕域相互碰撞、融合、共生。同时由于历史上燕域战争频发,自然灾害不断,每逢战争都带来大量的人口锐减,所以燕域也是中国历史上的重要移民区。历经数次磨合,燕赵文化吸收融合了各民族的文化以及四面八方移民带来的习俗,培育出隐忍包容、兼收并蓄的精神。只有隐忍才能包容,只有包容才能为四面八方汇合文化的重融做出奉献。元朝以后,河北作为京都腹地,是全国各地文化前往北京进行融合交流的必经之地,因此燕域成为受京都文化影响最早的地区,成为全国最开放的地区。燕域虽人口多有变化,但少数民族的活跃程度不受国家形势的影响。国家分裂时期,燕域多为少数民族的统治区域,如鲜卑族建立北魏,辽、金政权的建立;国家统一时期,燕域或为少数民族侵扰中原的战乱区,或为中原势力强大,少数民族归降后的安置区。汉光武帝建武二十五年,辽西乌桓大人郝旦等率众降汉,诣阙朝贡。光武诏封乌桓渠帅为侯王君长者八十一人,皆居塞内,布于缘边诸郡,给其衣食,为汉侦侯,助击匈奴、鲜卑,并于上谷宁城今河北万全置乌桓校尉。唐朝时期,我国封建经济快速发展,中原文化高度繁荣,形成强大的文化吸引力,加之统治者实行开明的民族政策,各方少数民族先后臣服唐朝,并建立了隶属于唐朝的地方行政辖区。这一时期幽燕成为东北和北方的少数民族进入中原进行交流的必经之地,也是除了长安以外,北方文化气息最为浓厚的区域之一。可以说,唐代的幽州地区是汉、奚、突厥、契丹、靺鞨、室韦、高丽、新罗、回纥、吐谷浑等各族人民共同生活、交流的地方[16]。新的民族融入必然导致新的文化冲突,长期的文化冲突下,隐忍和吸收成为燕域土著文化的必然选择。

(2)热情奔放的性格。热情是与人生观、价值观有关联的,是一个人态度、兴趣的表现[17]。燕域的热情来源于三个方面。一是自身周室"正统血脉"的责任感。燕为殷商时期的重要疆域,西周时期的老牌诸侯国,在王朝统治中重要的地位使其产生维护王朝统治和国家统一的责任感。作为燕国始祖的燕召公曾辅佐三代周王,可谓股肱之臣,更有"甘棠遗爱"的佳话;《竹书纪年》有为了抵御山戎入侵,增强周朝统治"王师、燕师城韩"的记载;燕王哙为了改善天下大争的局面,上演了一场"禅让"事件。二是艰苦的时局形势使然。元朝建都北京之前,燕域由于不是全国统治的政治中心,经济上存在诸多自然条件限制,燕域一直没有被统治者重视。特别是唐朝以后,经济重心和政治重心南移,燕域的地位更受忽略,两宋时期更成为统治者用作求和的筹码。对优越生存环境的渴望,在经济上落后、政治上羸弱的无望,使燕域人更加渴求和平、安定、和谐的生活,更加注重建设、崇尚知识、尊重人才[18]。因此燕域人更加热情欢迎各行各业的精英人才融入本地,为本地的社会发展带来活力。三是被迫接受后的情感选择。按照心理学的接受理论,接受的第一特征是在冲突面前正向思维,心态积极,营造乐观心境。秦朝统一六国后,燕域历经多次行政区域建制,无论管辖区域扩大或缩小,行政名称几经变化,燕域均是历朝历代的文化交流地。与君主求贤不同,燕域作为中央王朝的一个行政区域,无论当地百姓意愿如何,必须无条件的接受君主的安排。在面对环境无法改变的情况下,燕域百姓的情感倾向更趋于选择接受事实,热情、积极地对待外来文化。例如在语言体系方面,燕域范围内的北京地区融合了东北方言和中原方言独成语系;天津地区由于百姓大多祖辈来源于明朝时期的两江移民,至今保留了原始的安徽语系;还有秦皇岛、唐山等地,受地理位置的影响,说话时腔调接近东北的口音。在房屋住宅方面,燕域内既有草原风情的蒙古包在张家口、承德等地分布;也有墙体厚实,具有浓厚东北风格的砖瓦房在北京、唐山等地分布;还有用混合材料构建、房屋宽敞的宅院在燕南一带分布;在建筑色调方面,张家口、坝上等地的蒙古包呈现出蒙古族的民族特色,北京及其周边地区的住宅呈现出特有的红砖色彩,东北地区由于天气冷,呈现出黄灰色调,保定以南地区由于气候比较暖和,呈现出具灰色调。文化符号的多元化存在正式该区域开放、包容、热情的结晶。

4.2.2　勇猛尚武与迂腐保守同在

(1)勇猛促进了燕国的强大。首先,燕域勇猛精神根深蒂固。作为殷商的国土,燕承袭"国之大事在祀与戎"的武力统治天下、稳定社会的手法。燕域一直处于游牧民族和中原农耕文化的交界地,战争不断,这一时期的勇与战结合在一起。《竹书纪年》中有"周公季历伐燕京之戎,败绩"的记载,《诗经·幽风》中亦有关于战争的诗句记载,如"我徂东山,慆慆不归""周公东征,四国是皇"。到了春秋战国时期,"勇"上升为一种德性。勇是"气"和"力"的结合。儒家文化的勇必须符合仁义思想,是在基本遵循儒家仁义礼智信基础上的道德的深化,是一种难得的"德"。燕域的勇猛基因激变在战国时期[19]。燕域勇猛基因的激变是在天时、地利、人和的历史条件下进行。地理位置上,燕域历史上曾被游牧民族统治,疆域扩大以后,与游牧民族比肩相邻,受草原游牧文化的影响深远,其豪放勇猛的特质深入骨髓。时代特征上,燕域一直是各朝代变更或政治动乱时期的主要战场之一,在大争之世生存必然要有大勇之精神。在如此深远的历史背景和现实原因下,荆轲刺秦的"慷慨悲歌出易水"事件爆发。慷慨则勇猛,悲歌则激昂,其深厚的情感植根于燕域固有的勇猛文化。燕域一直处于中原王朝与北方少数民族政权战争的频发地区,这里培养了一批批武艺高强、满腔报国情怀的英勇儿女,他们的事件成为反映边疆现状的题材之一。颜延之的《从军行》描写了"闽烽指荆吴,胡埃属幽燕"的场景。孟云卿的《行行且游猎篇》:"少年多武力,勇气冠幽州。何以纵心赏,马啼春草头。"其次,燕式勇猛催生燕国强大。"勇"表示面对危险或困难不害怕、不动摇,保持平静镇定的心理品质,"猛"表示严厉、刚烈的性格,勇猛者往往心性坚定、不畏艰难。在诸国战乱时期,勇猛基因有力地催生了燕国的强大。乐毅是燕昭王时期的亚卿,主管军事,在领兵打仗的过程中可谓勇猛无敌。燕国与赵、魏、楚、秦合纵攻打齐国,乐毅担任上将军,统领五国军队,战无不胜、攻无不克,一直攻打到齐国都城,最终齐国只剩下两个城池几乎灭国,燕国此战以后也达到顶峰。秦开是燕国另一位猛将,曾被东胡人掠去做人质,后成功逃脱回到燕国。秦开认识到东胡人的野蛮掠夺,自告奋勇前往扩疆,统领燕国部队攻打东胡,并大获全胜。东胡人最后退到了朝鲜半岛地区,燕国的领土也延伸至今鸭绿江以南。这场战争不仅使燕国达到有史以来领土最大化,也是使中原文明的统治范围达到最大化。勇猛不仅仅是有武之人的代名词,亦可指有胆魄之人。燕昭王敢于接手满目疮痍的燕国,并大刀阔斧实行一系列新政,最终促进了燕国的强盛,是勇猛基因的表现;邹衍大胆推测,认为中国只是世界的一小部分,提出了"大九州"之说,这种敢为天下先的精神也可称为勇猛。

（2）迂腐保守的因循守旧观念。燕国敢为天下先的同时存在着墨守陈规的特征。孤竹国夷齐让国、叩马谏伐、耻食周粟、甘饿首阳的故事，既是隐忍内敛传统之源，又是迂腐保守、因循守旧的典型。迂腐保守、因循守旧观念主要体现在历史改革方面。大争之势，列国伐交频频，强则兴，弱则亡。在生产力相对低下的封建社会早期，土地和人口是衡量综合国力强大与否的重要因素。各诸侯国为了提高经济实力、增加人口、充实国库，取得争霸战争的胜利，陆续开展变法改革，并取得了鲜明的成果。经济迅速发展和政治管理有序，直接促进了兼并战争的胜利。首先进行变法改革的是魏国。魏文侯即位后，任用李悝进行变法，因此在战国初期成为最强盛的国家。继魏改革的是楚国，楚悼王即位后，励精图治，奋发图强，任吴起主持变法，使楚国由弱转强，迅速发展起来，出现了《史记・孙子吴起列传》所载"南平百越，北并陈蔡，却三晋，西伐秦"的强盛局面，各诸侯国均为之震惊。赵国在赵武灵王时，改革军制，推行胡服骑射，模仿游牧民族骑兵的服饰和武器装备，改革赵国的军队。通过改革，赵国的武装力量迅速壮大，并很快灭掉了中山国，一度成为仅次于秦、齐的军事强国。齐国在齐威王时，任用邹忌进行改革，修订法律、选贤任能、赏善除恶，使齐国政治有序、人心凝聚、官风谨慎，成为东方强国。战国时期变法改革最成功的是秦国，秦孝公先后两次任用商鞅进行变法，内容涉及政治、经济、军事，建立了封建社会的制度模型，帮助秦国实现富国强兵。

燕国世居北隅，遵循旧制，只求稳固朝政、理顺朝野，力求廉政护国、守制安民。守旧势力极为强大，缺少改革动力，别国是向前改革变法，燕国却搞出了复古的闹剧。姬哙让国事件虽然是燕国某一历史阶段上的一个事件点，但是确有着深厚的文化根源。其一，中国是最尊重先人的国家,这种思想在国家制度存在时就已经产生。早期社会,人与自然对抗处于弱势,人们积极寻找各种成功的方法,于是前人偶有的胜利成为后世效仿的重要素材。《荀子·修身》曰,"以善先人者谓之教,以不善先人者谓之谄",也就是说只有以先人为典范,效仿追随,才能称为有教养的行为,否则就是小人行为。在诸侯争霸时期,燕国地域边缘的客观条件不能改变,为了努力改变政缘边缘化的现状,在没有积极踊跃的改革家的推动下,尊重先贤的统治者必然将眼光回聚到过去的历史人物身上,重复旧制。其二,燕国因循守旧的风习不仅在君主之间存在,在普通文臣武将之间也表现充分。《吴起兵书》中有"燕性悫,其民慎,寡诈谋,故守而不走"[20]的记载。可见从兵家作战来看,燕国军队善于防守,不善谋略进攻,不善变通。

4.2.3　忠义厚道与鲁莽轻率并存

(1)质朴浓重的忠义基因。第一,忠、义与忠君爱国。忠、义是中国古代一种含义极广的道德范畴。忠是指人正直、诚恳厚道、尽心尽力,特指忠于他人、君主和国家;义指公正、合理、合宜的道德行为。理论上讲,忠君与爱国并不是一件事。爱国主义是指个人或集体对祖国的一种积极和支持的态度。在我国传统社会,常把忠君爱国结合进来,爱国既包括爱祖国,也包括爱君王。当君主维护、体现国家利益时,忠君既爱国;当君主的"私利"与国家的"公利"相矛盾时,私利必须服从公利,这时忠君未必对国家有利,愚忠或许误国。现实中,古代中国实行的是君主专制,"朕即国家",君主代表国家的利益。统治阶级把忠君上升到臣民的做人做事的第一准则,通过各种途径进行强化和固化。义和忠的共同点在于把对象的利益放在首位,把自己的利益放在其后,甚至为了维护对象的利益而牺牲自己的利益。在我国古代的各个阶层中,游侠是最早进行义、利权衡的群体。他们坚持"重义轻利",反对唯利是图、投机倒把;坚持"忠厚诚信",反对隐瞒欺诈、勾心斗角。燕域作为游侠的活跃区域,最先传播了这一义利观。第二,游侠的仗义式忠义。忠义作为一种价值标准,深刻在人们的伦理观念之中,故有杀身成仁、舍生取义之说,而用行动诠释忠义精神的典型代表则是这一时期特有的游侠。由于礼崩乐坏,社会处处存在竞争、不公,游侠阶层承担起扶危救困、见义勇为、除暴安良的任务。他们"自反而缩,虽千万人吾往矣"。燕国在诸侯国中势力最为弱小,却成为诸侯国中游侠最为集中的地区,邹衍、剧辛、乐毅、荆轲、高渐离等等都是游侠群体中的典型代表。他们的结局并非圆满,但无论未卒先死,还是远走他乡,均始终履行君臣诺言。荆轲是忠义的典型人物。荆轲易水送别时已经知道此行必败,否则不会有如此慷慨羽声,然而其依然前往,探究其心理活动在于报恩,即太子丹的知遇之恩。荆轲此行于公在于忠君思想,于私在于知音之情驱动,这里的知音之情就是"义"。第三,燕国奉献智慧式忠义。苏秦应燕昭王发出的"求贤令"到了燕国。燕昭王多次接见苏秦问强燕攻齐之计,受到燕昭王的如此尊敬,苏秦同燕昭王反复密谋策划,形成了苏秦"阴出使"于齐,开展"促齐伐宋、弱齐强燕、离间齐赵"三大间谍任务的弱齐强燕战略。所谓"阴出使",就是从事秘密的间谍活动,推波助澜,促齐攻宋。一条正确战略救活一个国家。苏秦独入虎穴的勇敢和智慧,包括知识准备,包括忠君报恩,更包括苏秦的远大理想、智慧和抱负。他一生忠于燕国并矢志不渝,用飞蛾扑火般的精神,被车裂于齐,以一己之死助燕昭王赢得伐齐成功。然而同商鞅一样,苏秦的死并非代表其主张的失败,在苏秦去世后,在乐毅一众忠臣勇将的努力下,苏秦献给燕昭王的谋略最终实现,成就了燕昭王的霸业。苏秦的忠义堪称奉献智慧式大智慧之忠义,真英豪者也!

（2）鲁莽轻薄造成一败涂地。忠厚是燕国人的特征，其反面性格为轻薄鲁莽，这一特征在燕国也是普遍存在。燕域从君到民各阶层均具有浓厚的浪漫主义色彩。所谓轻薄的浪漫主义也就是理性微弱的理想主义，善于运用主观情感去调控世界。燕文化的轻薄浪漫主义特点在于行事极端、举止轻薄、眼界狭窄。司马迁认为燕民雕捍少虑，褚少孙曰"燕土硗，北匈奴，其人民勇而少虑"；朱赣说"燕民愚悍少虑，轻薄无威"，以及南宋学者称"燕人少思虑，多轻薄"等等。这些无不表明幽燕民众具有少虑、轻薄的秉性[21]。一个人如果有浪漫主义可以说其超尘脱俗，思维活跃大胆，无所谓好坏；一个国家如果具有浪漫主义则不是好的趋势，燕国就是一个富有浪漫主义色彩的国家。轻薄的浪漫主义在燕域的典型事件一是姬哙让国，二是燕赵之战，三是杀太子丹献秦，典型的情感大于理性，大事缺乏深谋远虑。

燕王哙为易王之子，崇尚古人尧舜禹之美德（大禹把国家让出去），听信他人的蛊惑，贪图让贤的虚名，稀里糊涂地把君位禅让给相国子之，并引发内忧外患，几乎灭国。其实以燕王哙的心胸，完全可以找到贤臣后做个甩手掌柜型的霸主。就像齐桓公和管仲的君臣关系，管仲能力强好好干，齐桓公可以打猎喝酒耍美女。既轻松留下贤名，又保持国家稳定。之所以燕国发生了"禅让"这一滑稽戏剧，根源在于燕国几百年的王道正统地位，产生了深厚的迂腐思想和不切实际的自大心理。面对诸国政治的风云诡谲，燕国自认地缘、实力均处于弱势，有图强之心，却无图强之力。唯一能引以为傲的就是其皇室正统血脉，在手足无措的情况下，慌不择食地选择了禅让这一道路。其结果不但没有强盛反而几乎灭国，其行为被各国所不齿，连大国尊严甚至都已经丧失。

公元前251年燕赵鄗之战，赵国以区区数万兵力战胜燕国六十万大军,从此燕国国力迅速下降,导致最终被秦所灭。其主要原因是统治者燕王喜在诸多佞臣的逢迎之下,听不进良臣的劝谏,无大局意识,发动了一场侵略扩张的不义之战。本来经过燕昭王的改革,崛起为疆土仅次于齐楚的战国七雄之一。强大起来的燕国,没有统筹考虑当时合纵抗秦的大局,而是面对赵国长平之战失利之机,趁火打劫,发动突然袭击。因是不义之战,军心涣散,因为盲目乐观,轻率鲁莽,用人不当,仗着数倍于敌的实力而骄兵大败。

秦国统一天下势如破竹,燕国危在旦夕。燕国统治者既无顺应潮流学秦变法图强的勇气,又无稳妥应对时局的策略。太子丹的老师鞠武曾提出了"西约三晋,南连齐、楚,北购于单于"以对付强秦的设想。太子丹认为这一计划旷日持久,短时间难以奏效,于是提出了遣刺客荆轲杀秦王,然后再联合诸侯合纵破秦的简便快捷的策略。燕太子丹指使荆轲刺杀秦王的轻率冒险行动,虽不是燕国灭亡的唯一原因,至少也是直接导火索,这一刺杀事件加速了燕国的灭亡。如果说荆轲、太子丹等人是浪漫主义者,那么其刺秦行为则是鲁莽、轻薄和浅陋。太子丹和荆轲谋划的刺杀秦王事件,没有给秦王带来任何威胁,相反激怒了秦王,加速了燕国灭亡的速度。秦攻占燕都蓟城,燕王喜及太子丹率精兵东保辽东郡。为了求些延缓时日,燕王听信谗言,派人杀太子丹,献首级于秦求和。这段历史悲剧暴露燕国统治者的轻薄和缺乏骨气,其悲哀、冷酷无情正是轻薄浪漫主义取向的变种。

4.2.4　精神内涵特征成因分析

（1）环境变迁培育隐忍基因。马克思主义反对地理环境决定论,但充分肯定地理环境的重要作用,认为环境创造人,人也创造环境。在古代社会,生产力和人们的思维水平极端低下,环境对人类社会的影响巨大。近几十年来,国际上的大量研究成果揭示出,历史上明显的气候大变动时期均导致了全球范围内多地区的人口波动与迁徙、经济波动、政局治乱变化、社会兴衰事件、甚至发生朝代更替、族群灭亡[22]。商朝以后,我国气候经历了温暖—寒冷—温暖两次大幅度的气候变化过程。气候的南北移动决定了我国农业生产方式的变化,导致生产方式的南北传播,促进了燕地的农业文明发展进程。

第一次温暖期发生在公元前 3600 年到公元前 1000 年,即新石器时代晚期至西周初期。在山东龙山文化遗址的灰坑中,发现炭化的竹节;在河南安阳的殷墟遗址中,发现了水牛、大象和熊等典型的热带动物化石,说明当时黄河地区气候相当于今两广地区,属于亚热带气候类型,气温较高,雨水丰沛,对于"靠天吃饭"的原始农业是难得的发展契机,燕域在此期间得到迅速发展,成为重要的方国和诸侯国。

第一次寒冷期出现在公元前 1000—公元前 850 年间,即西周中后期至东周早期开始进入小冰河时期。《诗经·七月》一诗中有"二之日凿冰冲冲,三之日纳于凌阴"二句,从常理上来讲,在河面上切割下来整块的冰,这项工作需要冰层足够厚、天气极其寒冷。这一时期等温线南移,居于北方的燕国气候更加寒冷,少数民族为了争夺生活资料不断南下。而燕国历史资料的断代期正逢此次我国历史上的寒冷期,断代现象从侧面说明寒冷期燕国农业生产受到很大的影响,综合国力式微。

第二次温暖期出现在公元前 770 年—公元元年,即东周到秦汉时期。这个时期我国气候普遍转暖。公元前 698 年、前 590 年和前 545 年的冬天,位于秦岭淮河以北的鲁国却没有出现冬季结冰现象,以至于连宫廷王室的冰库也无冰块储存,夏季酷暑难耐[23]。气候转暖,为燕国的发展提供了良好的自然条件,《战国策·燕策一》有"北有枣栗之利,民虽不田做,枣栗之实足食于民矣",枣为暖温带阳性树种,能在燕国北部大面积种植,并且产量丰富,可见当时温暖的气候环境为燕国向东北地区扩大疆域、争霸于七国,提供了良好的物质保障。

燕地处于气候急剧变化的中温带和寒温带的交界线区域,地理环境造就了燕地先民适应能力强,特别能忍耐的民族文化基因。

(2)经济形态多元培育多元性格。地理环境的不同导致了经济形态的异质。燕域境内燕山以北为游牧区,出产牲畜、皮毛;燕山以南为农耕区,盛产多种农作物;西南有高大的太行山脉,山地有矿产资源;东有宽广的渤海海域,沿海有渔盐之利。燕山附近和冀东地区同时具有农业、牧业和山地林业,经济部门相对同时代的其他地域来说比较齐全,铁农工具在各地普遍地使用,水利工程设施完善。多种生产方式在燕国存在,多种文化在燕国汇集。在燕文化圈的经济形态中虽然少数民族游牧业占有重要地位,但主体仍是自给自足的农业经济。农业最早就是建立在对植物和动物进行驯化的基础上,并逐步实现人的驯化,脱离自然野蛮的生活方式,农业社会自身就存在很强的融合和教化能力。燕地是多元文化混合地,是游牧业最薄弱的地区,但也是农业最困难的地区,长期以来燕地农业的艰难发展反而促进了其顽强的生命力,相比较而言,游牧业、商业、渔业都是农耕业发展的磨刀石,锻炼了农耕业的强韧性。

同时,政治治理的强有力性保证了多种经济形态能够和谐共生。单一的游牧业和商业经济形式需要宽松自由的政治环境,农耕业燕文化以农耕文化为核心,农业生产的稳定性需要有强有力的政治权力作为保护,燕地郡县制正是中央集权的一种体现。稳定的经济基础和集权的政治制度决定了燕域文化具有很强的向心性。

(3)地缘边远形成陪护习惯。边缘化是一种抽象概括的说法,是指在群体处于非中心、非主流地位,也可以说是被主流社会、主流群体、主流意识形态、主流文化、主流趋势所排斥并逐渐被移除。燕国是华夏民族最古老的发源地之一,存在历史相当悠久,但是由于地处最北方,气候寒冷,华夏民族活动中心不断南移,燕国逐渐远离中原经济政治文化中心,被边缘化。

燕国在中国历史上是一个"大且弱"的国家。这种边缘地位体现在多个方面。一方面,燕国作为老牌大国,历史资料极其缺乏,甚至出现断代,足以说明燕国当时社会发展不够繁荣,文化影响范围有限,没有引起史官足够重视。另一方面,当前诸多史料记载中均流露出对燕国的鄙夷之意,如《战国策·燕策一》中燕王对张仪说"寡人蛮夷辟处",司马迁在《史记·燕召公世家》中也说"燕崎岖强国之间,最为弱小"。同时,燕国地位边缘化还表现为被儒家所不齿。孔子周游列国的诸多事迹,唯燕国发生的事迹不见其后人进行整理记载;孟子在提到燕国时用"今燕虐其民",表示对其不满;诸子百家中燕国的本土学说未见记载,而当时最主要的儒、墨、法、道并未在燕域取得显著成就。究其原因,秦之前,东西周的政治中心和经济重心在中原,围绕中原的四大边缘国家,北燕东齐南楚西秦,其中齐、楚、秦均为富强之国,唯有燕国要顶住北方游牧部落的压力,且为苦寒之地,齐晋两大国又在其南,令其可发展空间小了不少。所以燕国穷弱人口少,信息不畅、始终处于边缘化的地位。

综而言之,这一时期的燕国不可谓不重要,不可谓不努力,终因地理位置居于周王朝的最北端,受周边诸国的限制,难以取得迅猛发展。虽然与西周时期相比,在大的诸侯格局中燕国仍然是战国七雄中的一个诸侯国,但毕竟离镐京最远,远离权力争斗最激烈的中原地区,客观上被边缘化了。加之匈奴对燕北边境的时常侵扰,燕的多数兵力部署在抗匈前线,无暇抽身参与激烈的争霸战争,地位也被边缘化了。退化为非核心、非主流之地,逐渐形成顾全大局、忍辱负重的陪护习惯具有历史的必然性。

（4）战争多发促进民族融合。燕文化区域是民族融合的前沿，民族融合是两种及以上不同民族群体通过互相选择、学习、吸收，最终合为一个整体的过程。它有多种形式，在中国古代，民族融合经常是伴随战争而来，或通过武力来实现[24]。俗语说"春秋无义战"，这一时期的战争包括两种形式，一种是游牧民族与中原民族的入侵与反入侵战争，一种是中原各诸侯国之间的兼并与统一战争。其中第一种战争具有持续性和频发性，更具有影响力。燕地处于不同生产方式的交错过渡地带，不同的生产方式之间对环境和经济利益有不同的诉求，经常发生人员、物资争夺的战争，既相互掠夺，又相互学习，久而久之促进了多民族的利益认同和文化融合。春秋和两宋时期，由于环境由温暖转向寒冷，随着对资源的需求，游牧民族不断南下，导致该地频发由不同生产方式引起的战争、生产资料的掠夺性战争，具有很大的破坏性，为了维护稳定生活环境，燕地百姓更加尚勇、好武。可以说，由争夺自然资源引起的战争对燕地民风的形成有重要作用。据记载，召公封燕前后，燕曾经多次与山戎、匈奴发生战争；西汉时期，燕北部边界常有匈奴侵袭；东汉时，燕北部边地又有乌桓、鲜卑、高句丽等少数民族的侵袭；北宋时期辽金、契丹南下，元朝时期蒙古族进入中原，这些少数民族战争过程均是民族融合的过程。

（5）慷慨悲歌激变英雄气节。一地的人文精神是经过长期的积累而形成的。正如恩格斯所说"恰巧某个伟大人物在一定时间出现于某一个国家，这当然纯粹是一种偶然现象。但是，如果我们把这个人去掉，那时就会需要有另一个人来代替他，并且这个代替者是会出现的，无论好一些或差一些，但最终总是会出现的"[25]。燕域慷慨悲歌精神的代表人物是荆轲，但是慷慨悲歌并不是自荆轲后才产生的人文情操。

"慷慨悲歌"一词最早是由司马迁提出，司马迁在《史记·项羽本纪》中在写到"项王乃悲歌慷慨,自为诗曰：力拔山兮气盖世,时不利兮骓不逝",唐代韩愈更有诗句"燕赵多慷慨悲歌之士"。这个词的解释重心不在"悲"而在"慷慨","悲"的真正含义是"悲壮"而不是"悲伤",这是一种大道直行的精神。慷慨则勇猛,悲歌则激昂,其深厚的情感植根于燕域固有的勇猛、正直文化内涵。荆轲是慷慨悲歌的典型代表。荆轲并非燕国人,但其主要功绩在燕国,其勇往刺秦王,虽没有成功,却成为人们敬佩的英雄,在于荆柯有一种侠义之气,这种侠义之气是重信义,言必信,行必果,不在意成败,不吝惜个人生死的做人准则、处世原则。这些原则在荆柯身上得到完美的体现。从此,荆柯在易水边慷慨悲歌的壮举就成为后人的榜样,历代相传。

荆轲是慷慨悲歌精神的最完整体现,但并非是最后的体现,在后期的历史进程中,北平学生的"五四运动"可谓慷慨悲歌,"狼牙山五壮士"的英勇之举可谓慷慨悲歌,唐山大地震后的团结一致抗震精神亦可谓慷慨悲歌,总之,慷慨悲歌精神是燕地特色精神之一,贯穿着燕地的历史发展,并随着社会的进步而丰富完善。

4.3　燕文化特征与成因关系构建

从上述分析而知,燕文化的精神既有积极的忠义、勇猛、隐忍、和合部分,也有消极的迂腐保守、鲁莽轻薄成分,这些精神特征是燕文化历史上客观存在的,需要得到正视。在历史长河中,燕文化的积极成分汇入到中华文明中,成为民族精神的重要组成部分;消极部分阻碍着历史的进步和改革发展的深入。随着人们观念的不断进步,人们开始越来越多地用批判的眼光审视社会,并逐渐改正那些与当前社会需求不相适应的部分。燕文化的消极成分的存在是由历史进程中的多种因素导致,随着社会的进步,这些消极成分也不断得到修正。

燕文化的这种矛盾的、多元的文化特征是在自然因素和社会因素的多重影响下形成的。文化的核心是人,文化的形成主体是人的参与,因此燕文化的形成过程也是燕域人的发展过程。自然环境为人类生活提供最基本的物质条件,是人类赖以生存的基础。在生产力不发达的古代,人类活动主要围绕适应自然、崇拜自然开展。社会因素包括历史底蕴和时代背景两个方面,人的行为过程和社会环境是一个相互影响的过程,社会环境为人类发展提供背景,人的发展是历史进程的一部分;人的活动行为同时也影响着社会的走向,但是总体来说,社会对人的影响力度更大。综上,燕文化的多元特征是在自然因素和社会因素的双重影响下形成的。

第五章　燕文化的传承发展

价值是客体对主体需求的满足程度,对于文化而言,客体和主体均是人,一类是过去历史某一阶段的群体,一类是当前人类阶段。过去历史某一阶段的人类群体创造了文化是文化的生产者,同时也受文化影响消费着文化,是文化的消费者,文化的另一消费者是当前社会群体。因此,对于历史文化价值的评价需要用客观的眼光,站在历史和当今两个角度。本章用发展的眼光进行历史地位和当代价值进行评价,对如何更好地发展燕文化提出对策性建议。

5.1　燕文化在华夏文化中的历史地位

5.1.1　燕文化与赵文化升华为冀文化

(1)冀文化。中国最早的行政区划意识产生于上古时期,天下分九州,冀为九州之首。《说文解字》载"冀,北方州也。从北异声"。"冀"字分解为北、田、共,即北方游牧族群和汉族共有的领土,可见冀为九州的北方一州。对于具体属于西北还是东北,典籍并无详细准确的记载。《周礼》云"河内曰冀州",《诗经》云"两河间曰冀州",清代顾炎武认为尧、舜、禹皆都河北,故曰"冀方",从河流、山川的记载来看,冀州辖区应为今河北全部、山西东部、辽河南部地区。冀文化包括广义和狭义两种,广义的冀文化涵盖北京、天津、河北三个行政区划,即当前所提的京津冀文化;狭义的冀文化特指河北省文化。在京津冀一体化背景下,探讨广义的冀文化极其具有必要性。文化认同是三地合作的最基本动力,提供了合作的可能性和必要性,冀文化的提出将三地从历史时空联系在一起,为打破行政管理下的文化壁垒提供了大胆尝试。

(2)燕赵文化。"燕赵"本指"燕"与"赵"两地,"燕"与"赵"两字分别来源于春秋战国时期"燕国"与"赵国"两个封国,燕文化与赵文化也就是春秋战国时期燕、赵两个诸侯国形成的国文化。后期历代统治者为了方便统治,几乎一直将燕、赵两地放在一个区域内管辖,因此燕赵之称便开始形成,但是此称呼在文士之间使用,并非官方对河北地区的称呼,只是随着历史变迁流传下来。燕赵文化并不是燕文化与赵文化的简单相加,而是燕国的文化与赵国的文化有机融合。文人学者谈论"燕赵多慷慨悲歌之士",燕赵之风"慷慨悲歌、好气任侠",这就是将燕文化的慷慨悲歌与赵文化的好气任侠相结合的例证。燕赵文化不是燕、赵的简单相加,同时还包含代、中山等先秦时期存在的其他文化,例如班固在《汉书》中提出:"赵、中山地薄人众,犹有沙丘纣淫乱余民。丈夫相聚游戏,悲歌慷慨。"

(3)燕赵文化与冀文化的关系。燕赵文化确切地是指战国时期河北大地内的文化总和,包括燕国、赵国、中山国、代国等在历史上存在过的诸侯国的文化总和。燕赵文化的起点以三家分晋后赵国存在开始,结束于秦灭燕之后,燕赵文化并不能无限延伸,其上限为建国时期,下限为两汉时期,除此以外时间段的文化属于燕赵文化的衍生,因此燕赵文化存在时间短,地域范围狭隘。冀文化是从天下分九州开始存在的一种文化形态,冀域的范围在历史上呈现出不断变化状态,但始终没有灭亡,是一种历史持续性文化。可以说燕赵文化是冀文化历史长河中的一部分,也是影响到冀文化核心精神形成的最重要文化要素,冀文化是燕赵文化的系统文化,冀文化的提出则弥补了燕赵文化时间和空间的不足。另外,燕赵文化是一种约定俗成的称呼,缺乏权威认定和历史依据,这对燕赵文化是否存在提出了质疑。冀州的存在上古多个史料中均有记载,现在依然是河北省的简称,也在衡水地区存在这个区划,因此用冀文化更具权威性。

5.1.2　燕文化奠定了冀文化的基调

（1）燕文化是冀文化的"元文化"。元文化,是指某种文化的源头,一定民族最早、首先出现的,具有初始意义的文化,或者说是某种文化的基因级文化,是衍生、派生、滋生某种文化的基础和种子。燕文化在冀文化中乃至整个华夏文明中都具有一定的元文化的地位。

首先从文化生命上讲,燕文化是冀文化中生命力最长的元文化。地域文化与地域行政制度的存在虽不能划等号,但是有不可分割的关系。从商朝的地图来看,冀州的范围包括今山西、河北省北部、辽宁省西南部,这与战国时期燕国的疆域有很大的相似性。随着历史的发展,燕、赵、中山、代、孤竹等历史上冀域出现的地区政权不断建立,又最终消失,唯独"冀"这个名称没有出现断代,无论所指范围或大或小,冀域始终是今河北省行政版图上存在的地区,并且成为河北省的简称。燕国是冀域从产生至今存在最早的核心政权,在商朝时期就是中原统治的重要部落,西周之后成为周王室姬姓诸侯国,虽然在历史上对燕文化的记载出现了不详和史料断代,但是燕国却并没有消失,而是以自己独有的方式默默发展着,直到秦国统一之前。除了燕国以外,其他诸侯国均只是在冀域历史上昙花一现。赵国是在战国时期才分裂出来的诸侯国,存在时间几百年,代国、中山国是少数民族建立的政权,影响范围小,历史存在时间短。所以严格意义来说燕文化是河北省内产生最早、影响最深、存在时间最长久的文化,是冀文化的历史根源,是多元文化的整合体中的"元文化"。

其次,从逻辑上看,燕文化是冀文化中核心级元文化。冀文化不是一个单独的地域文化,而是由多个地域文化子系统融合形成的文化体系,包括冀北燕文化、冀南赵文化、冀东齐鲁文化、冀西三晋文化。其中赵文化和三晋文化是战国时期出现的地域文化,在冀文化历史概念中底蕴不足,齐鲁文化和燕文化虽然同是商周文化,但是齐鲁文化的核心地区在山东地区,河北境内只是其文化的扩展区域,文化特征淡化;唯有燕文化核心区在冀文化范围内。冀文化的主要内容是从冀域建立后冀域的文明因素,我国进入从商周开始进入文明社会,标志着冀文化实质内容开始存在,而这一最早的实质内容就是燕文化,可以说燕文化是冀文化的初始内容,是冀文化的重要元文化。

其三,从内容上讲,燕文化是冀文化中的基因级元文化。文化基因是文化系统里的最小信息细胞,包括先天遗传和后天习得,不同的文化体系,文化基因必然存在差异。燕文化是冀文化的初始文化,从文化遗传角度来讲,冀文化的基因必然遗传燕文化的基因细胞。燕文化是冀文化范围内最大的一块文化区,燕文化衍生的京都文化是全国的文化中心,在行政力的作用下,燕文化习俗必然在更大范围内推广,因此,从后天习得角度来讲燕文化基因更具有感染力、传播性。例如冀文化最主要的和合基因、勇武基因、爱国基因,均来源于燕文化系统。

(2)燕文化增加了冀文化的多样性。冀文化处于中原文化和游牧文化的过渡地带,文化内容多元。这里的多元主要是从地域上划分,北部是游牧文化,南部是农耕文化,西部是山地文化,东部是海洋文化。从包含的子文化来看,也是丰富多样。赵文化起源于东夷族的少昊文化,商、周两代发轫于汾河流域,形成于春秋晋国卿大夫家族,属于贵族文化。孤竹国虽然早已经融入燕国之中,但是作为子文化体系,其起源于山戎,属于少数民族文化体系,中山国是位于今河北省中部太行山东麓一带的一个小蛮夷之国,因城中有山得国名,由狄族建立,也属于少数民族文化体系。燕国历史悠久,殷商民族起源并衍生于燕地。商文化容纳了许多燕地文化的精华。周武王灭汤,封召公于北燕,但燕国的历史并非源于西周,在西周之前,燕城与燕国地区还有一段丰富而又兴盛的文化渊源,早在殷商时期,燕地文化就已具有重要作用。虽然在西周后期至东周阶段,燕文化出现衰落,但是在春秋战国时期燕国利用远离中原战场的优势,得到再次发展和繁荣,也将燕文化推到发展的高潮。随着统一步伐的前进,燕国虽然灭亡,燕文化却得到延续和丰富,因此燕文化虽然在表现形式上是游牧和农耕融合带,但是更具有华夏文化的正统性,保证了冀文化的多元性。

(3)燕文化是冀域文化的基础之一。冀文化是从时间角度对河北文化的简称,燕赵文化是从地域角度对河北文化的统称。总的来看,冀文化所指代的时间更长,地域范围更精确。学术界常称河北文化的特征是"慷慨悲歌、好气任侠",燕文化的特征也是"慷慨悲歌"那么这两个慷慨悲歌是什么关系呢?笔者认为燕文化的慷慨悲歌是对自身文化特征的准确总结,而河北文化精神中的慷慨悲歌是在燕文化精神的基础上进行了升华即燕文化精神特征奠定了河北文化精神的基调。唐宋八大家之首的韩愈有"燕赵多慷慨悲歌之士"之说,并成为燕赵文化特征的最好论证,但是在这之前早在《隋书·地理志》中就有"俗重气侠","自古言勇敢者,皆出幽燕"。宋代大文豪苏东坡亦曾赞叹:"幽燕之地,自古号多豪杰,名于图史者往往皆是。"可见慷慨悲歌之风被公认最早盛行在燕国这片土地上。随着燕国国都蓟(今北京)在我国历史上的地位逐步提高,燕文化逐步孕育出一种更具有凝聚力和向心力的畿辅文化,这种文化倡导的勤劳勇敢、大气宽容和爱国主义精神,更成为我国的民族精神,直至今天仍影响着人们的价值观和世界观。

5.1.3　燕文化饱含着传统文化的要素

中华传统文化最大的特点有三:一是国都文化连绵不断,几千年建都史形成了极具影响力的国都文化。二是感恩祖先、寻根拜祖的根文化。三是国家统一的大一统文化。这三个华夏文化要素都能在燕文化中找到源头。

(1)国都文化重要源头。都城是一个朝代的政治、文化中心。由于我国古代王权更替频繁,出现了大量著名的都城,北京在商朝时期已经是蓟国和燕国的国都所在地,辽、金、元、明、清,五朝帝都均位于此,新中国成立后,成为全国的政治、文化中心。北京城包括紫禁城、皇城、内城、外城、城门、太庙、社稷坛等。其中永定门到地安门为北京城的中轴线,紫禁城的前朝和后廷宫殿位于中轴线上,其他所有建筑均沿此轴线两侧对称分布,整体规划布局完整和谐,体现着中国传统的"礼"序思想和皇权的至高无上。北京城的街道走向也体现着中国的传统文化,传统中国思想认为天地是四方的,皇上又为天子,故皇帝所在的地方为四方的中心,所以北京城也是四方形的,城内的街道走向呈南北、东西分布,将每家每户分划在格状网络内。居民的住宅也是四方的,称为四合院,庭院内东西南北均有房间,不同家人住在庭院的不同位置,将一个大家庭用网格状形态联系在一起。在我国古代,东、南、西、北四方位有地位贵贱之分,这种四方形布局能够明显体现出居住人家的身份,并在人际网络内明显的展现地位高低,也就是所谓的"礼"序。

自民国以后,学术界不断提出五大古都、六大古都、七大古都、八大古都,甚至十大古都的观点。无论哪种观点,界定的根源均在于这些都城规模宏大,历时长久,历史地位突出,在各种提法中必然被囊括在内的一个古都就是北京。北京是最能体现华夏文明的国都,而北京又最早是燕国都城,可以说燕文化是我国国都文化包含最丰富的地区之一。

(2)寻根文化重要之根。寻根指的是某个宗族或某个民族依据口头传承文学和文献资料来探究文化发展历程,是在异国他乡的人对家族文化的探究和对祖先的追寻,寻根带有浓重的民间色彩。能够在故乡安度晚年的"叶落归根"情结是很多人的生前心愿,目的是让身体和心灵都有最温暖的归宿。[26]从上世纪 80 年代起,我国掀起寻根热潮,河南夏商文化、陕西周文化、燕域内的张家口地区三祖文化,成为海外华人华侨的主要"寻根"之地。由于华夏渊源的久远性特征,与历史发掘的滞后性特征之间存在着矛盾,究竟华夏文化的"根"在何处存在着争议。假设华夏文化是一种多根汇流文化,那么燕文化是华夏根文化之一。

燕域是三祖文化所在地,三祖文化是指约 5000 年前黄帝、炎帝与蚩尤在涿鹿一带共同创造的灿烂文化。据史料记载,黄帝、炎帝、蚩尤分别是三个强大原始部落的首领,黄帝起源于河南西部地区,炎帝出生于陕西中部地区,蚩尤主要活动在山东西部,随着三个部落的逐渐强大,他们的活动区域开始向华北平原西北部扩展,最终在涿鹿地区发生了一系列的战争。第一次战争是炎帝和蚩尤之间的战争,结果是蚩尤击败了炎帝,炎帝迫不得已向黄帝求救,于是黄帝和炎帝结成联盟,在涿鹿地区进行了部落之间的第二次战争。涿鹿之战的结果是黄帝和炎帝胜利,蚩尤战败,部落被迫南迁至湘鄂地区,后来又有一支族人向西迁移到贵州一带,其后人为当前的苗族。据说蚩尤部落的一些族人在涿鹿之战后北上,迁移到朝鲜半岛地区,并建立的高丽国。第三次战争也发生在涿鹿地区,称为阪泉之战,是炎帝和黄帝之间的终极较量。最终黄帝胜利,吞并融合了炎帝部落,成为真正的华夏联盟。因为三个部落的不断壮大,部落子民随着迁移而遍布中华大地,黄帝、炎帝、蚩尤也被称为中华民族的"三祖"。2016 年海峡两岸共祭中华三祖活动在燕域的涿鹿县举行,两岸同根、同祖、同源思想得到广大认同,燕域涿鹿地区为中华文化"根"所在,也得到越来越多人的了解。

(3)大一统文化发源地。世界史上多个国家追求过大一统,但真正实现并长久维护下来的,只有中国。中国的大一统思想溯源久远,最早的标志性事件是发生在燕域内的合符釜山。"合符"是指不同的原始部落结盟的一种仪式。合符釜山又叫做釜山合符,是继阪泉之战、涿鹿之战后,我国多民族统一的文化体系形成过程中的又一重要历史事件,标志着统一华夏族的最终形成。涿鹿之战后黄帝认识到团结、统一、稳定的环境对于社会发展的重要性,于是在今涿鹿县釜山地区,黄帝与其他各部落召开了一次类似于"武林大会"的联盟大会,并成为盟主。釜山合符标志着华夏民族的正式形成,标志着中华文化的开端。而需要特殊指出的是黄帝成为首领之后并没有把自己部落的地位高高凌驾于其他部落之上,为了体现各部落地位平等,体现中华文化的统一性,创造性地发明了新的图腾、尝试创造统一的新的文字,研发新式工具,从思想认同到行为习惯,无不体现出大一统精神。

今涿鹿地区大概为燕所辖范围,后因同为华夏民族统治的中原地区物产更为丰富,发展更快,中原成为华夏的代名词。燕域由于物产不足,地域偏远,逐渐被人们淡忘,并发生十几个朝代无史料记载的现象。然而燕域民风传承着这种"和合大同"的精神。上世纪 70 年代在北京发掘了西周时期燕国墓葬,出土的器物非常丰富,既有与河南、陕西出土的相似的车马饰物,也有殷商时期常见的器物,还有形状具有强烈北方草原文化风格的鹰手剑、马首剑等。上述这些现象反映了幽燕地区的各族人民,在文化上相互吸收、相互影响、逐渐融合的精神[27],这种多民族的统一共处,就是华夏文化的大一统精神的典型代表。

总之,华夏文明的国都文化、寻根文化和大一统文化特征,在燕文化中都有显著表现,甚至可以说是这些特征的重要源头,从这个意义上说,燕文化不仅是冀文化的元文化,而且是华夏文明之元文化也不为过。

5.1.4 燕文化维系了民族文化繁衍互动

(1)维系民族生存,促进文化繁衍。人类社会的发展是横向融合和纵向更替的有机统一体。所谓文明横向融合是指历史进程由各地区间的相互封闭到逐步开放,由彼此孤立分散到联系密切,终于发展成世界历史。为了顺应人类精神的需求,不同文明相会、碰撞、妥协和结合,融合随即发生。文明融合的必然性在于生产力的发展和社会的基本矛盾扩大化,可能性在于不同文化内涵上存在互补性。文化更替是指一种文化对原有文化的取代,例如地中海地区,先后经历了爱琴文化、希腊文化、蛮人文化、罗马文化和伊斯兰教文化等好几种文化,每种文化都是单独的存在体系。中华文化向来称为“多源一体”,这里多源汇聚到一起的时候必然发生碰撞,由于主文化存在强有力的向心力和调和力,往往在碰撞区就已经开始了文化融合,避免了文化更替的发生。燕域是农耕文明与游牧文明的交融地,该地活跃着多种文化。游牧人性格粗犷,由于生存环境寒冷,需要运动增加身体热量,因此擅长骑马、摔跤等强烈的肢体性活动;中原人性格沉稳,温暖的生活环境不需要额外增加强大的活动量,因此中原人擅长射箭等技巧性活动。燕地融合了中原农耕民族和北方草原游牧民族的特点,加之在战争时候自我防卫的需要,发展了武术这一活动,既保证了活动量的增加,又促进了肢体灵活、协调。到了隋唐时期,位于燕域的沧州更成为全国的"武术之乡"。

（2）塑造个体人格,增强文化互动。人格指人的性格、气质、能力等特征的总和。文化对社会个体人格的塑造是一个互动的过程,一方面,特定的社会系统以多种方式向其社会成员传达思想、理想、信念等原则,进行文化输出;另一方面个体成员在生存和行为中,从精神上判断个体与群体相同或相近的价值观念,对文化元素形成自觉[28]。我国的传统文化输出最主要的方式莫过于吟诗作对。诗歌的创作过程往往会采用起兴、借代等修辞手法,这就需要大量的文化素材,燕域从春秋战国开始就是一个备受争议的国家,一直以来默默无闻,却又不能忽视它的存在。到了秦汉时期,幽燕之地成为匈奴战争的重要战场之一。魏晋南北朝以及辽金时期,燕域成为少数民族建立政权的必争之地。清朝入关之前,更是在属于燕域的东北地区发展壮大。因此幽燕之地经常被文人墨客、落寞将军借以表达情怀。这种文化传播促进了各个地区人们对燕文化的认同,并成为英勇、忠义群体的特有文化归属。人们在形容面对强敌英勇就义时,往往用慷慨悲歌形容,久而久之,慷慨悲歌成为忠义、有气节之士的文化标签,正是这种精神的吸引,成就了众多并非燕域儿女,但毅然地舍身取义、赤胆忠心的英雄。

5.2　燕文化与中国特色社会主义文化

燕文化是我国宝贵的传统文化资源之一,其萌芽到繁荣的过程贯穿宗法社会和封建制度的管控下,既有优秀结晶,也必然具有落后性因素。研究燕文化的原则是扬弃,目的是为当今社会主义现代化建设服务。

5.2.1　负面因素为文化建设提供教训

（1）保守有余,创新意识不足。燕文化的保守产生已久。在商朝时期就有伯夷叔齐扣马而谏决绝推翻商王朝的周王室；春秋战国时期又有姬哙闹出禅让的乌龙事件。在旧的社会体系能够维系的情况下，燕域百姓和统治者往往因循守旧、不思变革；当旧的事物不再符合社会发展趋势，并产生了新事物时也是持观望态度，紧跟在北京的后面亦步亦趋。保守思想是农耕文明的共有特征，也是长期专制统治的产物。保守者往往安于现状、消极怠慢、进取心不强。适当的保守在一定程度上确实对社会稳定起到了促进作用，但是在竞争激烈的社会，这种心理往往导致在前进的大潮中落后。

当前世界各国竞争激烈，国内地区之间、各行业之间竞争白热化，区域发展不平衡，资源流向集中，只有改革创新才是在激烈竞争中取得胜利的法宝。环渤海经济圈是我国的一个经济增长极，经济圈内部各城市之间是一个合作与竞争的有机体。河北省紧邻北京政治中心和天津经济中心，河北要想在竞争中实现自身发展，必须打破封闭观念，抛弃保守思维，用新的视角审视区域地位。

（2）各自为政，凝心聚力不足。燕文化产生的基础是多民族、多种生产方式共存，在内部成分多样又广受外界文化冲击的背景下形成了多元文化。从中华文化的整体性来讲，农耕文化也就是中原文化具有强有力的向心力，维护了华夏文化的多样性；但就燕文化来讲，并不存在某一个十分具有向心力的文化。

民心松散，凝心聚力不足是燕文化的最大缺点，这一点在今日河北并非没有影响。例如其北部为草原区、南部为农耕区、西部为黄土高原区，百姓在谈论文化归属时也以最近的大的文化类型为划分，比如康保人称自己为蒙元文化、阳原人称自己为山西晋文化、保定沧州地区称自己为中原文化、廊坊地区的人更以北京人自称，很少有人称本地区为河北文化或"冀"文化。由于没有整体的河北文化意识，百姓的性格更多的被周边同化，冀北豪爽、冀南儒雅、环渤海地区的人官气浓厚,河北人的文化特性并不明显。文化向心力不强则很难齐心,所谓心不齐则力不合。在现代化建设的当前时期,生产的社会化与资源的流动性要求必须打破地区界限,合作交流才能出效率。为此必须加强河北省的文化建设,形成广泛的文化认同,打破原有的地缘限制,形成大河北的文化意识,也就是增强"冀文化"的认同感,打造河北的文化品牌。

5.2.2　积极因素是特色文化的肥沃土壤

中国特色社会主义文化体系是中国特色社会主义理论体系的一部分,是马克思主义原理与中国实际相结合,创造的符合中国国情的能够被中国广大人民群众接受的理论体系,是马克思主义的中国化。也可以说,中国特色社会主义文化体系是马克思主义这粒种子,在中国优秀传统文化的土壤中孕育出来的生命力旺盛的一棵大树。燕文化是中国传统文化中的重要一部分,蕴含着华夏精神的要素,并随着社会的发展不断淘炼,成为是中国特色社会主义理论的肥沃土壤之一,指导着社会主义现代化建设。

(1)和合包容,求同存异。和合、包容是燕文化的基本精神,贯穿于人与自然、人与社会、族群与族群之间,追求的是消除对立,调节矛盾,达到和谐。求同存异是我国处理复杂问题的智慧结晶,是我国国际行为的准则和模式,并得到国际认可,和广泛推广,这一精神的历史溯源和典型事例均发生在燕域。釜山合符实现了不同部落的共存共生,是和合的根源事件。周、商、游牧文化共同在燕文化中存在,是和合的典型成果。辽在幽云地区实行的"藩汉分治",是求同存异的初步尝试;金朝入主中原后,看到压迫与掠夺的不可行性,进而力推金人汉化,得到了官僚和百姓的支持,是求同存异的另一探索。这些探索和努力,为当前社会主义文化建设提供了积极的借鉴意义。

在社会主义现代化建设过程中,存在着多样矛盾,北京和天津之间存在着争夺人才资源的矛盾,北京与河北之间存在着资源分配与利益协调的矛盾,各地区内部存在明显的贫富差距,各行业之间竞争激烈等等。存在的这些问题均是社会主义现代化建设中急需解决与调节的内容。解决这些问题,必须继承发扬燕文化中和谐包容、求同存异的精神,通过观念和谐、制度和谐、利益和谐,促进社会的发展[29]。

（2）顾全大局,勇于奉献。"中华文化源远流长,积淀着中华民族最深层的精神追求,代表着中华民族独特的精神标识,为中华民族生生不息、发展壮大提供了丰厚滋养。中华传统美德是中华文化精髓,蕴含着丰富的思想道德资源。"[30]燕文化是中华灿烂文化的一部分,影响着人们精神,渗透于社会生活的方方面面。燕地作为中原民族防止北方游牧民族入侵中原的缓冲带,常常为了维护农耕文化的有序发展而做出巨大的牺牲。守卫中原文化与京都文化一脉之源的压力,促使燕域人民形成无私奉献的精神,默默保护着北京这一政治文化中心,历经千年历史坎坷而不衰减[31]。为了更好地完成守护北京的任务,燕域人民不仅奉献出大量的机会与资源,更是淘汰了感性、浪漫的情怀,形成了沉着、从容的品质。民族历史关头,燕域儿女往往最先举旗呐喊,传播最先进的马克思主义理论,撕开社会黑暗的幕布,为华夏儿女带来黎明。这些无一不是当前加强思想道德建设的宝贵财富。

面对改革开放的新形势、社会主义建设的新机遇、多元化多层次文化的冲击,我国急需建立一套被人们接受的文化体系。燕文化正是这一体系中不可或缺的一部分。加强思想道德建设,要大力培养爱国主义、集体主义和奉献精神。爱国主义是教育方向,集体主义是具体行为要求,奉献精神是社会主义思想道德的前提。只有人人树立了奉献精神,才能坚持集体主义为国家发展添砖加瓦,这才是真正的爱国。燕文化忠义爱国的传统甚为鲜明。"见义勇为""舍生取义""为国献身"等关乎个人生命权利的英勇行为和高尚的爱国品质得到充分诠释。

（3）尊重人才，科教兴国。完善教育科学文化建设的最重要因素是人才建设。燕文化是重视人才建设的良好素材，燕昭王为了实现燕国的强大，礼贤下士，修筑黄金台，于是各地人才争相投奔，最终实现了燕国的殷富。燕太子丹为了挽救燕国于水火，"宾养勇士，不爱后宫美女"，对于荆轲更是敬为上宾、优礼接待。

教育科学文化建设作用在于可以给人以动力对人的全面发展起着导向和规范作用，有利于提高人的思想道德素质，目标是解决整个民族的科学文化素质和现代化的智力支持问题。燕域这种具有历史持续性的人才观，对我国教育科技文化事业的发展有重要的启示，无论是加强我国政治文明建设，还是对现代企事业的发展，均有积极的借鉴作用。

5.2.3　燕文化是京津冀文化认同的母体文化资源

（1）传承包容奉献精神，促进京津冀文化认同。文化协调社会群体内部各要素和全体成员行为，使其相互适应于和谐一致的状态是文化的社会整合功能，社会整合包括价值整合、规范整合和结构整合，是社会集团稳定、有序的最重要前提。燕文化的包容精神有利于各地区生产资料的互通、流动，燕文化的研究课题有利于京津冀地区学术领域的交流沟通。京津冀区域合作发展是我国目前提出的具有整合性的国家发展战略，有利于发挥北京、天津、河北的政治、经济、自然资源等优势，消除三个行政区划的隔阂、促成合作，实现资源最优配置。但是三地区由于历史发展中的诸多因素影响，社会异质性不断增强，分化程度越来越明显，先后形成了首都文化、漕运文化和冀文化三种文化体系。这就需要有一个统一的文化体系协调京津冀区域合作的顺利运作,燕文化正是肩负着整合功能的这一文化体系。

(2)扬弃畿辅京津传统,维护京津冀互动稳定。社会互动发生在至少两个独立个体之间,以信息传播为基础,双方相互间采取的一种行为模式。社会互动能否进行,不仅要有主观需要,还需要具备客观条件。这一系列客观条件包括物质、精神、制度和符号四个方面。交通、通讯工具等属于物质层面;理想、信念、道德、情操等方面共同的准则,是精神层面的需要;政治制度是否允许,是社会互动合法化的依据;符号包括的范围广泛,例如语言、建筑、文字等,这些为社会成员的交流提供了媒介传输作用的均属于符号层面。燕文化对社会互动的保障主要从精神和符号两个方面提供。从符号方面来看,燕文化虽然后期繁衍出不同的首都文化、津卫文化、畿辅文化等子文化,但是京津冀地域的人们长期共同生活,具有互通的文化符号,在语言和生活方式上几乎不存在障碍;从精神层面来讲,任勇好侠、忍辱负重、慷慨悲歌等价值理念是三地母体文化特征,至今仍然被普遍的接受认同。因此,用历史的眼光看问题,打破三地在文化上的划分,充分发挥燕文化这一母体文化资源,对于维护京津冀三地互动具有积极促进作用。

(3)挖掘历史文化资本,助推京津冀协同发展。文化资本是社会学领域常用的概念,是指文化资源在社会经济中经过商品生产、流通、交换、使用而形成的价值量增加。传统文化作为历史遗留下来的宝贵资源,不仅能在当时的历史环境下发挥社会作用,在当前社会主义现代化的过程中也是一种具备很强生产能力的资源。加快传统文化资源向文化资本转化必须加快发展文化产业,促进文化与市场相结合。京津冀区域一体化下对博大精深的燕文化的研究、传承与发扬工作,既能极大地丰富中华文明宝库,又必将推动京津冀地区文化产业的发展。通过传承和发展燕文化,丰富光辉灿烂的冀文化,并形成独树一帜的河北精神,有助于增强河北省发展的凝聚力,提升河北的文化影响力。燕文化的标志性人物、建筑、遗址等的开发利用,对于推动河北省的旅游业、服务业有积极的贡献作用。总之,加大发展燕文化对于京津冀地区的经济、政治、文化和生态的全面发展有深厚的价值影响。

5.3　传承和发展燕文化的原则和路径

5.3.1　发展燕文化的原则

(1) 取其精华、去其糟粕。批判继承传统文化的过程,也是构建社会主义文化体系的过程。任何一种传统文化都是在一定的历史背景下产生的,存在一定的历史局限性。燕文化作为传统地域文化中的重要一支,必然也存在传统社会的烙印,例如一些学者指出燕域人们缺乏创新精神、思辨精神,燕文化的主题"慷慨悲歌"存在个人英雄主义和非理智主义倾向。发展燕文化,首先必须承认燕文化确实存在以上种种问题,但是不能因为存在这些问题,就对其全盘否定,陷入文化虚无主义。还应看到燕文化精神中的爱国主义思想成为我国民族精神的核心、燕文化的包容开放精神对于当前寻找京津冀区域合作的切入点,解决合作过程中存在的分歧和矛盾有重要的指导意义。传承燕文化、树立河北精神一定要从正面出发,弘扬正能量,坚持社会主义导向,为社会主义文化体系构建服务。

(2) 兼收并蓄、开拓创新。传统文化一经形成就存在巨大的惯性和惰性,我们不能选择传统也不能摆脱传统,但一定要在传统文化的制约下谋求不断的更新。当代哲学家张岱年先生主张文化"综合创新",这种综合创新不是新旧文化的杂糅,也不是各文化元素的机械拼凑,而是在中国现代化发展过程中,立足于优秀传统文化的沉厚基础,在社会实践过程中经过选择、融合、重组、整合各有益文化资源,从而实现新的文化突变,并由此产生出与现代化相适应的文化新物质、新结构、新体系,从而为社会主义现代化建设和社会文明的发展进步提供文化支持。继承和传承燕文化的过程中提出冀文化这一文化体系,正是整合京津冀地域文化资源后进行的新探索与尝试。空间上,冀域的涵盖范围不仅包括河北还包括京津地区;时间上,冀文化包含了从古至今所有冀域范围内的文化内容,保证了时空的连贯性。大力开展冀文化研究,是对燕文化的创新,也是当前京津冀一体化的内在要求。

5.3.2 传承燕文化的路径

(1)深入研究、有序开发。所有文化传播都是在深入研究和广泛交流文化符号的过程中实现的。在人类社会发展过程中,最原始的文化传播是采用九连环形式,通过相邻的两个集团一层层向外扩展发生,例如我国的四大发明,通过中原到达中亚,再到达西亚,最后到达欧洲、非洲乃至全世界。在人类个体的活动中,信息的传递也是采用了由近到远的原则,一步步发生的。燕文化的核心区分裂成了北京、天津、河北三部分,并形成了各自文化体系,这为传承燕文化的研究和开发提出了挑战,也提供了丰富燕文化内涵的机遇。首先,三个区域要有序开展传统文化研究工作,三地区域相邻,借助京津冀协同发展的机遇,开展联合攻关,共享燕文化资源。其次,燕文化的传承最主要的场所是学校,京津冀三地正是我国高水平学府的集中地,高校既是文化传播载体,又是文化研究和创新的基地,丰富的教育资源和教学设备有利于燕文化的研究和开发。因此,三地学校应该充分利用先天优势,加强交流沟通,弘扬有利于社会建设的燕文化精神。

(2)开发媒介、广泛传播。媒介是一个平台或纽带,通过这一平台和纽带可以使人与人之间、人与事之间发生多种多样的联系。媒介作为一种工具,受科学技术发展的影响,传播距离不断延长,弥补了直接接触的不足。文化传播媒介的定义,当前学术界莫衷一是、存在很大的分歧,有人认为文化媒介即文化设施,有些学者认为文化传播媒介是社会人群,还有一些学者认为文化媒介就是媒体。这些争议虽然没有给出明确的文化媒介定义,但是为文化的传承工作提供了有益的借鉴,人是文化的最主要活跃因素,首先必须重视人才的培养,同时需要与时俱进,采用先进的技术手段和文化设施。例如修建燕文化广场,燕文化展、文艺演出,建造标志性建筑,开设燕文化旅游线路,甚至可以用燕域的历史事件和历史人物命名一个建筑、一个商场、一家咖啡馆。

(3)推陈出新、创新发展。比较、竞争、创新是文化传承发展的必由之路。在生物学或心理学中,外界刺激会影响人的行为和心理变化,甚至改变人的成长轨迹。文化领域的外界刺激是文化比较和文化竞争,一种新文化的形成、发展过程,要受异质文化的影响,在比较和竞争中改变文化发展进程或产生新的文化体。燕文化的周围存在着赵文化、中山文化、齐鲁文化、三晋文化,以及荆楚文化、百越文化等地域文化,这些文化都是在互为条件和互为竞争对象又相互借鉴中创新发展壮大的。中国的道教是受儒家文化、佛教文化、本土神仙方术文化刺激中产生发展的。中国篮球职业联赛是在美国篮球事业刺激中成长的,中国的足球职业化也是在欧洲职业化足球刺激中发展的。研究燕文化的应有之意是借鉴燕文化产生发展的经验和汲取其失败的教训,文化多元化的今天,要自觉利用不同国家之间、不同区域之间、不同社会群体之间文化交流,深入开展比较研究,实现冀文化的推陈出和新创新发展,推进中国特色社会主义文化事业的繁荣。

第六章　结论

1. 燕文化是冀文化乃至丰富多彩的中华文化体系中的重要一支。

2. 燕文化的区域为西周分封燕国以后，以周王朝的姬性诸侯国——燕国行政管辖内地域为界定，该地域内的文化则称燕文化。虽然燕国仅存在先秦时期，疆域也随着国力的强弱时常变化，但是以北京、天津、河北中北部为核心的燕文化区域却具有长期的文化稳定性，并在后期的历史长河中不断积淀、完善，形成鲜明特色。

3. 燕文化的核心精神是"慷慨悲歌"。慷慨悲歌不仅是对荆轲等历史人物的描述，更发展演变成在事关个人生死、群体利益、国家兴亡等重要抉择事件前的价值选择。其悲壮催人奋进，其激越也叹为观止。

4. 燕文化的特征是多元矛盾性。其形成是由多方面原因共同造成的，在历史的眼光下，政治边缘地位造成燕人稳重和失落心态；区域经济的多元性造成燕民自足和保守习惯；周边关系弱势形成坚韧和忍让性格；面对灭顶之灾感性和理性跳跃式走极端等等。

5. 燕文化的基因是忠义、勇猛、隐忍、和合。忠义是一种像苏秦一般的奉献，是一游侠待人处事之道，是为人处世的黄金法则，忠义基因后期发展转换成爱国主义精神,成为中华文明的重要一部分。勇猛是一种仁义,是德的体现,是燕域儿女前仆后继以身报国的情怀,勇猛基因是由燕域多战争造成的,也促使燕域成为全国重要的武术之乡分布区。隐忍是对现实的无奈,也是被动的包容,隐忍基因到后期发展成为顾全大局,是畿辅之地的精神特征之一。和合基因是燕文化能够在历史的长河中延续存在,并在少数民族战争中保存完好的重要原因之一。和合基因的存在增添了华夏文化的多样性,提高了中华文明的承载力,也为中原文化的稳定做出重要贡献,在当前的社会变革过程中,燕域的和合精神仍然在起着重要作用,维护着祖国统一、民族团结、社会进步。

6. 任何一事物都存在对立统一,客观承认燕文化基因的优劣部分,对于今日京津冀一体化过程中了解冀域北方人的文化特征,促进深层次上实现民族融合和扬长避短组织活动与做思想政治工作具有重要意义。

参考文献

［1］干志耿、李殿福、陈连开.商先起源于幽燕说[J].历史研究,1985,05:21—34.

［2］(清)孔希旦.礼记集注[M].北京:中华书局,1989年版,第547页.

［3］(晋)陈寿.三国志·东夷传[M].北京:中华书局,2014年版,第31页.

［4］(汉)刘向.战国策[M].湖南:岳麓出版社,2015年版,第48页.

［5］顾军.北京文化特征小议[J].北京联合大学学报,2001,01:81—83.

［6］刘鹤丹.天津妈祖信仰和文化遗产保护研究[D].天津师范大学,2014

［7］章用秀.天津文化及其思想精华[J].天津行政学院学报,2004,04:66—70.

［8］杨军.燕齐方术"仙人"形象溯源[J].烟台师范学院学报(哲学社会科学版),2002,02:30—34.

［9］(汉)恒宽.盐铁论[M].北京:中华书局,2015年版,第58页.

[10] 靳婕.先秦时期的舞蹈艺术[J].辽宁科技大学学报,2009,04：435—438,442.

[11] (汉)司马迁.史记[M].湖南：岳麓书社,2010年版,第106页.

[12] 张岱年.中国文化概论[M].北京：北京师范大学出版社,2006年版.第62页.

[13] 王玉德：中国传统文化新编[M].湖南：华中理工大学出版社1996年版,第67页.

[14] 张立文.和合学概论——21世纪文化战略的构想[M],北京：首都师范大学出版社1996年12月版.

[15] 丁一桓.燕赵文化对民间宗教信仰的影响探析[J].新西部(理论版),2014,08：83—84.

[16] 万安伦.论幽州城的文化地位[J].北京联合大学学报(人文社会科学版),2015,01：1—9.

[17] 佐斌等.热情与能力的关系及其影响因素[J].心理科学进展,2014,09：1467—1474.

[18] 陈旭霞.燕赵人文精神的当代意义及其价值[J].社会科学论坛,2005,12：17—21.

[19] 李志媛.中国儒家文化与西方基督教文化中尚"勇"精神异同[J].焦作大学学报,2013,04：118—120.

[20] (战国)吴起,吴起兵书[M].北京：燕山出版社,2008年版,第60页.

[21] 陈业新.两汉时期幽燕地区社会风习探微[J].中国史研究,2008,04：45—72.

[22] 葛全胜、方修琦、郑景云.中国历史时期气候变化影响及其应对的启示[J].地球科学进展,2014,01：23—29.

[23] 竺可桢.中国近五千年来气候变迁的初步研究[J].中国科学,1973,02：168—189.

[24] 薛兰霞.慷慨悲歌风格的形成[J].保定学院学报,2011,5：131—135.

[25] 马克思恩格斯全集[M]第4卷,北京：人民出版社,第733页.

[26] 孙兆刚,华夏历史文明传承创新研究——基于寻根文化的视角[J].郑州航空工业管理学院学报,2013.5：119—124.

[27] 冯石岗、许文婷.京津冀文化圈的渊源和载体[J].河北工业大学学报(社会科学版),2013,02：9—15,61.

［28］谢新松.文化的社会治理功能研究［D］.云南大学,2013.

［29］孙健灵.论"和合发展观"［J］.曲靖师范学院学报,2012,06：62—65.

［30］习近平论中国传统文化——十八大以来重要论述选编［M］.2016年版,第221页.

［31］杨玉生.燕文化的价值和对中国古代文化的影响［J］.河北大学学报（哲学社会科学版）,2005,06：33—37.

第二编 经营诚信立命，
商贸以德立业

——冀州古代商帮文化研究

第一章 为什么研究冀商邦文化

1.1 研究冀州商帮文化目的与意义

京津冀协同发展已经成为重大的国家发展战略,京津冀本为一体,文化同脉,地域相连,协同发展有着天然基础和现实条件。其中,第三产业的创新发展是协同发展的重要内容,商业流通理应首当其冲。研究久负盛名的冀州商帮文化,挖掘商帮文化的优良内容,传承冀文化优良传统为京津冀协同发展服务,是本论文的主题。

1.1.1 研究冀州商帮文化的目的

河北省是中华古代最早区划之九州之首——冀州的忠实继承者,虽然具体区划范围几经变迁但原址未变,至今仍保留冀州建制,且河北省名以冀简称。

河北省是有着四千多年悠久历史的文化大省,并且是华夏文明最古老的发祥地。早在上古时期周口店就有北京猿人居住,后来创造了优秀的邯郸磁山文化、安阳殷虚文化。远古时期三皇五帝生活战斗于此,产生了炎黄子孙。奴隶社会春秋战国时期文明初现,形成九州行政区划,冀州称为"九州之首",号称华夏中央。从此至今,冀域就一直承载中华帝国文明核心区域的重任(中国长期是世界文明中心,从一定程度上说冀域也是世界文明中心),因而冀文化的核心价值早已显现,在历史的沧桑巨变中冀文化不断发展完善,并且在与其他地域文化的相互交融过程中孕育了举世瞩目的中华文明。由此可见,河北是中华文明重要的发源地,冀文化是中华文化之元文化。

近年来,我国地域文化研究逐渐兴起并取得了比较丰硕的成果,例如,山西省提出了"三晋文化",陕西省有"三秦文化",河南省有"中原文化",湖北省有"荆楚文化",山东省有"齐鲁文化"等等,这些地域文化既体现了中华文明的整体特性,又体现了显著的地域特色。而"冀文化"(亦称燕赵文化)是毫不逊于这些文化的重要文化,是华夏文化之重要元文化。然而,冀文化研究还不够深入,其中对冀州商帮文化的研究尚属空白。

本文对冀州商帮文化的起源、发展、特点、影响等进行挖掘,一是丰富和完善冀文化的内容,二是为京津冀商业的发展提供镜鉴。

1.1.2　研究冀商帮文化的意义

发掘并发扬中华优秀文化传统,必须从历史和逻辑的统一、整体和部分结合的高度,完整准确地厘清中华文化的元、渊和源。其中,中华文化的元文化是探索的重点,一定要对历史和未来负责,避免某些学者片面地从家乡和地区本位的视角研究历史和文化,从而歪曲历史。冀文化是华夏文明的重要源头之一,属于中华文化基因链条上最重要的遗传因子,对中国传统文化的形成和构铸起了不可替代的重要作用。研究冀文化不仅是还历史以本来面目,更重要的是要客观描绘中华文化的"基因图谱",只有深刻地认识了局部才能更好地把握整体,只有理清地域文化与中华文化的关系,才能从深层次更好的认识过去、把握现在、着眼未来[1]。

(1)理论意义。第一,有利于扩展和完善冀文化的研究。冀文化包括很多的方面,而冀商商贸文化的研究是冀文化中不可缺少的部分,所以对冀商商贸文化的研究可以使冀文化的研究更加完善,是对一个崭新领域的开拓性的探索,可以弥补对冀州商帮文化研究之空白,使人们对冀文化的各个方面都有一个全面深入的了解。第二,有利于丰富和发展中华商帮文化的内涵和外延。冀域商帮文化对中华商帮的形成和发展产生了重大影响,对中国古代商业建设作出了突出贡献,为中国商帮文化宝库留下了珍贵的遗产。对冀商商贸文化的研究不仅可以使冀文化的研究更加完善。也是对一个崭新领域的开拓性的探索,站在经济学的视角,来阐述整个冀域文化,之后进行深入的分析,以理性的态度扬弃并加以使用,通过介绍冀域文化的昨天、今天和明天,为人们描绘出冀域商业的全貌,探寻冀域商贸生命力的根源,对其产生、发展及内容赋予新的内涵和活力,可以丰富中华商业文化体系的内涵和外延。

(2)现实意义。第一,对博大精深的冀文化的研究、传承与发扬工作,既能极大地丰富中华文明宝库,又必将推动河北省文化产业的发展。通过发掘冀文化,形成河北品牌的地域文化,并形成独树一帜的河北精神,有助于增强河北省发展的凝聚力,提升河北文化的影响力,进而推动河北省的经济、政治、文化和生态的全面发展。第二,促进社会主义市场经济的发展。中华上下五千年的历史长河中,商业文化繁荣昌盛,成为中华文化遗产中璀璨的瑰宝,里面也有很多宝贵的财富。冀州商帮文化是商业文化宝库中不可多得的瑰宝,对于这份历史遗产,我们应该认真地总结、反思,客观地予以评价,克服冀域传统商贸文化的弊端,剔除其中消极落后的成分,挖掘冀域商业文化中经营理念、企业家精神的精髓所在,并为己用,从中吸取当前经济建设所需要的可借鉴的历史资源,同时对冀商商帮兴衰规律进行探讨,以期对当代的社会主义市场经济改革提供诸多的借鉴和启迪。第三,有利于形成冀域品牌的地域文化,提升冀域文化的影响力。对冀州商帮文化的研究不仅为冀州商帮文化的发展走向提供新的视角和思路,也必将推动冀域地区商贸产业的发展。通过发掘冀域商贸文化,形成冀域品牌的地域文化,并形成独树一帜的冀域商帮新精神,有助于增强冀域经济发展的凝聚力,提升冀域影响力,进而推动整个冀域地区的经济、政治、文化和生态的全面发展。

1.2　冀州商帮文化研究现状

在国内,学者对商贸文化研究较多集中在商帮上;对冀文化的研究明显不足,并且主要围绕经济、政治、文化、历史人物等方面进行研究的,国外学术界对冀州商帮文化研究还未涉及。

1.2.1　有关商帮文化的研究现状

近几年,各个地方的商人们高频率地使用"商帮"这个概念,它的提出者就是五大新商帮,这五大商帮分别位于山东、苏南、浙江、闽南、珠三角。这一举措吸引了其他地区商人的目光,并纷纷效仿之,安徽省与山西省商人根据自己的地理位置,纷纷打出了新徽商,新晋商的旗号,重庆的商人们冠以新渝商,河南的商人们称之为新豫商,而新冀商代表河北商人们。这在 21 世纪初迅速吸引了一部分中青年学者的注意力,学者们在给商帮文化的概念界定、理论建构以及学科化努力方面均作出了自己的学术努力,开展了商帮文化基本理论、各商帮之间文化对比、中国传统商帮文化的研究等工作,商帮文化正逐渐成为一个热点话题。已出版的国内学者的专著主要有:许安、王宝库的《晋商文化之旅》(2005),张实龙的《甬商、徽商、晋商文化比较分析》(2009),王俞现的《中国商帮 600 年》(2011),吴慧的《中国古代商业》(2007)。从以上的著作可以看出,我国学者在商帮文化基本理论、地区商帮横向与纵向文化对比研究和中国传统文化研究等方面取得了重要成绩。

1.2.2　关于冀文化的研究现状

目前,关于冀文化的研究并不多,只是冀州近年来先后举办了
"九州之首——冀州历史文化研讨会""九州文化论坛"等一系列活
动。在此基础上,人们写了一些号召赞美性的文章,无非是强调冀州
的优越性。另外,有一些学者从冀州的历史地理沿革、经济史、政治
史、思想史、历史人物等方面做了研究。

比如站在政治角度上:邯郸职业技术学院侯庭生通过其所著的
《冀州与冀州牧初探》发表观点,认为在汉朝的某些时期,设立的州牧
具有一定的特殊性,汉朝的每一次大规模动荡,都伴随着州牧的废
立。《武则天万岁通天年间的冀州之战》一书中,北京师范大学历史
系博士生李永提到,武则天通天年间契丹叛乱,在这次平定叛乱的战
争中我们可以看出,冀州的战略地位是当时的帝王非常重视的。在
《冀县抗日民主政权建设述略》一书中,河北省社会科学院历史所李
翠艳详细地讲述了在八年抗战时期,冀县如何建立、发展抗日民主政
权,并对其意义进行阐述。

在经济层面上:《先秦冀州的农业经济》一书中,衡水学院曹迎
春对冀州整体的地形与土壤情况进行考察,之后他提出,从石器时代
开始,冀州就产生了农业经济,并在夏商西周得到发展,到了春秋战
国时期,农业经济已相当繁荣。在《先秦冀州东区的商业发展》一书
中,来自河北师范大学历史文化学院何艳将侧重点放在了冀州东区
的商业情况,他的观点是在先秦时期,冀州东区商业发展欣欣向荣。
《"冀州帮"的产生及其商业文化特点述论》一书中,邯郸学院历史系
孙建刚、冯小红对"冀州帮"在商业文化方面所具有的特点进行论述,
他们认为"冀州帮""以技、信安身立命,以义、德谋利兴业"。

在文化产业建设层面上:《发掘历史文化遗产弘扬九州之首精
神》一书中,冀州市委书记刘全会的观点是,冀州地区地域辽阔,人才

济济,文化繁荣,崇文重商,冀州胸怀宽广,包容开放,开拓创新,自强
不息。在《浅谈冀州的重要历史文化地位》一书中,邯郸市博物馆郝
良提出,冀州至今仍留存着丰富的文化遗产,"冀州"本身就代表着商
业文化,其文化品牌价值巨大,所以要对"冀州"加以利用。《冀州历
史文化资源的开发设想》一书中,河北工程大学杨英法提出应积极开
展冀州古城风貌显像化工程,为冀州量身打造城市名片,从而发掘其
具有的丰富的历史文化遗产。

　　可喜的是,2013 年以来河北工业大学冀文化研究所成果不断,
冯石岗等研究发表了一批成果,如:《京津冀文化圈的渊源和载体》
《京师·口岸·腹地:京津冀一体化的历史地理学解读》《冀法文化
之源——冀州古代的律学家及其法制建设》《冀域法制文化建设探
源;冀文化与燕赵文化比较研究——论冀文化提出之必要性》《冀州
帮京津地区影响力研究分析》《京三角发展战略中的天津作为》等,发
表在全国报刊杂志上。冯石岗教授和汤庆慧发表的《冀州帮商业文
化特征及其现代影响》《近代冀商发展中的主要商帮》《冀州帮京津地
区影响力研究分析》《冀州帮商贸活动研究》等是较少的专门研究冀
州商帮的成果。

　　总起来说,目前对冀州商贸文化的研究成果甚少,较系统的文献
介绍比较欠缺。国外学术界从宏观领域研究中华文化取得了丰硕的
成果,但就冀文化来说,尚未开始。

第二章 商帮及其商帮文化概述

一般来说,在明朝之前,中国商业也有大繁荣时期,历史上也出现了名噪一时的大商贾,但那时的商贾大多是分散的,其经商活动各自为战,没有出现具有特色的商人群体。明清之际经济发展,民间商业资本积累空前巨大,各地商人依据血缘性与地缘性形成大大小小的区域性商帮,其公认的主要有徽商、晋商、闽商、广商、赣商、鲁商、陕商、宁波商、洞庭商、龙游商,合称"十大商帮",是中国近代商业史上极其重要的部分。

2.1 商帮概念

中国的商帮都带有明确的地域特征,其名称无一不是以商人的籍贯命名的,诸如鲁商、徽商、晋商等等,所以从本质上讲,它们是同乡商人为了维护共同利益,整合内部市场关系,协同对外的商人团体。明朝之前,中国商人服务的主要对象是官府,"人参古玩好生涯,交易无非帝王家",而流通的物品主要是奢侈品,然明以后,在巨大的市场需求拉动下,为了满足民众日益增长的物质需求,使得商业的经营内容转向日用产品粮油棉布茶,面对流通数量动辄数万万的商品,个人家庭已经很难为之,所以只能"非亲即友,辗转邀集",但是亲缘有限性仍难以满足如此巨大的市场需求,使得商人们把经营的力量扩展到乡亲,通过宗法血缘之间的相互联引为纽带的商人经营形式——商帮,应运而生。因此,商帮在我国出现具有一定的特殊性,它基于地域,通过血缘与乡情,遵循相亲互助的原则,以联络、计议为目的商人群体。

2.2　商帮的形成和特点

在明代之前,中国有商人而无商帮,因为在明代之前,那时候全国统一的市场并没有建立,道路阻隔,自然经济为主的社会经济结构不会产生对商品交换巨大需求。小农经济的封闭性与市场需求联系不多,民生日用产品的自给自足,使商人们遵循"百里不贩樵,千里不贩籴"的经营原则,这些商人以血缘家庭为单位,从事商业经营,尚未出现商人集团化的经营迹象。

2.2.1　商帮的产生

(1) 人口剧增、市场需求。明代时中国历史的一个重要的十字路口。首先中国人口的急剧增长,在明之前中国人口增长的极点始终徘徊在 9000 万左右,那是因为明代以前中国施行"有田则有赋,有身则有税"的财税体制,极大地压制了人口的增长,再加上周期性的社会战争动乱导致的人口锐减等[2]。明初,社会没有太大的动乱,天下晏然,然后明朝中期首辅张居正施行的"一条鞭"财税体系,简化税制,刺激人口增长,到万历末年,人口已到万万之上,到清代继续增长,道光年间人口已破四亿,中国历史上第一次获得与自身幅员大致相等的人口数量,人口的激增带来了前所未有的市场需求,正所谓"早晨开门七件事,柴米油盐酱醋茶",这种巨大的社会牵引力,牵引着中国开始从传统的社会向现代社会转变。

(2) 白银流入、贸易顺差。世界贸易的发展,大量的外国白银流入中国,14 世纪之前中国无疑是世界上经济最发达的国家,就是到了清代中叶,中国的经济总量依旧保持着世界上其他国家望其项背的地位,18 世纪初,中国的经济总量占全世界经济总量的 30%,18 世纪中叶中国产品总量占全世界的 30%,这明显说明当时世界接近 1/3 的财富在中国,中国无疑处于世界经济中心的前端[3]。与此同时,明初郑和下西洋不但为明朝带来了丰厚的经济利益,据统计郑和 7 次下西洋一共从国外带回的黄金二三十万两,白银上千万两,是宋元时期市舶司贸易收入的几十倍。清朝前期虽然施行"海禁",但"私家贸易者又何曾断绝",中国沿海居民"航大海而去者,不知凡几"。在鸦片战争前中外贸易顺差三千万两白银,如此巨量外国货币的流入,是颠覆中国自然经济的巨大物质力量,它使得中国货币的流通变成了以白银为主,所到之处无不冲击着自给自足的自然经济的秩序,改变了民众对金钱的观点以及以发财致富为目的的活动兴起,同时也改变传统的重农抑商为商农并重,这都为商业的蓬勃发展和商帮的出现铺平了道路。

2.2.2 商帮的基本特征

在中国近代商帮史上,大大小小的所有商帮一般都具有两大特征:抱团能力与官商结合。商帮是基于血缘、宗族和同乡的关系而建立,这种以乡族亲缘为纽带建立起来的关系网,有信息交流的优势,而且在封建经济社会里,只有大家团结协作、同舟共济、以众帮众才能以群体姿态面对无法预知的市场。同时,在过去相当长一段时间内,因为封建帝制的存在,商帮的命运难逃统治者与官僚阶层的掌控,为了生存,商帮必须依附于官府,这就造就了官商结合的历史渊源,诸如晋徽这样的大商帮,同样要走这样的道路。

2.3 商帮的贡献和局限

历史上中国商帮大致兴盛于明清时期,在这段时期里商人的队伍不断壮大,竞争也日益激烈,商人们利用天然的乡里、宗亲关系联合在一起,相互支持、和谐共济组成商帮,并在全国各地进行商业贸易活动,其商品甚至漂洋过海远销他国,极大地促进了我国市场经济的繁荣与对外贸易的兴起。但是面对当时法制不健全的历史,全国性的市场的不开放,商帮最终失去了生存的土壤而日渐衰弱。

2.3.1　商帮的主要贡献

商帮作为以乡土亲缘关系为纽带的商人集团,在近代中国商业史上,扮演着调剂区域商品余缺,组织全国商品流通,满足民众生活需求的重要角色,面对变幻莫测的市场商帮起到了保护、整合、扩大商业圈、调动资源的作用。但中国融入世界发展的潮流是不可阻挡的历史发展规律,气势如黄河入海流一般汹涌壮阔,其势浩浩乎撼天震地,谁也无法阻挡。当中国日益经济全球化的同时,商帮这种历史组织必然离我们渐行渐远,消失在历史的记忆中,但是商帮作为中国封建社会末期的一种特有社会组织形式,作为一种传统商人的制度安排以及他们各自出于特定区域文化形式的商业精神,却会传承发扬,流芳百世。

2.3.2　商帮的历史局限

关于商帮的局限性,有很多角度可以进行分析,今天我们从形成的角度分析商帮的历史局限。无论是在封建经济社会还是当代经济社会,我们所面对的市场是开放的,任何商机都是瞬息万变的。个体的力量薄弱,往往无法面对,最终势必会退出商业领域;当众多个体团结起来,组成一个群体,各方面的实力得到增强,才能与市场抗衡,商帮是建立在地域、区域文化的基础上的,但是,这种区域文化概念相悖于开放的市场。市场具有一定的流动性,利益资源就是重要的指标,那么商帮的运作一定会成为市场流动的绊脚石,同时,区域性的商帮也会成为市场成熟的阻力。纵观历史,商帮要面对尚不完整的市场开放,值得注意的是,商帮以不同的规则对内对外,但是规则一致是市场成熟的基本要求,另一方面,在商帮内部存在着等级制度,封建色彩浓厚,与市场经济大相径庭,市场经济下,资源优化配置,而等级严格的商帮不但失去很多的机会而且有时对内部成员的能力发挥、积极性的体现产生负作用,其关键在于商帮具有浓厚的地方色彩,成不了市场经济的主流。

2.4 商帮文化

在中国商帮史上,商帮文化是由于每个商帮各具特色,在经营项目、活动范围、经营手段、管理策略等方面异彩纷呈,这种因为差异的地理特点、生活习惯、思维方式等多种因素综合作用的结果,它在中国商帮历史上曾经发挥过重大的积极作用。

2.4.1 商帮文化的概念

商帮把中华传统文化的精髓与自己的实际经营活动巧妙地结合在一起,蕴育出了独具特色的中国商帮文化。因此可以说,商帮文化是商帮在长期的经营实践中逐渐积淀而形成的文化。在商帮文化中既有商业文化的属性,也有地区文化的特色。商帮文化是地缘文化的延伸。在历史长河中,遍布全国各地的商人凭借乡友,进行信息交流,互帮互助,共同繁荣。在我国历史上,出现了晋商、徽商、秦商、赣商等百年的辉煌。各个商帮因地缘不同,都具有不同的文化和个性。

2.4.2 商帮文化的内涵

商帮文化的产生与繁荣主要基于"三缘",具体来说就是亲缘、地缘以及业缘。

所谓亲缘,指的就是亲戚血缘关系。商帮文化的雏形就是家族生意,家族生意日益庞大就会促使同宗族的人加入进来,逐渐壮大形成家族式商帮;所谓地缘关系,就是同一地区生活的乡亲们,互帮互助,逐渐产生地缘商帮;所谓业缘关系,比如说晋商当年做金融,到兴盛时期,把金融同业(未必是山西本地人开的)的钱庄都整合进来,形成蔚为壮观独领风骚的晋商大商帮。

第三章　冀州商基培育商业意识

早在先秦时期,冀州就已经是九州之首,是当时我国最大的自然经济区,本章根据目前的现有的研究资料,对古代冀州的商业发展作出简单的脉络梳理,简要概述古代冀州商业形成的历史原因和发展情况,方便日后冀州商业的继续发展。

3.1　古代冀州的地理位置

冀州是中华文明上古时期的九州之首,在悠久的历史长河中,占有极其重要的作用,但随着历史的变迁,它的地理管辖范围在不停的变动。根据历史文献记载,冀州可以大致可以划分禹贡冀州、刺部冀州、刺史冀州、知事冀州、直隶冀州、当代冀州等六个时期,虽然区域在变化但是它们的文化底蕴和内涵却一脉相承,源远流长。

禹贡冀州也就是上古时期冀州管辖区域。当时冀州乃九州之首,区域辽阔包括山陕间的黄河以东、晋豫间的黄河以北,用现在的行政区域划分就是山西南部、河南东北部、河北西南角和山东最西部分等广大地区皆处于禹贡时期冀州区域。

春秋战国时期冀州没有多大变化,直到汉武帝时期,分天下为十三州,其中冀州(刺部冀州)就是之一,辖四郡六国,冀县属广川国。冀州刺史用现在的行政区域划分包括今河北省邯郸、邢台、石家庄三个地区的全部,衡水市大部,保定西南部,沧州市小部,河南省北端三四个县,山东省西端三四个县。魏晋时期,取消两汉时"部"而设置"州"的建制,成为州、郡、县三级行政单位。后魏文帝因为邺城为长安、谯、许昌、邺、洛阳五都之一,冀州州治移至信都,安平郡亦治信都。信都为三级治所,从此冀州与今天的冀州市开始联系起来。隋唐时期冀州地理管辖区域变化不大,直至宋太宗以"路"代替了唐代的"道",分天下为十五路,冀州(知事冀州)属河北东路。河北东路治大名,领三个府、十一个州。冀州领信都、南宫、枣强、武邑、蓚、衡水、阜城七个县。明清时期冀州下辖南宫、新河、枣强、武邑、衡水五县,州治信都。这是历史上冀州辖区最小的时期。

3.2　冀州发展商业的基础

在我国的中华文明中冀州被称为是九州的第一雄都,其主要是因为冀州位于中华文明的发源地,在古代冀州的文明非常地发达,并且古代冀州的经济也非常的繁华。冀州商贸活动的起源时间可以追溯到我国的春秋战国时期,在春秋战国时期的冀州已经具备了商业发展的条件。

3.2.1　自然资源欠缺人力资源丰富

根据《史记·货殖列传》中的记录,在春秋战国时期,赵中山是一个"地薄人众"的地方。《禹贡》是将冀州的土地级别定为中中,因为"白壤"较多,也就是盐碱地多。冀州的土地级别虽然是中中,但是他的田赋级别却属于中上等。由此可知,《禹贡》中的田地级别不仅仅只是土地是否肥沃,还包括了九州治水的先后顺序、地势的高低、劳动人民的数量、土地开发程度、生产物的数量以及交通运输的便利程度等条件。尽管冀州的土地不是上等的,但是由于人口数量庞大,土地开发的程度高,交通便捷等优势,所以普遍比较富有,上缴的田赋也较多。所以从《史记·货殖列传》和《禹贡》两个文献中都可以看出冀州一带在春秋战国时期就已经是人口数量众多,土地开发资源相对少。就以中山国为例,那时中山国大概是 150 万劳动力,便成为了商业发展的重要优势。

3.2.2　农业手工业发展促进商品交流

春秋战国的时候,中山国的发展在冀州名列前茅。以中山国为中心,在五百里范围里,其地域辽阔,资源丰富,土壤肥沃,所以粮食产量很大。中山国又拥有广袤的森林,其地处山地丘陵,适宜农牧发展,其出产的牛、马、筋、角全国闻名。与此同时,中山国蕴藏着丰富的矿产资源,《先秦史新探》一书中说:"中山国以有丰富的铁矿藏著于当世。"[4]中山国成为重要商业区主要原因有:首先,粮食数量多,促进了春秋时期粮食的买卖,形成了一定的规模;其次,丰富的矿产资源催进了冀州地区的工业的快速发展;最后,牛马皮毛业以畜牧业为依托,得到了良好的发展契机。

3.2.3　交通和安全为商贸提供保障

冀州自古以来就是南北战争的重要地带。商代祖乙曾经将都城设立在冀州,究其原因,就是冀州地处交通要塞,战略意义重大。它就是西周的邢国,20 余里以外就是太行山,古黄河和大陆沼泽等位于它的东边,在南北方向上,冀州北接燕,南联卫,是不可多得的交通要道,所以成为历代的兵家必争之地。在《史记·赵世家》中有这样一句话,"惠文王三年,主父起灵寿,北地方从,代道大通",指的就是这条商路。这条商路向西与山西商路联通,主要是齐鲁的丝织品、鱼、盐等商品。在当时,冀州已经成为了各地商路的必经之地,也是齐鲁赵的三地中点,它的重要地位自然不言而喻。

3.2.4　深厚商业意识培育商人辈出

早在春秋战国时期,冀州的商业贸易已经迅速发展,形成了良好的民间经商意识。中山人"仰机利而食"[5],当时的冀州就包括中山地区,这说明当时冀州已经形成普遍经商之风。《史记·货殖列传》亦载:"齐、赵设智巧,仰机利。"[6]投机取巧,工于心计,以利益为核心,这就是当时冀州商业的核心价值观。这一心理体现直到汉末才得以终结。在《盐铁论·通论》中提到"民淫好末,侈靡而不务本",生动地体现了汉代的民间商业意识。

3.3　古代冀州商业的发展

有关文献和考古资料可以证实,早在龙山文化时期,也就是最早的五帝时代,冀州已经是当时的政治经济中心。《史记·五帝本纪》中就有中华始祖黄帝、炎帝、蚩尤等先帝都是在冀州一带活动的记载。夏、商、周时期,冀州的经济获得了更进一步的发展。如邢台曹演庄的遗址和贾村的遗址等各种商代的商业遗址都可以说明,邢台一带在整个中、晚商的时候,农业经济相当繁荣,农业工具数量较多,种类齐全,剩余农产品,并且酿酒技术较纯熟。手工业方面,冶铜、制骨、纺织等方面均有涉及,尤其是制陶业相当昌盛,已经有了最早的分工合作和商品化生产。到春秋时期,由于战乱,战争不断发生,因此冀州商业的重心地带不断地转移。在春秋时期,邢国受到戎狄的逼迫,不得不转到黄河以南,将其原本的领地交予戎狄。中山复国后,到战国时期,邢国又被赵国所灭,所以,其地又进入了赵国的版图。而河南中南部等地在春秋战国时期人口数量较多,物资较为丰富,交通也便利,并且存在着"仰机利而食"的习俗,因此商业活动也是非常繁荣的。

到了汉代汉武帝时期冀州被分成十三州之一,地域范围发生变化,在那个时期,幽州位于冀州范围内,幽州北部以名马而闻名,吸引了大量的商人,贩马贸易异常活跃,这种贸易也是冀州最早最有影响的商贸活动之一。陈寿《三国志》中描述:"中山大商张世平、苏双等资累千金,贩马周旋于涿郡,见(刘备)而异之,乃多与之金财。先主(刘备)由是得用合徒众。"[7]这说的就是张世平、苏双为了帮助刘备起事,拿出了大量的金钱。从这里我们可以看出,贩马贸易可以获得可观的商业利润,同时也说明冀州当时繁荣的商贸活动情况。

北魏时期,冀州所辖区域大大缩小,仅有长乐、渤海、武邑、安德四郡。北魏之后,河北地区商业发展进入了更高的层面,尤以邺城(今临漳西南)为代表,商业发展异常繁荣。在此过程中,商人的社会地位也大幅上升,与权贵往来日益密切,有的商人甚至走入仕途。在《北齐书》中有这样两句话"威权转盛,富商大贾朝夕填门","士开母丧,托付者咸往奔哭,邺中富商丁邹、严兴等并为义孝"[8]。既云"富商丁邹、严兴等",这就说明了,除了丁邹、严兴二人,还有不少商人与权臣有着密切往来,从一个侧面反映出当时冀州商业发展的繁荣景象。

商贸繁荣的同时,冀州地区出现不少商人富甲一方。在唐武宗会昌(841—846)年间,邢州就出现了大量的富商大贾,在全国居首。在五代时期,出身于邢州某富商的千金柴氏嫁给了后周开国皇帝郭威,母仪天下。书中提到柴氏出生于邢州龙冈,"世家豪右",也就是说其柴家世代经商,在会昌时期是一大豪门。五代时期后周世宗柴荣出身武将,但是其在从商多年后才去参军。柴荣"生于邢州之别墅,年未童冠,因侍圣穆皇后,在太祖左右。时太祖无子,家道沦落,然以帝谨厚,故以庶事委之。帝悉心经度,资用获济"[9]。这里提到的"庶事",指的其实就是从商。史书上记载,在柴荣在参军之前,曾经跟随邺中大商颉跌氏,到江陵从事贩卖茶货的生意。书中提到其

"悉心经度,资用获济",这就说明了他生意兴隆,并且具有多年的从商经历。

明清以后,由于土地资源的严重匮乏,以往以农业耕作为生活支撑的生产模式,已经明显不能满足冀州人的生活需求,于是外出经商的现象就开始普遍发生。

3.4　近代冀州的商贸事业

从清朝开始,冀州地区的商人主要经营的路线是穿梭于京沈铁路之间,主要经营的商道是从张家口到库伦商道之间。因此当时的冀州商人活跃的地区非常的广泛,与此同时,极大地促进了我国民营经济的发展。冀州商人在商业之路打拼的整个历程里,"老呔帮""张库帮""保定帮""冀州帮"等商帮先后产生并且出现了许多非常著名的商人,比如说当时非常有名的武百祥、孙秀三、孙殿起以及陈杭等巨贾,他们经营者各种商品,为我国的近代商业文明作出了非常大的贡献。其中"老呔帮"主要是经营在东北地区的商人,在我国非常有名的闯关东等,主要就是与这个"老呔帮"有关,这个"老呔帮"为我国的商业经济作出了很大的贡献,开发了东北市场。同时随着清政府对蒙、俄贸易全面放开,使得我国的冀商开始走上了张库大道,从而形成了"张库帮"。"张库帮"主要是与蒙古进行交易,沟通了蒙古地区,同样为我国的民营经营做出了很大的贡献。

第四章　冀州商帮曾为商界奇葩

冀商虽不及晋商、徽商般影响深远,但依专家学者的不断研究发现,冀商在历史上也自成体系,也曾有过辉煌的时刻,早在战国时期,赵国就有着浓厚的经商意识和经商之风。近代以来,冀商中的"老呔帮""张库帮""保定帮"等商帮活跃在清末民初的商业经济舞台上,耳熟能详于中国乃至世界商界中,但是对于冀州商帮的研究却是很少。

4.1　冀州商帮的发展轨迹

4.1.1　崛起时期

古时冀州作为九州之首,历史悠久,人杰地灵,而当时冀州行商经营早已蔚然成风,形成了喜好商贸的民间经商意识。《史记·货殖列传》载:"中山地薄人众,犹有沙丘纣淫地馀民,民俗懁急,仰机利而食。丈夫相聚游戏,悲歌忼慨,起则相随椎剽,休则掘冢作巧奸冶,多美物,为倡优。女子则鼓鸣瑟,跕屣,游媚贵富,入后宫,遍诸侯。"其中的中山国就处于冀州的地理区域内。到了近代以后,冀州商人更是经商有道,据民国《河北通志稿》记载:"河北诸县,惟冀人为善经商,通计中国土地之广,无一处无冀人坐贾其间。"[10]究其原因,按照传统商业史观点,一般而言,一个地区的商业繁荣无外乎有三种原因:

一种是地域狭窄,人多地少,自然资源贫乏,环境恶劣,这种环境下农业发展不起来,本地人基本生活需求得不到解决,不得不走出山外,通过从商解决生计,并且逐步得到发展;一种是地域辽阔,资源蕴藏量大,交通发达,造就了天然商品集散地;第三种就是凭借得天独厚的地理优势,进行外贸活动。而冀州古代商业繁荣是第二种、第三种占主要因素,而近代以来的冀州商帮崛起是第一种原因造成的。据记载,清末,南宫、新河、枣强、武邑以及衡水这五县处于冀州的管辖范围内,这些地方土地贫瘠,因为古河道(黄河、漳河等)变迁冲积,导致其旱涝交替,连年欠收,在那个社会动荡时期,官府横征暴敛,战争频发,百姓苦不堪言,很多农民没有土地,为了生存,只能纷纷外出,而在外谋生的冀州人往往会介绍提携同乡外出经商。

4.1.2　发展时期

"天下熙熙皆为利来,天下攘攘皆为利往,夫千乘之王、万家之侯、百室之君,尚犹患贫,而况匹夫编户之民乎?"由于利益而启动的进取精神,冀州人把经商作为大事来做,通过经商来实现创业立家的抱负。"十余岁从人学贸易,佚蓄积有资,始归纳妇",而这种观点正是使其在商业上不断进取的巨大精神力量,来自冀州的官方统计数据,为了更好地了解冀州商人在外经商的乡里分布,为了节省文字的叙述,这里我们只将冀州主要的从业村庄以表的形式表现出来:

表 4.1　冀州商人在外经商的乡里分布

村名	代表人物	经营项目
燕家庄村	李帮灿	于南宫创办了有生生银号、生恒聚商店、熏皮厂以及面粉厂等。
北内漳村	巩家	巩家的商店遍布太原、济宁、京津;太原开办了利会洋货庄、福合帽厂;在济宁建立了天兴酱园及银号、茶园以及帽

村名	代表人物	经营项目
		厂;而在北京,打磨厂西、王麻子刀剪铺成立;在天津创办了福利镜子工厂、福合洋货庄以及福华铁丝纱厂。
程家周村	程印南	将许多转运货栈、商店开在了河南、石家庄、湖北。
黄村	王汝鸿	在京津、张家口各地设几址所。他的后人王双凤将景泰尘开在美国纽约。
羡家庄村	羡希三	羡家的商号设在京、津及铁路沿线城市。
谢家庄村	雷锡晋	谢庄雷家在河南高阳开办了布庄,天庆德、天庆阳等称之为华北天字号。
西南王村	崔家	崔家,在太原开办天吉盛、天华泰商店,在石家庄开办恒太厚绸缎庄;在郑州开办正大商店;在兰州开办建中商店。
枣园村		其开办的商店均冠以"义"字号,如位于北京帽子胡同的义成厚百货商店;位于呼和浩特的义成生百货商店、义成元百货商店;在天津、郑州、兰州、西安也设立了义成元百货商店。
南小寨村		有二三十人在其他地方经商做经理。南小寨农民于1917年入股10多个"华"字号百货店。
大豆村恩关村		农民经营的茶庄,位于河南开封的王大昌茶茶庄;位于陕西西安东大街的王大昌茶茶庄;位于甘肃兰州的王永蛳的茶庄;位于河南郑州的王恒昌茶庄;位于安徽亳州的王大昌茶茶庄;位于江苏徐州的王同昌茶茶庄。
淄村		淄村商人经营的工商业及店铺遍布各地,数量达到60个之多。

注：表内空格均为内容不详。

据上表显示,冀州外地经商者甚多,其中包括声名显赫的巩氏家族和羡氏家族。羡家庄羡氏家族在清道光末年至民国三十三年冀州巨富豪贾。在其兴盛时期,其资产据业内人估计,仅天津庆成恒分号布庄资金约有白银2万多两。而巩氏家族主要在蒙古经商,鼎盛时期贩运商品种类发展到"上至绸缎,下至葱蒜",货品齐全、数量巨大。当时流行一句顺口溜说"北到库伦二千八,从不住店光住家"就是说的冀州巩氏家族。同时,还有冀州经商"专业村"南小寨和淄村,这两村人有两大经商的特点:一是村民都可以自愿入股,商铺统一为"华"字号;一是乡亲互相提携,繁衍发展。

清代商业贸易的发展,使得地处南北交通要道的天津成为了多功能城市,城东是河北大街、北大街等商业区,而城内城外形成了从事某种经营的专业市场如肉场、鱼场等等。城内五集,平均每月十五天都有集市。全国各地的商人纷纷在此开门营业,道光二十六年,城中商户多达5225户。伴随着外地商人的不断增多,以乡谊为纽带的商帮在此地繁荣发展起来,冀州商人也纷纷入据天津。保定,属于直隶省会,位于京畿,向南与九省相通,向北与三关联络,交通发达,与天津以水路相通,在陆路方面,有京保汽车路,是河北省第二条省路,冀中、晋豫通过保定连接天津,进行货物的运销与中转,保定以其优越的地理位置,受到了很多冀县商人的重视,以保定为根据地与中转地进行商业经营,其经营范围广泛,涉及布业、茶业、银号、绸缎庄、粮店、煤矿、杂货等。布店、茶店主要与老百姓日常生活相关,数量相对较多,为八家、三家,主要负责供应老百姓日常生活所需。

4.1.3　繁荣时期

与此同时,冀州人依靠自己的诚信经营在京津地区站稳脚跟后,凭借其敏锐和智慧,顺应市场行情,因地制宜,以经销药材为主,采取

多种经营方式,在保定、石家庄、太原、湖北出现了快速发展的趋势,
积极地向外拓展市场,比如北内漳巩家的商店遍布太原、济宁、京津:
太原开办了利会洋货庄、福合帽厂;在济宁建立了天兴酱园及银号、
茶园以及帽厂;而在北京,打磨厂西、王麻子刀剪铺成立;在天津创办
了福利镜子工厂、福合洋货庄,以及福华铁丝纱厂。程周村程印南,
当时人们称之为"九千块",曾任河南厅局长之后将转运货栈、商店开
在了河南、石家庄、湖北等地。在石家庄,他的房屋财产众多,遍布大
桥街东路南几个胡同。这一趋势,持续了将近半个世纪。

表 4.2　冀县人在全国各省所经营项目

区域	经营项目	商家数
河南	茶庄、旅店、布庄	15
安徽	货庄	21
山西	银号、布庄	12
山东	银号、布庄、绸缎庄	15
张家口	绸缎庄、布庄	13
保定	银号、布庄、绸缎庄、洋行、烟草公司	27
江苏	皮货庄、布庄、百货公司	16
合计		119

据上表,以一县之地为帮的冀州商帮,在外地商家共计 119 家,
其中还不包括京津地区的旧书行业,从业人员虽现在已无从考查,但
是根据上表显示,人员应该也不在少数,这也是冀州商人发展到了鼎
盛的重要标志。在这些商家中,所设商号遍布于鲁、冀、豫、甘、苏等
地,实为中国发展史所罕见。

4.1.4　衰落时期

从 20 世纪 30 年代末开始,冀州商帮走向衰弱,冀州商人在各地

的一些商铺就开始走下坡路,因为河北地区是环绕北京的,而北京在清朝开始就一直是国家政权的中心,但是由于我国近代的政权不稳定,爆发了许多争夺中央权力的大小规模战争。在抗日战争前后,我国一直都是非常动乱的,而河北地区又是主要的战场,因此在这样的一种情况下,就使得整个商业格局遭到很大的破坏,让冀州帮在发展的过程中失去了与时俱进的条件,因此在时代发展的过程中,冀州商帮逐渐衰落了下去。

4.2　冀州商帮的经营项目

进入清末以后,随着商品经济的发展,冀州外出商人的数量明显增加,当他们走出县界,跨进省内、国内市场时,首先遇到一个问题,便是经营什么。当时市场上已有众多的商帮,他们结宦家为援手,人数众多,经验丰富,实力雄厚。为此冀商在选择经营项目时经过无数次的实践、分析和判断,最终决定采取避开那些大商帮的强项,从夹缝中选择,找准自己的位置,从最后的结果上看,自然是明智之举。最终选定的经营项目锁定在棉布、旧书行业兼及其他。

4.2.1　棉布

棉布是冀州商人一项主要贸易商品。之所以会将棉花作为其主要的贸易商品,主要的原因是由于特定的自然环境包括气候、土壤和水分适宜棉花种植。据《直隶风土调查》一书中提到,冀州主要产棉花、棉布,位于其左右的枣强、南宫等五县同为御河棉区,是当时河北省的重要产棉区[11]。同时冀州地区的织布的技术非常好,在这样的一种情况下,就形成以经营棉纱布匹为中心的经营格局,并且在冀州帮的这种经营模式中,推动了我国民族工业的不断发展。与此同时,保护了我国的民族工业,将外国工业拒之门外。冀州帮的商人还在一些重要的棉花产地开设工厂,比如说在高阳地区就设立了很多著

112

名的商号,并且形成了大规模的运营。

　　1933 年,吴和先生在高阳进行调查,那时当地布商的数量在 20 家以上。布商主要有四个来源,其中之一就是外县人,其可能来自保定、冀州等地。冀县商人来到高阳,因其为著名的棉花产区,来到这里开始租地设厂,先后建立了八家布线商号,分别是天庆丰、天庆丰仁记、天庆福、天庆全、天庆德、天庆恒、天庆合、庆顺合等,当时人们称之为高阳"八大天"[12],拥有 20 多万的商号运作资金[13]。与此同时,有些冀商来高阳开办布号,销售布匹。同时保定属直隶省府,交通便利,冀商对此优势加以利用,在高阳与保定之间频繁往来,在保定开办布线庄,售卖面纱布匹,将产与销相结合,极大推动了保定地区布线业的快速发展。因为很多冀商在保定从事商业活动,其与来自六个邻县(南宫、枣强、新河、宁晋、束鹿)商人共同建立冀州会馆,其属于保定八大会馆之一,对保定的布线业形成垄断。

4.2.2　书肆

　　书肆成为冀州商人从事的行业。"书肆",我们今天称之为书店,中国的书肆,最早起源于西汉时期,在清末民初京津地区书肆业进入了一个全新的发展时代。当时北京城的琉璃厂、东安商场、隆福寺以及西单商场、前门打磨厂等地形成了古旧书店集中之所,最多时达数百家之众。据《河北省志·出版志》对北京古旧书业的统计,其中有 237 家为河北人创办,南宫、冀州占 111 家,近一半,而冀州为冠,占 104 家[14]。同时,还涌现出王富晋、孙殿起、郭纪森、雷梦水等国内外知名的古籍专家,他们在将旧书店传承经营的同时,由于不断地熟悉了书的版本、源流以及内容,加上学者专家的长久熏陶之下,逐渐在版本目录学方面具有很深的造诣。例如陈济川,他经营着来薰阁,从事古旧书业很长时间,因此对这方面有了非常丰富的经验,再加上有一套良好的经营策略，很快就让来熏阁成为了当时北京最大的一家私营古旧书店。

表 4.3　冀州人在北京开设的古旧书店

姓名	创建时间	书店名称
李思远	1929	东来阁
李建吉	1928	宝路堂
孙诚俭	1915	修绠堂
孙诚温	1938	修文堂
谷九经	1937	九经阁、多文阁
张恒戊	1940	观古堂
孔繁山	光绪末年	敬义堂、繁山书店、丽生书局
李拔元	1943	大雅堂
郭纪森	1943	开通书社
吴希贤	1934	二希堂
孙耀卿	1919	通学斋

　　根据相关调查统计，有 300 多家书肆分布在北京琉璃厂、隆福寺等处，其中的 237 家是由冀州商人建立的，仅"冀州帮"就建立了 111 家。在 1956 年之前，来熏阁、荣宝斋、中华书局是当时位于琉璃厂的三家书店，规模前三，而他们的经营者均是冀州商人。同时，冀州商人在经营的过程中，与其他某些行业也有着非常密切的联系，比如说冀州帮商人在京津地区经营的五金行业，在北京主要是万字号，而在天津地区主要三泰，但是这两个之间确实是连号关系。冀州商帮在京津地区的商贸活动中，在一定程度上引领了京津两地的商业潮流，并且对两地商业的近代化进程也有一定的推

动作用。

4.3　冀州商帮名人代表

在清朝晚期至民国时期,在冀州商帮中有 4 位冀州籍人士,他们通过勤奋刻苦、自强不息地在外艰苦创业,最终取得成功,在近代历史人物中颇有名气,他们是冀商文化的代表人物,值得我们借鉴。

4.3.1　勤俭爱国商人史东初

史东初(1890—1941),今冀州市北漳淮乡南漳淮村人,民国初年创办中国北方最大搪瓷厂,是我国民族工业先驱之一。

冀州商人、天津著名实业家史东初先生早年家境贫寒,后家乡碰到天灾水患便跟随父亲来到天津谋生,在天津吃苦耐劳,兢兢业业,他既要帮父亲完成工作,还自觉地把周围商铺的门口都打扫干净,时间一久,"成兴东洋来货家"的经理就非常好奇,不知为何人所为,一日,经理特意早起等待,却发现一男孩正在认真地打扫自家商铺的门口,他走上前去对男孩问道:"你是谁,为什么打扫我商铺的门口?"史东初看着面前这位中年男子从容答道:"对不起,打搅你了,我叫史东初,就住在附近,我在打扫卫生,顺便把你家门口也打扫了让你的商铺能更好的做买卖。"经理当时一怔问道:"这些天都是你在打扫吗?"史东初点头应道。经理赏识他吃苦耐劳就问他:"来我们洋行工作,你愿意嘛?"史东初立马点头答应:"我一定会干好我的工作。"史东初就这样获得了去成兴东洋来货家工作的机会,成为他人生的起步。

进入成兴东洋来货家,史东初才知道这是一家进口搪瓷制品的洋行,其后经理去日本进货,见念史东初聪敏好学、凡事谨慎很是喜欢,便带他一起去了日本。到日本后,史东初一边跟随经理来回奔走进货,一边半工半读,苦学日语。回国后被经理转为正式职员。由于史东初精通日语,很快便成为"成兴"在日本的代理人。在日本的数年时间里,史东初刻苦学习,学会了多种轻工业产品、化工产品的工艺和配方,此外也见识到了日本的先进技术和管理方法。回国后史东初辞去"成兴"的代理人身份,并在日本友人的帮助下建立北方第一家搪瓷厂"中成搪瓷厂",几年后史东初再开办其他实业,把搪瓷厂转让给冀州老乡王醒民。

上世纪 20 年代法国三花香皂垄断京津地区,史东初看到后决心与他们抗衡,一方面他反复试验精心配制配方,另一方面多方筹措资金建厂,仅花费一个月的时间就创办了"中昌香皂印刷制罐厂"。不久之后"金华"牌香皂便面世了。相比于"三花"香皂,"金华"香皂在质量上不落下风,在颜色、包装、质量上取胜,最关键的是价格非常便宜,一经上市便得到了消费者的追捧,市场份额不断增加,最终将"三花"赶出中国市场。当时香皂所需香料等轻工业产品多为国外进口,史东初于 1931 年又在天津建立"永记香料公司",新中国成立以后,其妻无偿把香料公司捐献给国家。史东初于 1941 年冬,因患脑溢血病故。

4.3.2　发明创造商人傅秀山

傅秀山(1917—　),今冀州官道李镇傅家庄村人。是我国妇孺皆知的"金鸡"牌鞋油的创立者。

傅秀山是冀州商人中的又一代表性的实业家,他是"金鸡"鞋油的创始人。早年傅秀山家境贫寒,初到天津时,仅有 14 岁,之后在老乡的引荐下在毛巾厂当学徒。傅秀山憨厚老实,勤奋肯干,还读过些书,因此,得到了掌柜的重用,负责给街上的百货店送货。傅秀山心思缜密,工作脚踏实地,不论风雨,送货从未迟到,百货店经理们都认可他的工作。通过送货,揣摩出了商道的经验,同时认识了很多同行和老乡,杨桐岗就是其中之一。傅秀山在后来创建了"金鸡"牌鞋油,杨桐岗立下了汗马功劳。抗日战争爆发以后,进口鞋油受到战争影响一度断货,思维敏捷的傅秀山意识到这是一个巨大的商机,因为当时国内还没有专门生产鞋油的厂家。

1941年下半年以后,傅秀山和杨桐岗、李清范等人为鞋油的研制投入了大量的精力,经过一年半的反复实验研究终于研制成功。鞋油取名"金鸡"寓意金鸡报晓之意。但是在当时的环境下,他们并没有大量生产,也没有登报打广告,而是走到大街上为路人免费试擦。由于金鸡鞋油易涂抹、颜色黑,长期存放不干裂、不沾粘,丝毫不比进口鞋油差的特点,迅速打开了市场,畅销京津地区,但傅秀山并没有满足于此,决定开拓东北市场。从此,"金鸡"牌鞋油名声大噪,逐步走向全国市场,成为中国民族工业中璀璨的新星。抗日战争胜利以后,中华民国为争取美国援助,开放国内市场导致美国的鞋油冲进国内市场,由于资金雄厚技术先进及其政策上优惠,对国内品牌"金鸡"鞋油产生了很大的冲击,销量锐减,生产鞋油的协丰厂濒临停产。新中国成立以后,金鸡鞋油作为国家重点扶持项目,很快走出困境,并于1955年率先进行公私合营,并长期雄踞北方市场成为龙头企业,之后逐步打开东南亚市场。到现在,人们仍在使用"金鸡"牌鞋油,让国人足下生辉。

4.3.3　进步知识商人李惠南

李惠南(1898—1954),今冀州码头李镇人。曾在天津市财委私营企业处任职,担任处长;之后被评选为天津市人民代表,入选民主建国会天津市委常委,还出任了工商联合会天津市委常委,后来担任天津市工程学会常务理事等。

李惠南出生在一个书香世家,从小就读四书五经,1919年五四运动爆发,这对于正读高中的李惠南触动很大,并立志振兴民族工业报国。后李惠南公费留学日本,进入东京工业大学学习应用化学。学成后归国,得到了河北丰润县张雅轩的帮助,二人共同筹集资本,建立了天津宏中酱油工厂。同年,"宏中"牌酱油正式投产,厂长由李惠南担任。短短几年,吸引了大批顾客的青睐。截至 1930 年,整个华北均熟知了优质、风味独特的"宏中"牌酱油,很快便打开南洋市场。鉴于国内学校没有成形的化学体系,从 1928 年起至 1937 年近十年间,李惠南同时执教于河北省工业学院以及河北省水产学院,学生们所用的教材均是由李惠南编写,对《酿造化学》进行讲授,培养大批人才,为民族教育事业做出重要贡献。

李惠南在天津商界威望极高,具有很高的地位和影响,与留日很多同学关系密切,精通日语,因此,在抗战期间,为抗战工作作出了很大的贡献。那个时候,冀县同乡在西安创办的化工厂因为原材料得不到供应而面临着破产,他通过层层关系而向天津的李惠南寻求帮助,李惠南接到求助后,马上在天津为其筹款并设法买进所需的原材料,之后又想尽办法将其运到西安,就这样,一个即将倒闭的民族工业被拯救了。解放战争末期,来自延安的冀县同乡方纪文来到了天津,当时方纪文乃中国共产党员,李惠南对此了然于胸,他仍然将个人安危置之度外,通过关系为其在天津谋求固定职位,同时成为方纪文的担保人。之后方纪文潜伏于国民党天津市政府,在解放天津的过程中发挥重要作用。

新中国成立以后,李惠南曾亲自主持水泥防水粉、海藻胶等产品的研制生产工作,为新中国的建设做出了重要的贡献。李惠南于 1954 年秋,因患脑溢血抢救无效病故。

4.3.4 文化学者商人孙殿起

孙殿起(1894—1958),今冀州市小寨乡北安阳城后庄村人,近代中国著名版本目录学家、藏书家。

孙殿起出生在冀县一个贫苦家庭,年少时曾读过几年私塾,后来因生活困窘不得不去北京琉璃厂书肆当学徒。当学徒期间孙殿起勤奋好学刻苦专研,已能精识版本,明辨优劣。后到鸿宝阁书肆当司账,也就是我们现在说的主管会计,但是要比现在的主管会计专业化程度更好,不但要博闻强记,业务能力好,更要做事认真谨慎。当时鸿宝阁掌柜崔蔚元老先生在古书版本、字画碑帖鉴定方面颇有名气,对孙殿起多有提携帮助,让孙殿起对古书的眼力和经营能力得到充分的发展。有一次崔蔚元无意间购得明代刊本《盛明杂剧》初集一部,准备加价一倍然后卖出,孙殿起知道后觉得索价太低,应加价十倍卖出。他带着这部以四元购买的书,到韩逢源老先生经营的文德堂,韩氏觉其实为珍品,最终以四十元大洋成交。经此事让崔蔚元对孙殿起另眼相看,认可他的业务才能。以后孙殿起在鸿宝阁的工钱要比一般古书铺的司账高出一倍。

1919 年开始孙殿起在著名藏书家伦明的资助下创办通学斋,自己独挑一摊经营古书。由于孙殿起是古书版本的行家里手,在业界对古书版本的经营方面也有着重要的影响,再加上他与伦明等著名学者的密切交往,又时常得到这些先生的帮助和指点,在版本目录学方面有了更快的进步。从 1921 到 1936 年是通学斋发展的全盛时期,店铺伙计最多时达到十余人,每年经营古书达到了 4 万元之多,在当时北京琉璃厂中已是颇具规模的古书铺之一。但对于孙殿起本人来说并不专注于经营书肆,而搜集古籍珍本是其一生之志,从 1930 年开始以后的二十多年间内,多次赴全国各地找书,所搜罗多系罕传之清代考据书,共找书数百部(本),其中,许多是"佳本""禁书""原装""原稿本""未刊稿本""为世鲜传本""传本极稀""罕见可贵"。

1936 年,孙殿起著成《贩书偶记》,共 20 卷,分八册装订,印刷 600 部,通过通学斋书店出版发行,这是一部清代及以后著述总目,相当于《四库全书总目》续编。日本帝国大学教授吉川幸次郎观得此书后,甚是感动,复函并赠言"备见苦心,琳琅满目"8 字。此后,他继续积累一万多条资料,他的外甥雷梦水先生利用他积累的资料,编写并出版了《贩书偶记续编》。孙殿起在目录学有着很深的造诣,还深入研究了厂肆典故、各省竹枝词,同时也积累了茶烟资料。他撰写了《琉璃厂小志》《庚午南游记》《北京风俗杂咏》《烟草谱》和《茶谱》等。1949年以后,他担任了《古旧书刊介绍》编委。当时的他顽疾在身,缠绵病榻,但凭借顽强意志仍口述由其外甥雷梦水先生协助记录,完成了《记藏书家伦哲如先生》书稿后病逝,终年64岁。

第五章　冀州商帮形成商帮文化

在中国的传统社会中,以儒家的"仁德礼义信"为核心的思想长期占据着社会意识形态的统治地位,在重农的封建社会中,商业是新兴的经济成分,但其仍属于主流经济范围之外,它的形成与发展历程,会受到主流小农经济的对抗与冲击,为了减小这种对抗与冲击,满足儒家思想文化的需求是非常必要的,这样在很大层面上减轻了社会与经济带来的压力,商业经济才能走上发展之路。以此为背景,在相当长的时间内,儒家思想影响着封建商业的发展,具有中国特色的封建商帮文化产生了。

5.1　冀州商帮的经营策略

竞争是商业发展的基本规律,冀州商人的形成与发展的过程,曲曲折折,坎坎坷坷,他们以一县之商,跻身商林,在激烈的商业竞争中发展壮大,大显身手,并且以自己的聪明才智,为促进经济发展做出来不可磨灭的历史贡献。然而唯利是图是商人的基本属性,商业竞争说到底是经营管理的竞争,本文从官商关系、诚信文化以及义利观三个方面着手研究从而窥探冀州商人不同于其他商帮的价值向度和人生品格。

5.1.1　妥处官商关系

在中国传统社会商帮文化的演绎中,在相当长一段时间内,商帮文化的形成依附于封建体制,围绕着宗族血缘,采取家长制的管理模式,同时必须攀援政治,融入了具有特色的官商文化,这就是中国封建商帮经济的特色所在。重农抑商的基本国策造成了商人的社会地位普遍低下,缺乏自我独立性,在经营活动中他们需要获得官府的保护,而官府人员也需要通过商人获得灰色收入。最重要的是,中国的人治体制贯穿始终,导致商人要想得到更多的利益,必须借助封建政治势力,长期以来,中国传统商帮的官商文化关系无南北之分,只有轻重程度不同而已。

(1)敬官而不惧官。晋商、徽商深知攀援封建政治势力的重要性,并且在此方面不遗余力,结交众多权贵,在商人行商过程中,如果有朝廷在背后保驾护航,那么其发展必然是顺风顺水。在中国商帮文化史中,徽商是官商关系中最为密切的。据史料记载,中国历史上出现过多次迁移活动,在西晋末年关中、三晋地区爆发大面积的旱灾、蝗灾,农民颗粒无收,饿死之人无数,同时又有"五胡乱华"。在这种兵灾天祸的双重打击下,北方人民大多数由淮河以北迁至到淮河以南地区,而江淮地区也间接地继承了当时华夏地区优秀文化传统,这导致了以后的徽商坚信"万般皆下品惟有读书高",并且极力想摆脱这种局面。后有人研究徽商有两大特点,一是对自己极度吝啬,一是对"乌纱帽"的极度狂热,虽倾尽家产而在所不惜。而山西自古偏安一隅,距政治中心较远,难以接触政治资源,但是他们的官商情结却不次于徽商,特别是明末时期,晋商看到明朝气数已尽,对满族进行大胆的政治投资,后满族人入主中原,给与了曾帮助满洲夺取中原有帮助的晋商以丰厚的回报,八大皇商由此而来。

而冀商并不像晋商、徽商那样善于官商结合。据史料记载,清末时期,以河北乐亭而闻名的老呔帮,刘氏资本就是其中一个成员,当时他有着"京东第一家"的称号,但是其与东北张作霖为敌,最终,刘家在东北的所有商号均被查封,而这些商号占据了刘家三分之二的资产,刘家因此损失巨大。类似这样的事,晋商、徽商从未出现。

(2)天下为公、民族大义。冀州作为九州之首,这样冀州人形成了浓厚的"国家一体"的国家意识,在处理与官府的关系时,能够从大处着眼,"位卑不敢忘国忧愁""天下为公"的情怀,不图区区微利,表现出很高的政治觉悟。冀州商人陈济川在北京琉璃厂苦心经营书店并把它逐渐发展成为当时北京最大的一家私营古旧书店,但是在民族大义面前充分显示出一个商人的国家与民族情怀。1931年九一八事变后,陈济川的好友郑振铎在上海经常在报刊上撰文抨击日本的侵略罪行。后上海沦陷,日伪当局下令通缉他,陈济川听闻后冒着生命的危险将郑振铎隐藏于上海分店书库内。同时,许多抗日民族进步人士也经常在陈济川上海分店的书库内秘密集会,与郑振铎商讨抗日救国大计。抗日战争后期由于日伪封锁,沦陷区与解放区的联系极为困难。延安等抗日根据地急需大量图书,陈济川听闻后,通过特殊关系,将大批日伪禁运书籍运到延安等根据地。1949年解放后陈氏家族将早年高价购得的一部明版《忠义水浒传》无偿捐给了当时的北京图书馆,这是大义的表现,正是这份大义,也促成了陈氏家族产业的扩充和发展。

同时,这种在民族大义面前,以国家利益为重的冀商还有史东初,抗日战争时期,日本为建大东亚共荣圈,在天津动员史东初出任天津日伪工商会长,被史东初严词拒绝,时任伪天津市长的温世珍也亲自登门说项。史东初说:"本人毕生所愿就是振兴工业,以雪国耻,以御外洋。我绝不卖主求荣!"让伪市长碰了钉子。一位友人劝诫史东初说:"你对温世珍的话说的太重了,让他下不了台。是不是应该找个时间再跟他谈谈。"史东初义正词严说:"大节为重,何惧之有!"而后史东初也经常教育家人和下人,决不给日本人做事、不入日伪的商会,表现出了一个中国人的民族气节,而这正是"以天下为己任""天下兴亡匹夫有责"的观念的具体实践。

5.1.2　正确对待义利

关于利与义的关系问题,儒家主张"重义轻利",但一直被后人不断地曲解,认为"义"与"利"不可兼得,舍"利"而取"义"也,当然这是片面的见解而且有些牵强附会的意思。子曰:"富与贵,是人之所欲也;不以其道得之,不处也。贫与贱,是人之所恶也;不以其道得之,不去也。"这就说明孔子诚然贵义,却并不一味贱利。冀商由于所处的地域环境和所受的教育不同,表现出不同于其他商帮的经营理念和价值追求。

(1) 甘于良贾,欲而不贪。中国传统封建社会中的观点是重儒轻商,故有四民之中以士为一等,商为末的说法。在当时"君子喻于义,小人喻于利"[15]的价值观趋向下,亦如无形的绳索不断束缚着商业的发展,但是明清时期冀州商人却不这么看,他们认为士农工商是相同的重要,都要敬,认为"富而可求也,虽执鞭之士,吾亦为之"[16],做生意不贪图眼前暴利,而是长线远鹤,志在久远。冀州商人经商处世富含哲理"人有意意有念念有欲欲有贪贪的无限,道生一一生二二生三三生万物万象皆空"[17]这种处世哲学,不贪暴利比相对于只追求利润的最大化的表象要深刻得多。清道光年间,冀州人卢天宝在北京前门创建久聚炉房,因为那个时期,各地上交国库的银两在重量与成色上差异较大,到交库环节,银库官吏处处刁难,交库的时间有时要持续长达半年,而地方炉房多为贪欲之辈,所花之银,成色偏差。时任卢天宝炉房总管的耿亚度向度支部献策,建议合并京城 26 家炉房,统一收归官府所有,改为官炉房,代部化银。各地方上交的银两

124

全部交于本炉房,并将其重新回炉再造,重量为北京市秤十两一锭,錾公议十足戳记,同时要将炉房的字号标明,统一上交度支部。一经实施,卢天宝聚炉房所化银两分毫不差。再比如,1944年保定商会的商捐数额[18]。在保定商会的号召下,冀县人民纷纷响应,他们以其经营的保定布线业为名捐款两百多万,是保定商会众多公会中捐款最多的。商会其他行业,如自行车同业、油漆业、中药业、典当业,分别捐款10万、15万、20万、20万,剩余十多个行业共有上百万捐款,这些捐款加起来,仍不及布线业同业的捐款,在保定商会发挥了示范作用。通过该事例,首先可以看出,在保定商会中,布线业同业公会威望极高,有相当的影响力以及经济实力。其次,保定商会的冀县商人诚实守信,守法纳税,为众多商人做出了表率。这种惠人惠己的做法塑造了冀商"义利兼顾"的"良贾"形象。

(2)朴实节俭、善结人脉。勤俭节约是中华民族的传统美德,商人的鼻祖陶朱公,在他的传世巨作《陶朱公生意经》中"用度要节俭,切勿奢侈,奢侈则钱财竭",而孔子也在《论语·述而》说:"奢则不孙,俭则固,与其不孙,宁固。"[19]在中国传统的商帮文化中,晋商"俭",徽商"奢",天下皆知,也正是由于山西人的老抠才成就了晋商遍天下的威名。徽商虽喜好铺张,但绝不浪费,铺张是更好地结交地方当权派,大把地花钱是为了日后更多地赚钱。而冀州商人认为"倪来之物,奢用之是谓暴天,吝用之亦为违天,唯其当而已矣"[20]。产生这样的原因一是冀州商人崇尚儒家的义利观,以儒家的道德伦理来规范自己的消费行为,这是因为相比于晋商、徽商而言,近代冀商其赚钱、盈利能力仍难望其项背,且在过度消费行为方面能力不足。同时冀州商人朴实节俭,这与当时的地辟人稀、生物鲜少的艰苦生存环境是分不开的,正所谓"一粟一粒须知来之不易,寸丝寸缕当思物力维艰"。这种节俭朴实的性格体现着经商过程中,全聚德刚开张之时,由于烤鸭脆皮酥肉,味道鲜美,迅速在当时形成一种以吃烤鸭为风尚,有大量皇亲国戚、王公大臣在此用餐,但是时间一长,杨全仁就发现,王公大臣们吃完宴席后,用发面的荷叶饼擦去嘴角边的油质后,便随手一扔,这种情景对于一个节约朴实性格的杨全仁来说气愤不已,最后宁可丢掉生意,也不能干这事。从此他在全聚德立下一条规矩,今后全聚德不再做发面主食,并且不论吃客身份多么高贵,一律都要自己亲自下手用荷叶饼卷食鸭肉[21]。

同时,发展良好的人际关系是生意和顺的基础。当年杨全仁对于烤鸭总是要求精益求精。功夫不负有心人,当他无意间得知金华馆的一位孙师傅烤鸭技术高超,就想聘请过来,但是害怕被这位专为宫廷做御膳挂炉烤鸭老师傅拒绝,最后他就想到先发展好人际关系,其后他经常与老师傅搭讪聊天,常常邀请他喝酒下棋,最后两人成为忘年之交。杨全仁的人格魅力深深地吸引了孙老师傅,孙老师傅在重金礼聘下来到了全聚德。又比如闻名于世的"金鸡"鞋油创始人冀州商人傅秀山,早年傅秀山家境贫,到天津毛巾厂当学徒谋生。傅秀山老实本分,又读过几年书,所以掌柜的就叫他上街去给各个百货店送货,因为傅秀山是个有心人,并且工作认真仔细,所送货物按时到达,风雨无阻,受到百货店经理的赏识。同时他在送货的过程中,慢慢积累了商道的经验,还结交了不少老乡和同行,这其中便有后来对"金鸡"鞋油创立有至关重要作用的杨桐岗等人。

(3)济世为民,急公好义。国泰民安四商业繁荣的社会前提,商人致富后只有施仁义于乡里才能为社会贡献绵薄,冀州商人不遗余力地办慈善事业与公益事业,关注自己的乡里和亲友。冀州商人天津早期实业家史东初先生个人生活很是简单,虽累资数万,勤俭却不改其初。但是他对做公益事业却毫不吝啬、慷慨解囊,将获得的利润以不同形式回归社会。早年他曾自费在天津金家窑办了一所小学,师生为感其恩取校名为"东初小学"。他每于岁暮年初,施粥施衣,终身不辍。同时他还对于老乡热情招待。北京来熏阁书店经理、书业公会主席陈济川也是慈善大家,上世纪 30 年代他为孤儿院捐款,同时为北京市商会临时救济会及南城粥厂各募集捐款,并劝导各会员捐助难民棉衣棉被等慈善义举。此外,五金、古玩、细皮毛、老羊皮货、新旧木器等业冀州商人在国家危难之际亦捐款给河北救济会。

　　冀商对公益事业却是慷慨解囊,将获得的东西以各种形式捐赠给国家。史东初在上世纪 30 年代,他将设计出来的"前门"牌香烟商标,无偿转让给烟草公司,而这个商标一直沿用至今。同时,他还为中国航空事业做出重大贡献,针对当时航空飞行员衣服材质,他设计出飞行皮衣、航空帽,并将这些设计无偿转让给服装厂和帽庄。新中国成立后,面对一穷二白的新社会,史东初妻子将永记香料公司无偿献给国家。冀州的孙瀛洲是我国著名古陶瓷鉴定专家,在新中国建立之初,将自己珍藏多年一批价值不菲的的陶瓷无偿地捐献给故宫博物院以供收藏,在这些捐献中,多为宋、明、清官窑精品瓷器,其中数件属国家一级文物,有的还是价值连城的孤品,为我国研究陶瓷文化做出了重要的贡献。再诸如冀州大齐村的刘九庵,他是中国现代著名书画鉴定家,他不但婉拒国家对他发送的奖金,而且还多次将自己所收藏的古代名人字画捐献给国家。冀州武术名家李尧臣把自己心爱的、具有文物价值的古代兵器无偿缴给了国家等等。

5.1.3　形成诚信文化

　　在中国传统社会中,"以诚待人""诚信以德"是华夏民族的优良传统品格。马克思说过经济基础决定上层建筑,而这种优良的传统品格下有着深刻的经济基础,因为中国是农耕经济社会,古语有云"人勤地不懒",在农耕经济下,土生万物,手工劳作,人和地之间有自然的等量的交换条件,人出三分力,地收三分成。同时农业生产有季节性这一特征,春种、秋收又讲究遵时守信,正所谓"不误农时"。这种农业经济的生产方式,使得诚信是中华民族性格的基本禀赋和传统社会的基本伦理道德。

(1)立德立信,言行必果。德包含了各种诚信、仁义等美好的品德修行,德的价值原则后来被孔老夫子拓展延伸成"齐之以礼,有耻且格"[22]的王道性原则,被孟子诠释为"民为贵,社稷次之,君为轻"[23]的民本性原则。经过长期的发展充实,德已经慢慢成为了仁爱孝悌、勤俭诚信、谦和好礼的伦理道德要求,已经成为了我国伦理范畴的合理理念,这种将"德"放在重要位置的文化传统在冀州商人处的表现更是深刻。冀商认为讲究商业道德,就能够提高商业信誉,能够获得丰厚的回报。冀州人杨全仁就坚持圣人言"生财有大道,以义为利,又言不为无勇,则因义而用财,岂徒不竭其流而已,抑且有以裕其源,即所谓之大道也[24]",给自己的商铺更名为"全聚德","全"字取自杨全仁的名字中,而"全聚德"的本意是"以全聚德,财源茂盛"。在此后的经营过程中,杨全仁及其后人无论经营如何困难的情况下始终坚持此精神。1922年,直系军阀吴佩孚在第一次直奉战争中取得胜利,三军为了庆祝胜利,吴佩孚将地点选在了全聚德,全聚德要做出200桌饭菜,而烤鸭是必上的菜。这一任务,让全聚德压力巨大,当时有人就劝说全聚德新掌柜李子明,万不得已时有些低级军官餐桌烤鸭能不能以次充好。李子明果断拒绝,他始终坚持杨仁全的"以全聚德",他对全体人员进行动员,聘请优秀厨师,所有人员亲自到养鸭厂选鸭,不合格的鸭子坚决不用,最终在规定的日期内完成任务。这一任务的完成出乎人们意料,从此以后,全聚德声名鹊起,每天生意门庭如市。

(2)诚信立命,一诺千金。孟子曰:"诚者,天之道也;思诚者,人之道也。"[25]在"诚信"中,诚是基础,有了诚,信才能笃实。"民无信不立,言而无信,不知其可也。"可见,处世立业的基础是信。这是儒学所倡导的修身养性说,其核心是重视自我对社会道德的规范和约束,在这中诚信是一项最重要的内容。自古以来,中国商人在经商过程中一向崇尚"诚信立命""诚信之德"的商道精髓,在当时,针对封建商业经济,尚未制定相关的法制制度,经济秩序混乱,这种商道思想的出现可以在一定程度上起到维持的作用,商人们以此为保障,互相获取各自的经济利益,同时,"诚信"也是中国传统商帮文化的核心思想。

冀州商人坚持以诚信为本的经营理念,他们认为"童叟无欺"、"一诺千金"的商业信誉才是经商长治久盛的最重要因素,把诚信看的高于一切,在平常的经营活动中始终坚守商业准则"平则人易亲,信则公道著,到处树根基,无往不利"[27],行商在外他们时刻以此约束自己,把诚信作为立商之本,代代相传。例如全聚德烤鸭,从其原材料的选购到烹饪的整个过程都有严格的要求。烤鸭的重量必须在五斤到七斤之间,不肥不瘦,上桌的烤鸭必须要是焦黄色才可,切成薄片要片片带皮才能够被食用。因为冀州商人多讲诚信,与人合作时讲求的是共赢,因此各个地方的人都愿意和冀州人做生意[28]。并且对待同行冀州商人也是"以礼接人,以义应事",加强商帮内部团结,业主待役夫以恩信,役夫待业主自然心悦诚服,冀商重信诺"商旅中往往借一言以当质券",在同行中信誉很高。

(3)公平交易,仁中取利。陕商樊现曾言"贸易之际,人以欺为计,予以不欺为计,故吾日益而彼日损,谁谓天道难信乎?"[29]而这正是对公平交易最好的诠释,然古往今来懂得此道理的商贾少之又少。明代商人康鎏曾批评待价而沽的商人:"彼不知贾道也,直而后贾,此庸贾求不失也,可终岁不成一贾也,凡吾所为,岁可数十贾,息固可数十倍矣。"河北是燕赵文化的发源地,古冀州更是九州之首,在几千年的传统礼仪教化下,使得冀州商人做生意讲究公平交易,始终按照商业原则来办事,推行"仁中取利"的社会正义理念和商业良知,最难能可贵的是,他们努力在实践中践行这种理念。诸如孙殿起的《琉璃厂小志·概述》:"琉璃厂书,乾嘉以来,多系江西人经营……代江西帮而继起者,多河北南宫、冀州等处人,彼此引荐子侄,由乡间入城谋生。偶有他县人插足其间,不若南宫、冀州人之多;若外省人,则更寥寥无几矣。"[30]仅天津一地,冀州人的书店多达到数十家之巨,在业界形成极强的影响力和控制力,但是这些冀州商人并没有因此而欺行霸市,垄断经营,相反他们却是艰苦经营的同时与书籍的接触过程中有些人渐渐成为版本目录学方面的专家。

5.2　冀州商帮的优秀文化

在纷扰繁乱的商海里,"一方水土养一方人",商人们来自不同的区域,受着不同的文化熏陶和滋养,养成了他们不同思维、行为所表现出来的文化气息。在历史的演进过程中,物华天宝、人杰地灵的燕赵文化中孕育了包括自强不息、厚德载物的文化精神,崇德重义、诚实守信的价值准则等具有鲜明特色的冀商文化,其植根于燕赵文化的沃土中,汲取民族文化精髓。在这之中,对于冀州商人来说,其最重视的并不是商,比商更加重要的是其对文化的崇拜与热爱,这种人文情怀自始至终存在于其事业项目之中。其不仅仅将注意力放在术业之上,而且也因此造就了辉煌的商界传奇,"冀州商帮"所包含的商业文化特点从整体上分析,主要有以下几个方面:

5.2.1　诚信立命,以德立业

冀州早在三代之时,就为京畿重地,文风昌盛,据记载:"冀为最古之州,唐虞以前,圣贤帝王多为冀产……汉唐以来,冀多儒者流风扇被,代不乏人。孔子曰:'居是帮也,事其大夫之贤者,友其士之仁者'。"[31]《隋书》记载："信都、清河、河间、博陵、恒山、赵郡、武安、襄国，其俗颇同，人性多敦厚，务在农桑，好尚儒学，而伤于迟重，前代称冀幽之士钝如椎，盖取此焉。"[32]冀州商人在此氛围熏陶下，在经商的过程中，就形成了以诚为本、以信立命的商业经营理念。他们普遍认为"童叟无欺"才是经商长久取胜的基本因素，并把商业信誉看得高于一切，把经商活动看做是"陶朱事业"，并以"管鲍之风"为榜样，"重廉耻而惜体面"，坚守经商处世的准则："平则人易亲，信则公道著，到处树根基，无往不利。"行商在外，他们时时刻刻以此约束自身做"良贾"，把诚信作为立商之本，代代相传。诸如傅秀山早年当学徒的时候，掌柜的就叫他上街去给各个百货店送货。他在送货过程中不但没有偷拿货物，更是无论严寒酷暑他都能按时送达，诚信待人，后得掌柜赏识才有后来的发展创业。

民国时期，天津著名的大实业家史东初立志实业救国，创办了北方地区最大的搪瓷厂，所起厂名如"中成""中昌""志成""建华"等，均寓中华民族的工业必定成功，希望繁荣昌盛。他崇尚"天地之大德曰生"的儒家思想，心怀天下，并将这一商道思想运用到实业救国的经济行为中，并提高到国计民生的至高境界。

5.2.2　好学进取，吃苦耐劳

冀州历史上勤奋好学的典故不在少数，"悬梁刺股"中的头悬梁典故中的主人翁孙敬就是冀州人。《太平御览》载：孙敬"好学，晨夕不休"，他这种刻苦精神终成当世知名大儒也为后世学习之典范。近代以来，冀州商人通过勤奋好学而获得成功也不在少数，例如版本目录专家孙殿起早年家境贫困，辗转来到北京琉璃厂，师从于旧书商人郭长林，为了生计，之后又在琉璃厂鸿宝斋、今文斋等旧书店打工。他吃苦耐劳，勤奋好学，坚韧不拔，积累了大量的经验，后来在古书业大展拳脚。后来他结识著名藏书家和学者伦明，两人遂合资在琉璃厂开设通学斋书店。学者兼藏书家伦明曾赞扬这两位书商："书目谁云出邵亭，书场老辈自编成。后来屈指胜蓝者，孙耀卿同王晋卿。"

同时，中国近代以来所形成的商帮都靠着吃苦耐劳一步一步地走出来的，但惟独冀州商人的吃苦是有理论依据的。冀商的吃苦不同于一般商帮的吃苦，就是从理论上，其他商帮吃苦是为了赚钱，而冀商则不然，他们认为吃苦是一种修养，人生的必经之路。孟子曰："天将降大任于斯人也，必先苦其心志，劳其筋骨，饿其体肤，空乏其身，行拂乱其所为。"[33] 在这种苦其心志的精神感染下，冀州商人在外面不辞劳苦地创业，其中许多人就是靠自强不息的精神白手起家而终成大业。例如闻名全国的冀州商人孙殿起。他家里世世代代都是农民，曾经因为贫困而无法完成学业，为谋生计被迫外出打工。来到北京琉璃厂开始了他的学徒生涯。孙殿起凭借自身勤奋好学以及自强不息的精神，在北京的古旧书行业逐渐声名鹊起，他一生经手和过眼的古籍善本有万余种，平生的"传奇"和逸事颇多。终成为书商界的知名的古籍版本专家。

5.2.3　同舟共济，勇于创新

在中国传统商帮文化中，商帮以乡谊宗亲为合力、相互提携是非常必要的。正所谓："万人同心，则得万人之力；万人异心，则无一人之用。"商帮以众帮众的团结精神，在商业竞争中有一种集体优势，此外，由于封建社会的小农意识，商业经营者之间往往对经验和技术相互保密，但是通过地域或血缘关系为纽带建立起来的商帮团体，经验的传授自然也水到渠成。有一天津吴姓商家曾制定这样的族规：凡是族中有些弟子不能读书，并且家中无田可耕的，因为生活所迫不得不外出做生意，族中有经营经验的长辈在外面要不提携他，要不在其他亲友的推荐下，好让他有一份稳定的工作可供养家糊口，千万不能让他在外面游手好闲，以至于衍生祸患[34]。冀州商帮就是利用这种乡谊团结纵横驰骋于当时北京旧书行业。冀州地区自然条件恶劣，为了生存，只能纷纷外出，而在外谋生的冀州人往往会介绍提携同乡外出经商。当时冀州外出子弟多会被同族中的长辈提携或同乡带同乡相互介绍引见来到京城，在老乡开的琉璃厂里当学徒，学习图书的装裱、估值、买卖活动。正是由于其具有强大的团结精神，他们在挫败竞争对手后，凭自身的势力逐渐垄断当时北京的古旧书行业。又诸如冀州经商的专业村，南小寨和淄村，他们外出所建商号皆统一为"华"字号，这样一方面可以壮大资本、实现共同富裕，另一方面又可以形成品牌、凝聚民心、同舟共济。

从大量的历史事实来看，冀州商人就有很强烈的创新精神，各行各业的冀州商人在经营活动过程中，既未建立固定模式，也无前人经验可循，前面的路是黑的，要冀州商人在前行过程中不断探索，并加以总结，在此过程中，他们表现出了令人折服的创造力。例如，冀州商人史东初，他在1909年开办了天津中成搪瓷厂，以独资方式经营，为我国北方的各个商人开启了先河。之后三年，他又创办我国第一家香皂厂，中昌香皂印刷制罐厂在天津成立。冀州商人徐彩臣在玻璃砂制造业做出了尝试，民国元年，他将旧玻璃料器等及螺壳混合，并将其碾成砂来使用，之后天津双和盛玻璃砂工厂成立。在天津搪瓷、香皂、玻璃砂制造业，他们成为第一个吃螃蟹的人，极大地促进了工业近代化的发展。

5.3 冀州商帮文化的缺陷

河北人自古处于燕赵文化的发源地，受到河北地理位置、历史渊源、地域政治等方面的影响，其文化中带有慷慨悲歌的英雄主义的色彩。同时，河北地界平原广阔，在当时以农为本的封建社会中属于富庶之地，人民很容易解决温饱问题，这就很容易知足，这就导致了河北人朴实平淡的性格,另外河北位于京畿要塞,历来是兵家必争之地,颇受统治者的重视。历朝历代的封建帝王对当地的百姓进行着永无止境的顺民教化,这种做法催生了许多良民、顺民,但同样也激发了人民的反抗精神,当人民饱受摧残,处于水深火热之时,河北人民就会奋起反抗。因而侠义坚忍也是河北人的另一个重要性格特征。

当然任何事物都是双面的,而这些人文性格中还隐含着负面现象,人民很容易解决温饱问题,这就很容易知足,探险精神稍差一些就会导致平庸闲散,而意气用事、冲动鲁莽是由于一个地方的气候会影响该地的人的性格,日照天数的多寡的影响,根据科学研究表明因为阳光照射会使人的大脑产生五色安,这种物质会使人的情绪很好。河北地区的人因为天气寒冷季节较长,人们在室内活动的时间多,而室内房间多为阴暗狭小,因此,他们多为冲动鲁莽,性情不稳。这些负面的性格在冀州商人在经营过程中也深有体现,带来不良的文化。

5.3.1　模式陈旧,管理混乱

家长式的管理模式在冀州商人早期发展过程中曾经有着不可取代的积极意义,这种制度可以做到肥水不流外人田,确保了资金保持稳定,没有这种经营方式他们就不可能生存不可能发展。但是这种管理模式与商业运行模式并不完全适应、不适用于近代工业。冀州商人往往都是冀州籍的人,在外经商实体中,无论是掌柜或者店员甚至学徒,几乎全部来自冀州农村,这些出身贫寒的农民为了生存外出务工,没有受过正规教育,这些人经历简单,见识不广,虽然能吃苦,但是思路不开阔,其中有些人虽然已经做到中层管理的位置,但仍然不能做到广采博积,而作为东家在他们走上发财的道路之后,没有改善经营管理模式,还是按照简单单一的家长式管理,而身为家长的东家本身也没有太多文化,或者文化水平偏低,不懂得如何把握商机,只能白白错过一次又一次的市场机遇。例如北内漳村巩家是冀州比较有名的家族经营,其聘用大管家是本县田村人,及若干分号掌柜皆是本县人士。

　　同时,由于管理模式落后,随之而来的负面影响,后继人的素质太差,一些商家通过自己的苦心经营,聚集了大量的资金,生活优越,实现了由穷到富的转变,外有账房,内有仆婢,过着养尊处优的生活。其子女往往从小养成了依赖的习惯,崇尚奢侈,既不知四民职业之艰辛,又不参与家政管理,土地经营、财产出纳,全都茫然不知,一旦父或兄去世,失去依赖,本人毫无自理能力,要不几年光景,一个大家族就会落败他们手里。全聚德凝聚了杨全仁毕生的心血,然而,杨全仁逝世后,4 个儿子轮流掌管全聚德,因为四人都想通过全聚德敛财,导致全聚德的生意走下坡路,甚至逼得厨师罢工,其长子更是痞气十足,从小疏于管教,桀骜不驯,只会舞枪弄棒,最后山东人李子明成了全聚德的新掌柜。

5.3.2　进取心弱,团实帮散

　　当整个家庭,甚至是家族共同经营商业活动时,自足性就会大大提高。对于晋商而言,在名与利之间,以利为重,在晋商之间流传这样一句话,"生子有财可作商,不羡七品空堂皇",这样就形成了"经商不然陶朱富,货殖何妨子贡贤"的商道思想;徽商则提倡"与其为贾儒,宁为儒贾",在其商业经营中,将儒与贾相结合;冀州商人思想传统,他们信奉知足常乐,聚散就在缘分,常常采用息事宁人的做法,而拥有这些思想的人并不适合做商人。所以,相比于徽商,冀商中始终没有出现资产庞大的富商巨贾,相比于晋商,冀商在全国范围内没有建立垄断性行业;闽粤商人以其优越的地理优势获得丰富的舶来品,千金在手;在中国近代,江浙商人一度掌握着资本源头,而这些冀商都无可比拟。因为受到上面种种不足的限制,各商帮在激烈的竞争博弈中,冀州商帮逐渐被取代了。

　　纵观历史,就宗族观念而言,冀商不及徽商,就乡土意识而言,晋商在冀商之上。《重修仙城会馆记》中记载:"乡人同为利,而利不相闻,利不相谋,则何利? 故会之,则一其利,以谋利也。"[35] 这充分说明了建立会馆的重要性,但是他们既没有同徽商一样把大量资金投向了建祠修谱等宗族建设,也没有效仿晋商,创建商业组织,实现乡土组织关系的制度化。尽管冀商通过结帮而商进行团体经营,但是,大部分商人所具有的资金与货物是独立的,实行独立经营,其互帮互助主要出现在意外发生时,这种团体经营结构松散,作用不大。贸易经营过程中,尽管冀商曾通过"主伙"或"伙东关系"来进行商业经营,但这种运作形式始终处于道义层面,缺乏合理、实用的商业管理模式。

第六章 冀州商帮衰落原因透析

在近现代商业历史舞台上,冀州商帮上演了一出出精彩绝伦的历史活剧,他们服牛格马,跨州越县,流寓穿越,纵横天下,将中国传统商人的聪明智慧发挥到了极致,他们栖身商林,在竞争中生存,在竞争中发展,在竞争中壮大,曾经在京津地区甚至东北市场也有过一席之地,为促进国内商品流通做出了不可磨灭的历史贡献,但是进入民国后这个曾经辉煌一时达到鼎盛的商帮,便日益衰败,最终销声匿迹,沉溺在历史的长河中。本章通过对冀州商帮的发展历史进行分析,总结出造成冀州商帮衰落的三方面原因。

6.1 商帮管理模式落后

冀州商帮衰落的一个重要的原因就是他们的经营方式仍然是家族式的管理模式,这种管理模式在个体生产方式下,曾经虽然发挥了不可取代的作用,但是它与商业运行的规律并不完全适应。如冀州羡家在京津地区及铁路沿线城市,进行投资经营的商号、商铺颇多,最鼎盛时期,他们在南宫的四条大街上就投资经营商号数十家。将一个商号扩展到十几家商号,我们似乎看到了合理资源的优越性,但是最后羡家由于没有现代的管理体系作支撑濒临破产,我们又看到了这种模式的弊端。如此冀商商家多不胜举,诚如县志编撰者所言:"在内无碻之金融机构,调剂其盈余,在外屋合组之公司营业,充实其力量,虽亦曾遭逢机会,曾盈一时,然大半外强中干,故不能应付现代之环境。比年来,亏累倒闭者,日有所闻,商业前途,诚有不堪设想也。"这是对冀州商人的管理模式最好的诠释。

6.2　国内政治局势变化

商业的发展有其自身的规律,同时它的发展还需要有制度保证,需要更多方面的配合。清末民初,国内政治局势动荡不堪,先是清王朝被推翻,继而是军阀混战,争夺中原,中原商家屡遭浩劫,无休止的横征暴敛,使得相当多的商家倾家荡产,"百业顿呈凋敝之象"。而且河北地区是环绕北京的,而北京在清朝开始就一直是国家政权的中心,但是由于我国近代的政权不稳定,在近代爆发了许多争夺中央权力的大小规模战争,在抗日战争前后,我国的一直都是非常动乱的,而河北地区是主要的战场,因此在这样一种情况下,就使得整个商业格局遭到很大的破坏。例如在京津地区广泛活跃的旧书行业,由于行业本身的特征,极容易受外部环境影响。

同时,随着 20 世纪的来临,中外经济方面的交流增强,外国的商业和商家相继进入中国市场,中国商家与中国产品受到了前所未有的冲击,在同国外商家竞争中中国商家越来越处于不利地位,国外商家以其雄厚的资金、先进的技术,逐步拥有中国市场。冀商傅秀山创办金鸡鞋油,畅销全国,妇孺皆知。抗日战争胜利以后中华民国为争取美国援助,开放国内市场导致美国的鞋油涌进国内市场,由于资金雄厚技术先进及其政策上优惠,对国内品牌"金鸡"鞋油产生了很大的冲击,销量锐减,生产鞋油的协丰厂濒临停产。如此案例数不胜数,就这种大环境下让冀州帮在发展的过程中失去了与时俱进的条件,因此在时代发展的过程中,让冀州帮逐渐衰落了下去。

6.3　冀商狭隘的区域观

　　近代之后,冀州商人并没有形成经商的思潮,因为在华北有一片富饶的平原土地,许多的河北人都有安土重迁的思想,各自家庭独立以及保守的思想非常严重,这样在经营的过程中就一直是小家小业的形式,这样的一种经营状况是很难维持下去。

　　同时,冀州商人在经营过程中狭隘的区域观没有统观全局的意识,也是造成冀州帮衰落的一个重要原因。冀州商人在进入市场后,将自己的主要经营活动局限于京津地区及其河北本省范围之内,没有放眼看市场向外拓展。经营范围不断压缩。冀州商帮异常繁荣时期,冀商活跃于全国各地。例如京津地区、晋、鲁、豫、川,远到东北地区、内蒙都有冀州商帮的活动,据《冀州市志》记载:"冀州北内漳村巩家主要是向外蒙库伦(今蒙古乌兰巴托)输出日用百货,并从当地将毡、皮、毛等制品和药材带回国内。"抗战开始以后,冀商在省外的经营活动中难寻踪迹。

　　同时,冀州商帮的发展主要是因为冀南地区的丰富的资源,并且冀州商人将这一种优势发挥到了边贸市场以及蒙俄市场,因为地域性的优势冀州帮很快将棉花贸易进行了垄断,并且将河北地区作为了整个商贸经营的中心,在冀州商帮大力发展的过程中没有将经营的中心向大城市进行转移,这样在新时代到来之后,冀州帮就逐渐被淘汰。因此冀州帮的区域观同样是造成其衰弱的一个主要原因。

第七章　冀州商帮文化的当代价值

"酒香不怕巷子深"的理念再也不适用于市场经济。我国市场经济仍处于起步阶段,商帮的作用更是至关重要。然而,实业乃立帮之基,组织是建帮的核心,产业的繁荣昌盛必须依托于组织完善、规则健全的商帮。在过去以及当代发展中,相比于晋商、徽商,冀商远远不及,冀商应以其为榜样,虚心学习,累积经验,自强不息,携手走向未来,以众多知名商帮为榜样,继承与发扬其优点,摈除商帮中虚伪、有害的成分,对促进冀州商业文化形成有巨大的现实性意义。

7.1　汲取冀州商帮文化营养

冀州商帮不但在商业活动中为人民出声,积极地从政府部门争取人民利益最大化,促进了商民权益的维护,同时也推动了政治民主化的进程。此外,冀州商人热衷于慈善与教育事业,在各种社会公益事业文化的传播上不遗余力,促进其朝着更好的方向前进。

7.1.1　维护商民权益促进民主进程

近代以来一些商人已经慢慢有从政的思想觉悟,他们打破商人只从商的圈子,慢慢出现了"在商言政"的新气象。受到这种风气影响,冀州商帮在一些行业中慢慢地、逐渐成为商会的中流砥柱,努力在政治活动中发表观点。1927 年 4 月,在五金业(当时北京五金行业以冀州人为主)的号召下,造纸、火柴、煤油、杂货等行业纷纷响应,来自这些行业的 20 多位代表向总商会提出要求,要求其派人前往徐州请愿,希望政府可以撤销特种物品用户捐改归省办的命令。通过这一事件我们可以看出,五金公会以严正的立场看待政府的苛政,同时,五金行业逐渐成为商会的中流砥柱,联合其他行业,积极在政治领域发表观点,维护同行业甚至整个市商民的利益,其参与政治活动表示冀州人为主要力量的行业已经和其他行业有了紧密联系。而当初共同抵制国都南迁活动,根据相关记载,共 87 个行业加入到此次请愿活动中,五金行、老羊皮行、细毛皮行、铜铁锡行、新旧木器行、古玩行,从中我们可以看出,这些以冀州商人为主的行业,积极争取政治发言权,同时,在这些活动中他们有一定的影响力,成为政治活动中的中流砥柱。

此外,1937 年,时任庆利恒缎庄总经理的冀县商人雷廉巨联合其同业商人向社会局请愿,要求另外建立绸缎业同业公会,原因是多年来受特殊影响,入口货巨量倾销,致纯营国货绸缎之商等大受打击,这就是冀州帮号召同业向政府争取合法权益的典范,在促进本业发展的同时,也对天津同业公会的建立起到了推动作用。总而言之,在一定层面上,冀州帮争取合法权益的行为,是以商人利益为出发点,积极争取政治发言权的行为,一方面积极争取商民的合法权益,另一方面也在政治民主进程中添砖加瓦。

7.1.2 推动慈善与其他公益事业发展

社会救济与社会公益事业是国家政府的职责。所谓社会救济主要是生活上救济有困难的贫民、灾民和饥民。公益事业主要是修桥筑路、办学助学等事业。冀州古就有乐善好施的优良传统,明朝冀州人李文秀,曾任高密县令,革除"薪炭取于乡"的旧规。岁荒煮粥赈饥民,救活数千人。

近代以来,冀州商人秉承古志,一些杰出的冀州商人亦热衷于慈善事业,诸如中国北方首家搪瓷厂的开办者史东初,他就是冀商热衷慈善事业的典范,他自掏腰包,建立东初小学,为我国培养人才,而且每年的严寒时期,他广设粥点,为人们施粥。此外,冀州商人团体也带领本行业的其他会员积极地加入到当地的社会公益事业的建设之中,诸如因为有感于京师洋车夫在烈日下工作,十分辛劳,于是在1927年以冀州人为首的五金同业公会便组织会员商铺积极地加入到商会的卫生急救公益项目之中,此次活动的内容为在全城地区设立茶缸等以供人避暑解渴。

就某种程度而言,冀州帮热衷于公益慈善事业,极大地促进了北京慈善公益事业的发展。而从另外一个角度分析这些以冀州人为首的慈善事业,也在无形中让政府的行政工作压力大大减轻,社会动荡的可能性大大减小,在维护社会稳定中发挥重要作用。参与这些活动不是商人的本质属性,也不是商人的义务,作为商人,是否参加这些活动,以及用于这方面的资金多少,完全取决于商人的品行,然而冀州商人中参与这些社会救济和社会公益事业活动的人员却是很多。不断推动慈善与其他公益事业发展。

7.1.3　促进文化教育事业的发展

在历史上冀州作为九州之首,有着悠久的历史文化底蕴,在千年的礼仪羽化中逐渐铸就了崇文重教的传统。据《隋史》记载:冀州人"务农桑、好儒学、勤耕读"[36],在冀州的历史上一共出现了48名进士,5名状元和8位宰相,"悬梁刺股"典故中"头悬梁"的由来就是冀州的孙敬。到近代以来,冀州人秉承古志,据史料记载:"光绪二十八年,废科举,办学堂,初级小学堂遍布冀州城乡。"因为崇文重教的缘故,在清末民国时期,冀州人捐资助教的事件屡见不鲜。

表7.1　清末民国冀州捐资助学情况一览表

姓名	籍贯	数额	用途	年份
张光璧	王海庄村	地 3 亩		清光绪二十六年
张香武	王海庄村	现洋 1000 元		同上
羡亚堂	羡家庄村	地 3 亩	建学堂	清末
胡存武	伏家庄村	校舍 5 间、学田 50 亩	建义学 1 所	清末
羡西三	羡家庄村	白银 3500 两	建学堂	清末
刘勋尧妻	谢家庄村	地 9.5 亩	建学堂	清末
杨云龙	南内漳村	宅院一处		宣统三年
田文焕	东吕津村	宅院一处、地 13 亩		民国元年（1912 年）
刘凡清	中刘村	款若干	自家房产建义学	民国元年（1912 年）
周经夏	老周家庄	地 40 亩		民国元年（1912 年）
刘志立	燕家庄村	地 40 亩	自建学校一所	民国元年(1912 年)
曹景参	淄村	建筑费加大洋 2000 元	私塾一所	民国八年(1919 年)
巩氏	北内漳村	款若干	建完全小学一所	民国九年（1920 年）
李老木	纸房头村	地 10 亩、建校舍 6 间		民国十年（1921 年）
方兰阶	大方家庄	白银 700 两		民国十年（1921 年）

续　表

姓名	籍贯	数额	用途	年份
崔金榜妹	军寨村	地 30 亩		民国十一年（1922 年）
柳文虎	后新寨村	房 4 间	建义学一所	民国十六年（1927 年）
刘信之	李家桃园	校舍 6 间、课桌登	存 1000 元作基金	民国十九年（1930 年）
薛子元	王明庄村	校舍 9 间	其妻任义务教员	民国二十二年（1933 年）
多人	南齐家庄		建义学一所	民国二十三年（1934 年）
朱洪海	南齐家庄	现洋 100 元		民国二十三年（1934 年）
多人	大伯舍村		建校舍 7 间	民国二十三年（1934 年）
刘步清	西岳家庄	捐地亩		民国二十四年（1935 年）
李殿科	西岳家庄	捐款	建校舍 12 间	民国二十四年（1935 年）
李建如	孟岭村	地 40 亩，宅院一处		民国二十五年（1936 年）
史冬初	南漳淮村	约万元		民国二十五—三十四年（1936—1945 年）
王山刚	齐官屯村	房 7 间		民国二十六年（1937 年）
郜宝甫	郜家屯村	200 元		民国三十一年（1942 年）

注：表内空格均为内容不详。

从上表可以看出冀州人重视文化教育,从清末到民国三十一年资助教育从未间断。此外资助的形式也是多样,从资助的人员上看有地方乡绅、普通百姓还有外出商人诸如史东初等人;从资助的物品上看有的是建校舍,有的是置办桌凳,还有的是设教育基金等等。这些数据充分表明冀州人重教兴学,对待教育慷慨解囊,将财富奉献于教育事业,对推进文化事业的发展,创造文化新境界而不遗余力。

同时,也有很多冀州商人在京津地区从事古旧书业经营,因此出现了多个像孙殿起、郭纪森、吴希贤等有名的古籍专家,在这些人长久的贩卖书籍商业活动中,经历了多次的古籍收藏抢救工作,为保存我国灿烂文化留下了不可磨灭的功绩,为后世的专家学者研究工作的开展保存了大量珍贵的资料。如古书旧业专家郭纪森从事古籍图书发行工作六十余年,由他经手贩卖或在他的开通书社卖出去的古籍图书难以估计。而他本人也为中国古籍整理、出版、学术研究,为保护国家文化遗产做出了卓越贡献,最为难能可贵的是郭纪森一直注意在废物堆里查找有用的古文书籍,其中就包括铜活字本《钦定古今图书集成》,这是在我国类书中都很少见,十分珍贵。郭当即买下,使得这样宝贵的文化资源被世人所传阅。吴希贤在我国古书文物鉴定方面颇有成就,国家文化部为其颁发了《从事文博工作三十周年证书》。"文化大革命"时期,大量文物遭到破坏,国务院下发抢救文物指示,吴希贤以此为依据,"文革"期间一共抢救出珍贵图书数百万册、字画九十多万件。"文革"结束以后,他参与北京市文物局领导的编撰全国珍善本书籍目录 1200 多种,为保护祖国文化遗产做出了巨大的贡献。而藏书家孙殿起就曾经多次赴天津、济南、南京、镇江、扬州、上海、广州等地找书,所搜罗多系罕传之清代考据书。在全国各地找书数百部(本),其中,许多是"佳本""禁书""原装""原稿本""未刊稿本""为世鲜传本""传本极稀""罕见可贵",孙殿起为发扬我国的璀璨的传统文化、进行学术研究贡献了巨大的力量。

7.2　吸取冀州商帮衰落教训

冀州商帮应时而兴起,从业人数众多,所从事行业面广,活动地区广泛,然而缺乏较强的实力与其他商帮抗衡。经过十年之久,冀州商帮没有把握市场规律,捕捉市场发展趋势,紧跟社会前进步伐,在激烈的商业竞争中,冀州商帮逐渐走上了下坡路,这一惨痛的经验教训时刻警醒着后人。

7.2.1　草根色彩浓厚又不与官府合作

晋商与徽商在我国历史上出现较早,晋商的足迹先后出现在商业与金融业,其在相关行业中进行垄断性经营,建立了具有雄厚金融资本的龙头企业,掌握着我国金融命脉。徽商则拥有巨大的商业资本,大量的从业人员,涉足领域非常广泛,建立合理的运营管理模式,依附于官府,攀援政治力量,建立庞大的商业帝国,令其他商帮难望其项背。冀州商人小本经营,原始资本没有得到充分的积累。正所谓"商无挟重资为本,不能居奇贩贵以缴重利",即便在冀州商帮最为辉煌之时,冀州商人所赚取的利润极其有限,始终不能"以小买卖而致大开张",用今天的话说,当时的冀州商帮充满了草根色彩,未能将商业资本与金融资本有效结合。主要表现在冀州商帮所经营的项目上皆是农副产品、饮食或者其他营利能力小的民生行业,极少踏足银钱业,在商品经济下,银钱业(近代称金融业)是"百业之王",因为"盖钱行一业,所为弁冕群商者,匪特造物盈虚之用愈演而愈繁,抑亦生人福禄之源可大可久也"[37],这说明金融行业是现代经济的发动机,其从业者也是一个经济体内活力的体现。诸如徽商钱庄、晋商票号均为近代中国金融业的代表。而冀州商人不从事近代引领性较强的金融业,而是选择盈利能力不强,资金周转周期长的行业,诸如以全聚德而闻名的杨全仁和曹记驴肉皆是从事餐饮行业,孙殿起是从事旧书行业,民国期间天津几位重要的实业家史东初、傅秀山、李惠南等所从事行业是搪瓷、鞋油还有食用的酱油等民生物资,即便是当时冀州最大的两大家族巩家与谢家都主要经营商铺和商品运输。

同时,又苦无官府的支撑,冀州商人在长期经营中有一条不成文的经营规则"交官穷,交民富",在他们眼里认为自己只要做生意诚实守信,老老实实经商,广交朋友,搞好与基层的关系就一定能生意越做越好的。就当时而言,在漫长的官本思想统治下,商帮的命运掌握在强势的皇帝及官僚阶层的手中,冀州商人想要完全脱离官府而把经营做大的可能微乎其微,相反,事情都具有双面性,在与官府的接触中能往往蕴含着丰富的机遇,能在细微的政策变化中寻找合适自己的商机,所以冀商很难把握商机,因而难以竞争日渐衰落。

7.2.2 产业性投入较小削弱冀州商帮发展

在中国商业史上纯粹的商人很少,对于绝大多数商人而言最明显就是体现在利润的使用方式上,其不断累积财富是以满足物质与精神需求为出发点的。所以,这些商人将赚来的钱用于非生产性投资,而非扩大再生产的投资。相关统计表明,冀州商人所累积的财富大多流向了生活性投资,比如救灾赈灾,修桥修路,捐资助学等,仅有一小部分被用于产业性投资。这就造成了在贸易领域,商业资本越来越少、不断萎缩的局面。

与此同时,在人类繁衍过程中,家产的分割始终存在。冀州商人在进行家产分割后,本身就颇小的资本分割成更小的资本,难以作为商业资本。另外,活动于外省的冀商纷纷落户当地,影响了其本身实力。最开始,大量冀州难民为了谋生而外出生存,由此便产生了冀州商帮,身处外地的冀州商人被浓浓的乡情联系在一起;经过很长一段时间,冀州商人在当地落户已久,在当地传统文化的熏陶下,渐渐被同化,与冀州商帮的联系也越来越少,冀州商人的后代渐渐成为土生土长的当地人,与冀州经济再无瓜葛,为当地社会经济建设发光发热。受到地缘关系的影响,大部分冀州商人的后代加入当地商帮,使其他商帮实力增加,影响其本身商帮实力。

7.3　京津冀商贸协同大发展

冀州商人向京津地区的流动促使其构成全新的商业组合,并为天津、北京地区的经济发展形成推力,这是一种当前商业经营活动中着力打造的共赢局面,使京津冀更紧密地结合在一起,使之成为共同推动京津冀城市化进程的合力。希望能为京津冀经济一体化提供历史借鉴与现实启示。

7.3.1　冀州商人推进北京工业化进程

北京是一座历史悠久的古老城市,拥有深厚的文化积淀和广阔的经济发展空间,历来就是各地外来人群的向往之地,再加上北京距离冀州较近,交通比较方便,就更成为冀州人避难发家的不二选择。由于北京人口较多,相应的行业发展也较齐全,各行各业从大到小,给来京者提供了较多的发展机会。当时,还有一些慈善家开粥厂、发棉衣救济贫民,即使专捡破烂,也不会被活活饿死,有些人就是抱着这样的心态踏上了北京经商之路,这其中就包括因生活所逼而外出打工的冀州人。诸如:北京地区五金店赫赫有名的万金泰创始人李德合早年家庭贫困,经友人劝说北京发展机会多,不会饿死后去北京发展,终成大业。此等事例不胜枚举,据民国陈劭南统计,仅冀县人在北京经商的不下 4 万人[38]。

冀州商人在北京最初从事五金、铸铁、货栈、瓷器、藤竹货等,以后逐渐发展到钱业、颜料、玻璃、棉花栈、茶叶、文具、旧书等业。清末民初,冀州来京者多经乡朋引荐从事旧书行业。长此以往,行业中的的铺东、掌柜、店员、学徒、工人、厨师、杂役等盘根错节,互相推荐援引,于是越聚越多,遂操纵北京旧书行业。

同时还有些冀商从事新兴行业,他们主要经营进口洋货商品,五金行的开办,丰富了老百姓的日常生活。值得注意的是,对于建筑营造业、交通运输业、手工业、农业、工业甚至是城市建设,都造成或多或少的影响。此外,冀州商人在饮食行业也颇具影响,其中,全聚德、冀州焖饼、冀州驴肉等更是受到了京城老百姓的广泛喜爱。冀州商人以其独特的经商文化贯彻商业经营活动,同时注重管理方式,重商不忽视崇文的经营理念,厚实稳重的经营风格,以此繁荣了北京地区的商业文化,对北京经济发展所起的拉动作用举足轻重,这不仅满足了冀州人自身的商业发展需求,还为中华民族凝结了宝贵的经商经验。

7.3.2 冀州商人为天津商业发展做出贡献

晚清时期津浦铁路全线通车,天津地区迅速崛起并一跃而发展成为北方的商业贸易中心。据调查天津口岸在华北地区六个进口港口贸易总值中所占据的比重一直处于55%到68%之间,不景气的年份平均产值也能达到60%以上,随后天津地区就成为进出口货物供应和输出的最大基地和货源市场[39]。如此一来,天津就为冀州外出人员提供了更广阔的发展空间,随即吸引了大批的冀州人向天津流转,在这期间他们在天津地区开设了多家商号,并取得了不俗的发展成果,而且使得冀州商帮在某种程度上充当着紧密联系不同行业的角色。

同时,其中还有些冀州实业家在天津创业发展,诸如史东初创办的陶瓷厂、傅秀山创办的"金鸡牌鞋油"、李惠南开设的宏中酱油厂。此外有些冀州人在天津一些行业中担任重要职位,例如李溪涛时任同升和鞋帽店经理,徐梦九在天津市磁业公会担任主席等等,这些人为天津民生物资的调度做出了贡献,他们都为振兴民族工业与天津商业发展做出巨大贡献。

7.3.3　京津冀协同大发展

在一些以冀州商人为主的行业中,冀州商帮扮演着京津地区商业潮流领导者的角色,在京津地区商业的近代化进程中功不可没。冀州商人在京津地区开办的五金行业是新兴行业的代表,他们在经营的过程中使得市民能够将传统的日用器具得到了更新,并且面对激烈的市场竞争情况下,还可以从销售技术上进行升级。例如他们在经营的过程中,广泛地使用了大量的电报与电话,并且对广告宣传也非常重视,冀州的曹记驴肉和全聚德都是其中重要典范。这样在无形中推动了京津地区电信与广告业的发展。

应该引起我们关注的是,京津冀地区,以冀州帮为纽带,行业之间建立了紧密的关系。比如京津五金行,在北京,"万"字号享誉全城,而万丰泰、三益泰、万庆泰也在天津极富盛名,这些商号建立了联号关系。冀州帮在北京创办的"万"字号商铺,其从日本或上海进退货以及售后等过程要通过天津联号来完成,此外,还通过天津商号获取前沿信息,"万"字号商铺则能为天津商号提供其所需的资金与管理人员。除此之外,来自冀州南宫的邢赞亭先生分别在北京与天津创办了首家啤酒厂、北京市信诚银行、永兴洋纸业,以及生生工厂、丽丽工厂与生生银号。同样的情况也出现在旧书业、皮毛业。通过上面这些事例我们可以看出,冀州商帮经济实力雄厚的商人,通过在京津两地创办商号而使某些行业建立密切的关系,极大地促进了京津两地工商业的联系与发展。

第八章　结论

从古发展至今，冀州商帮兴衰过程中，聚集了大量的文化内涵。冀州商帮的历史是一座丰富的文化宝库，是河北乃至中华民族十分宝贵的文化遗产。

冀州商帮文化是冀文化的重要组成部分，其"以德立业，诚信以德；吃苦务实，勤奋好学；诚信立命，以义取利；奋发图强，自强不息；同舟共济，勇于创新"的优秀冀州商帮文化，是冀文化之"顾全大局，刚柔并济"特点的具体写照。它不仅有助于促进京津冀协同发展形势下河北商业的大发展，对于深入进行冀文化的研究、提炼冀文化内涵也具有重大意义。

冀州商帮文化具有一定的局限性，深入分析其社会历史根源，对于改进今日河北商贸发展，京津冀协同发展中商贸事业健康发展等都具有借鉴意义。

参考文献

［1］冯石岗、许文婷.京津冀文化圈的渊源和载体［J］.河北工业大学学报（社会科学版），2013（2）：09—15.

［2］谢文君.中国人口史［M］.北京：人民出版社，1985：207.

［3］丁长青.中国经济增长周期研究［M］.天津：南开大学出版社，2006：76.

[4] 唐嘉弘.先秦史新探[M].郑州：河南大学出版社,1988：185.

[5] [6] 路洪昌.战国中期中山国的经济[J].河北学刊,1985：88,92.

[7] 陈寿.三国志[M].北京：线装书局,2008：卷32.

[8] 李百药.北齐书[M].北京：中华书局,1972：卷21.

[9] 薛居正.旧五代史[M].北京：中华书局,1976：卷116.

[10] 民国〈河北通志稿〉第二册[M].北京：燕山出版社,1973：1722.

[11] 《河北棉产调查报告》本会特刊第一种,河北省棉花改进会印民国二十五年,165.

[12] 张学军.直隶商会与直隶社会变迁[M].西安：西南交通大学出版社,2002：208.

[13] 河北大学地方史研究室、政协高阳县委员会编著.高阳织布业简史[M].石家庄：河北人民出版社,1987：49.

[14] 河北省地方志编纂委员会.河北省志[M].石家庄：河北人民出版社,1996：360.

[15] [16] [19] [22] 杨伯峻.论语译注[M].北京：中华书局,2002：38,68,72,12.

[17] 王光明.晋中大院[M].上海：生活·读书·新知三联书店,2002：76.

[18] 保定市档案馆保定商会档案资料第一百六十宗第二百六十卷.

[20] 隰县《棠樾鲍氏宣忠堂支谱》,乾隆二十五年一本堂刻本.

[21] 杨奎昌.全聚德烤鸭店的百年沧桑[M].北京：中国文史出版社,1996：92.

[23] [25] [33] 杨伯峻.孟子译注[M].北京：中华书局,2005：328,130,231.

[24] 《黔县三志》卷6,同治九年刻本,第65页.

[26] 安晓玲.从法律文化看晋商的兴起[J].商业文化(学术版),2009,01：166.

[27] 武岩生.河北人发祥了琉璃厂[N].燕赵都市报,2006-5-22.

[28] [29] 余英时.中国近世宗教伦理与商人精神[M].合肥：安徽教育出版社,2001：238,255.

[30] 孙殿起.琉璃厂小志[M].北京：北京古籍出版社,1982：360.

[31] 民国《冀县志》卷一八《人物》,《中国方志丛书·华北地方》第一七〇号,台北成文出版社1968年,第1027页。

[32] [36] 魏徵撰.隋书[M].北京：中华书局,1973：859.

[34] 汪庆元.徽州的家族文献和宗族文化[J].安徽史学,2006：1.

[35] 李华.明清以来北京工商会馆碑刻选编[M].北京：文物出版社,1980：19.

[37] 彭泽益.中国工商行会史料集：上册[C].北京：中华书局,1995：233.

[38] 陈劭南.叙述的社会学[J].社会学杂志1：3.

[39] 胡光明.清末民初京津冀城市化快速发展的历史探源[M].石家庄：河北大学出版社,1997：325—326.

[40] 杨学新、史佳."冀州帮"与保定近代商业[J].河北学刊,2012,01：210—213.

[41] 卢忠民.近代旅居京津的冀州商帮形成之原因分析[J].学理论,2012,06：72—74.

[42] 卢忠民.近代冀州帮在京津城市近代化中的作用[J].经济研究导刊,2012,09：139—140,145.

[43] 孙建刚、冯小红."冀州帮"及其商业文化特征述论[A].河北省历史学会、中共冀州市委宣传部.燕赵历史文化研究之三·冀州历史文化论丛[C].河北省历史学会、中共冀州市委宣传部：2009：6.

[44] 杨学新、史佳.冀县商人与保定近代商业[A].河北省历史学会、中共冀州市委宣传部.燕赵历史文化研究之三·冀州历史文化论丛[C].河北省历史学会、中共冀州市委宣传部：2009：12.

[45] 王小梅、刘洪升.冀商的历史渊源与发展脉络[J].河北学刊,2008,04：220—223.

[46] 陈旭霞.冀州商帮文化的当代诠释(一)[N].衡水日报,2011-01-17B03.

[47] 张重艳.河北省"九州之首——冀州"历史文化研讨会综述[A].河北省历史学会、中共冀州市委宣传部.燕赵历史文化研究之三·冀州历史文化论丛[C].河北省历史学会、中共冀州市委宣传部：2009：7.

[48] 文东平.冀州风俗[J].湖南文史,2001,02：74—75.

[49] 曹迎春.先秦冀州的农业经济[A].河北省历史学会、中共冀州市委宣传部.燕赵历史文化研究之三·冀州历史文化论丛[C].河北省历史学会、中共冀州市委宣传部：2009：10.

[50] 何艳杰、何艳丽.论先秦冀州东区商业的发展历史[J].廊坊师范学院学报(社会科学版),2011,01：41—43,48.

[51] 卢忠民.近代旅京冀州商帮的日常消费问题初探——以五金商铺员工为中心[J].中国社会历史评论,2012,00：176—185,471—472.

[52] 张重艳.河北省"九州之首——冀州"历史文化研讨会综述[J].高校社科动态,2010,02：14—19.

[53] 曹迎春.先秦冀州平原经济研究[J].河北青年管理干部学院学报,2010,06:55—57.

[54] 曹迎春.先秦冀州平原人口问题研究[J].衡水学院学报,2010,06:30—32.

[55] 李民.《禹贡》、"冀州"与夏文化探索[J].社会科学战线,1983,03:123—131.

[56] 常来树.冀州设京书肆探踪[J].档案天地,2006,05:15—16.

[57] 何艳杰.先秦冀州东区的商业发展(一)[N].衡水日报,2011-01-10B03.

[58] 范金民.商帮探源述流[J].浙江学刊,2006,02:83—93.

[59] 邓俏丽、章喜为.中国商帮文化特征综述[J].中国集体经济,2009,30:140—142.

[60] 辛向党.冀州办工业的四位精英[OL]. http://xxd.1950.blog.163.com/.

[61] 谢力军、张鲁萍.浅析江右商帮的没落[J].江西社会科学,2002,02:85—88.

[62] 卢君.我国商帮文化的比较研究[J].商业时代,2012,02:142—143.

[63] [瑞士]亚历山大·奥斯特瓦德、伊夫·皮尼厄.商业模式新生[M].王帅、毛心宇、严威译,北京:机械工业出版社,2011版.

[64] 范树青、张军.江右商帮兴起的制度成因分析[J].老区建设,2012,18:18—21.

[65] 秋泰.中国十大传统商帮的经商秘诀[J].致富时代,2008,04:22—23.

[66] 梁世和.圣贤与豪侠——燕赵人格精神探析[J].河北学刊,2006,01:204—207.

第三编 陶瓷名窑故里，
　　　技艺几领风骚

——冀域古代陶瓷文化研究

第一章 为什么研究京津冀陶瓷文化

京津冀协同发展已经成为国家重大发展战略,京津冀本为一体,文化同脉,地域相连,协同发展有着天然基础和现实条件。其中,文化产业的创新发展是协同发展的重要内容。久负盛名的冀域陶瓷文化是冀文化的重要内容之一,挖掘冀域陶瓷文化的丰富内容,对于传承冀文化优良传统,更好地为京津冀协同发展服务,具有重要意义。

1.1 研究冀域陶瓷文化的目的和意义

1.1.1 研究冀域陶瓷文化的目的

(1)加深了解冀域史。河北省简称冀,它有着四千多年悠久历史,是华夏文明最古老的发祥地。在中华文明创建的上古时期,相传黄帝部落与炎帝部落在涿鹿打败了东方的蚩尤部落,定居中原,随后黄帝统一了华夏各部落,成为华夏民族的祖先。黄帝依靠山川大势,将生息之地划为九州。到了夏朝,夏启将夏的统治区域划为"九州",冀州为"九州之首",一直到今天,冀域(古代大冀州区划范围包括今日河北省和北京市、天津市)都一直居于中华文明核心区域。了解冀域、研究冀域、促进京津冀协同发展,必须从冀域经济、政治、文化等多方面考察,其中,在历史的沧桑巨变中冀文化不断发展的博大资源、冀文化的核心价值等,只能到具体的文化领域进行挖掘。没有一点一滴的积累,没有一片片红花绿叶的采摘,不可能抽象概括出冀域长期作为中华中心地带,孕育、创造、发展出的华夏文明。冀域陶瓷文化是冀文化的一朵奇葩,研究冀域陶瓷文化是加深了解冀域成就的一项具体工作。

(2)深入挖掘冀文化。伴随着近些年中国从单纯的重视经济建设向着经济、政治、文化建设协同发展,我国地域文化研究逐渐兴起并取得了许多丰硕的成果,如山东省提出的"齐鲁文化"研究,山西省的"三晋文化"研究,陕西省的"三秦文化"研究等,这些地域文化既包含了中华文明的整体特性,又彰显出了各自的地域特色。"冀文化"是毫不逊于这些文化的重要文化,但至今未引起足够重视。挖掘冀文化必须大处着眼,小处着手。既要从冀域农林牧渔商贾经济、政治法律社会制度、军事战争外交成就、民族宗教民风习俗等大跨度、宏观视角在历史长河对比中进行研究;又必须分解宏观目标,深入微观细节进行剖析和论证。冀域陶瓷文化研究是冀文化研究的一个考察点,尽管陶瓷作为工艺和文化的结晶早已被世人认同,但是,对冀域陶瓷文化的研究尚属空白。本研究旨在挖掘冀域陶瓷文化的丰富内涵、特征、作用及当代价值,从冀域陶瓷文化中发现和概括诸如冀文化的变迁、冀文化的精神、冀文化与京津文化的关系等共性元素,促进冀文化各个方面的深入研究。

冀域陶瓷文化源远流长,它是冀文化乃至中华优秀传统文化的重要组成部分。它在千年不熄的窑火中铸造,在中外文化交流中传扬。冀域陶瓷文化在中外经济技术和文化艺术的交流与沟通的过程中搭建起了一座桥梁,它丰富了中华艺术宝库,推动了中华文明的进步。

1.1.2　研究冀域陶瓷文化的意义

(1)研究冀域陶瓷文化的理论意义。第一,有利于完善和扩展冀文化研究。冀文化包括很多的方面,对冀域陶瓷文化的研究是冀文化中不可缺少的一部分,所以对冀域陶瓷文化及当代价值的研究可以使冀文化的研究更加完善,可以弥补对冀域陶瓷文化研究的空白,使人们对冀文化的各个方面都有一个全面深入的了解。第二,有利于丰富冀域陶瓷文化内涵的研究。目前,我国对冀域陶瓷的研究成果大多是对考古发掘过程的叙述、材料科学实证研究、图录和工艺一般性介绍,侧重对冀域各窑进行历史和考古学的研究,而真正从民俗学、文化学的角度进行进一步深入研究和阐述的论著较少。陶瓷中蕴含的文化信息是十分丰富的,陶瓷发展史是文化史的重要部分,它可以反映经济发展水平、社会意识形态、社会组织结构、社会多元文化、人们的审美心理等。陶瓷是重要的文化载体,陶瓷文化是社会存在的反映,通过工匠对瓷器进行造型、装饰等具体的实践活动,将抽象的文化展现为具体的物质外观。因此对于冀域陶瓷的研究,应该打破单一技艺视角的局限,在更广阔的视域中来进行多维度、多层次的研究。

(2)研究冀域陶瓷文化的现实意义。第一,有利于打造冀域陶瓷品牌,重塑冀域陶瓷的辉煌。冀域制瓷历史悠久,其著名陶瓷产地有始烧于宋代的磁县观台镇磁州窑;始烧于北朝、隋,兴盛于唐和五代,于北宋的内丘、临城两县境内衰落的邢窑;曲阳县涧磁村及东西燕山一带的定窑,更是宋代五大名窑之一。它们都在陶瓷史上留下了浓墨重彩,为中国陶瓷史谱写了灿烂的篇章,这些瓷器中更是蕴含着繁荣灿烂的陶瓷文化,是值得我们深入研究的。通过对冀域陶瓷文化价值的研究必将会发掘其文化价值,打造自己的品牌,进而促进冀域陶瓷产业的发展,推动经济的发展。第二,有利于形成冀域品牌的地域文化,提升冀域文化的影响力。对文化的研究不仅为冀文化的发展走向提供新的视角和思路,也必将推动冀域地区文化产业的发展。通过发掘冀域陶瓷文化,形成冀域品牌的地域文化,有助于增强冀域经济发展的凝聚力,提升冀域影响力,进而推动整个冀域地区的经济、政治、文化和生态的全面发展。

1.2　冀域陶瓷文化及当代价值研究概述

1.2.1　国外对冀域陶瓷文化的研究

国外学者对中国陶瓷研究成果中专门研究冀域陶瓷的成果不多,对冀域陶瓷历史地位和作用的认识不足。只是对冀域陶瓷中的代表定窑瓷历史和磁州窑瓷历史做了基本介绍。

1983年日本根津美术馆、大阪市立东洋陶瓷美术馆、日本经济新闻社联合编辑出版了《定窑白瓷》一书,比较全面和概括性地介绍了定窑的基本情况。阿久进长则之《定窑研究史》从定窑历史的形成到各个时代不同的发展,以及定窑的制作工具、方法、纹饰、造型在书中都有详细论述。

日本学者长谷布乐尔在《磁州窑的历史及其影响》一文中从磁州窑的沿革、磁州窑对其他窑厂的影响、向国外的传播以及磁州窑制品在全世界的收藏几个方面描述了磁州窑的历史和影响。

1.2.2　国内对冀域陶瓷文化的研究

陶瓷文化不单指陶瓷的器物,还应包括陶瓷发展的历史、器物的装饰和图案、款式、造型和烧制技艺等几个方面。

(1)对冀域陶瓷发展历史的研究。冀域制陶历史悠久,冀域张家口阳原县泥河湾出土了大量旧石器时代晚期的陶片,经考证距今已有11700多年的悠久历史,说明冀域在旧石器时期就已经开始烧制陶器了。冀域在北朝时开始烧制瓷器,冀域的贾壁窑、临水窑和邢窑都发现了北朝时的青瓷标本。

贾永禄在《谈邢窑》中论述了邢窑白瓷创始于北朝,历经隋代、唐初的发展达到了唐代的鼎盛阶段,唐末五代走向衰败的发展历史。陈文增在《定窑研究》一书中介绍了定窑始创于唐朝,经历五代的发展,于北宋时达到鼎盛,终于元代的历史。李恩佳、常素霞在《河北陶瓷》一书中叙述了萌芽于北朝,五代时开始创烧,金代的繁荣,进入明朝后渐渐衰退,有一千多年的发展历史的磁州窑。

（2）对冀域陶瓷装饰纹样、图案的研究。毕南海在《邢窑造型装饰研究》一文中介绍了邢窑器物的种类和器形的变化,并论述了从邢窑前期器物简单的胎体装饰到唐代邢窑的戳印、印花和彩釉装饰再到金元时期的印花、铁绣花、剔花、三彩釉、梅花点装饰。

邢窑历来以白色见长,因此对其图案的研究较少。门丽的《定窑装饰纹样艺术研究》一文通过对定窑装饰纹样形成的历史背景了解,又对独特的图案化装饰语言和极具表现功能的图纹形态进行总结和分析,挖掘了其装饰文化的内涵。李文献的《宋代定窑的龙纹装饰》一文介绍了定窑刻花装饰瓷器中的龙纹形态和定窑印花龙纹的造型及形态。魏姝俊的《磁州窑民间装饰艺术研究》一文介绍了磁州窑民间装饰的民俗观念、历史意义;磁州窑民间装饰的艺术风格和磁州窑民间装饰艺术的表现内容,对磁州窑装饰艺术进行了完整的论述。陈慧在《磁州窑鱼纹装饰图案初探》对磁州窑瓷器和瓷枕上的鱼纹装饰图案进行了探究。

（3）对冀域陶瓷款式的研究。李振奇的《邢窑刻铭、提款探析》中,探讨分析了邢窑的刻铭和题款,认为祁村窑刻铭、题款的含义可能是刻划的窑主姓氏;邢窑"翰林""盈"字款是宫廷的定烧器,是为皇室所垄断;"官"字款则是地方政府供奉给朝廷的器物。权贵山在《唐五代时期的定窑初探》一文中叙述了定窑瓷器上刻有"官"字和"会稽""易定"字样。他认为"官"字款并不是泛指官府,而是应代表定烧该瓷器的官府机构中的某一个单位,很可能是中央官府机构光禄寺下属的太官署的简称。

（4）对冀域陶瓷造型艺术的研究。张志忠在《邢窑研究》一书所收录的《邢窑造型装饰研究》一文中介绍了邢窑器物的种类和器型的演变过程，对其器物特征分为前期隋朝时期、唐代时期和后期北宋金元时期分别进行论述。毕南海在《定窑造型艺术的探讨》一文中详细介绍了定器口底演变过程及其艺术风格，以及定窑制瓷工艺方法对器物产生的痕迹和影响。刘敬华在《磁州窑瓷枕造型艺术研究》一文中叙述了从宋代到蒙元时期磁州窑瓷枕的主要造型，表现出民间艺术所共有的豪放朴实的风格，并写出了瓷枕造型文化的精神内涵。

（5）对冀域陶瓷烧制技艺的研究。毕南海、张志忠的《邢窑装烧方法》中讲述了出土窑具的种类和使用方法，详细介绍了邢窑瓷器的烧制方法；有早期的窑柱三角垫片架烧法；桶状匣钵正烧法；金元时期的支圈覆烧，砂圈叠烧，垫珠支烧法。李辉炳、毕南海在《论定窑烧瓷工艺的发展与历史分期》一文中介绍了定窑的烧瓷工艺经过了从简到繁，从粗到精的逐渐发展的过程；烧制方法有：支圈仰烧法、支圈覆烧迭置法。秦大树的《论磁州观台窑制瓷工艺、技术的发展》文中主要介绍了观台窑的烧瓷技术的发展，在各个时期所采用的烧瓷方法是有差别的，并重点介绍了覆烧工艺的使用。

1.2.3　国内外冀域陶瓷文化研究述评

通过以上对相关文献的梳理，可以发现国内外学者对冀域最具代表性的陶瓷产地邢窑、定窑和磁州窑生产的瓷器所蕴含的文化的研究取得了一定成果。但是研究较为分散，缺乏系统性，这不利于对冀域陶瓷文化全面的理解和把握。如果能对冀域陶瓷历史发展、器物的装饰和图案、款识、造型和烧制技艺等几个方面进行挖掘和阐述，对冀域陶瓷文化进行完整的描述和深刻的分析，填补冀文化的研究空白，同时也引起世人对冀域陶瓷的关注。

第二章 陶瓷及冀域陶瓷文化概说

陶瓷的出现和发展是和人们的生产和生活实践紧密联系在一起的,陶瓷的发明和使用揭开了人们认识自然、改造自然和利用自然的序幕,在人类生产发展史上具有重要的意义。

2.1 陶瓷历史及陶瓷分类

2.1.1 陶瓷的历史

(1)陶器起源。关于陶器的起源,恩格斯曾在《家庭、私有制和国家的起源中》一书中提到:"可以证明,在许多地方,或甚至在一切地方,陶器的制造都是由于在编制的木制的容器上涂上粘土使之能够耐火而产生的。在这样做时,人们不久便发现,成型的粘土不要内部的容器,也可以用于这个目的。"[1]

目前中国发现的最早的完整陶器,出土于江西省万年县大源乡仙人洞,是距今一万年左右的新石器早期遗存。在新石器中晚期创烧了彩绘陶器。从目前资料可知,距今七八千年左右的大地湾文化发现的彩陶,是其初始期。距今五六千年左右,彩陶文化日渐成熟。仰韶文化和龙山文化遗址中均出土了一定数量的灰陶。到夏朝时人们日常生活的器具多为灰陶和夹砂陶。商朝时出现了以高岭土为原材料的原始瓷器。西周时期,陶器的种类越来越多,除了用于日常生活的器具外,还出现了陶俑、冥器等器具。

秦汉时期,许多人用陶俑、陶兽等器具作为陪葬品随葬。在封建社会,上至帝王将相下至黎民百姓都崇尚厚葬,而陶器坚硬不容易变质和损坏,因此成为陪葬品的首选。近年在西安发现的秦始皇陵兵马俑,其造型之精,阵容之宏伟,为世界所罕有。到了汉代,厚葬成为一种风气,在社会上十分盛行,便大量烧制陶冥器用来随葬。此时,还出现了瓦当和汉砖。瓦当的图案设计优美,富有变化,有几何形纹、文字纹、动物纹等等,可称得上是精致的艺术品。汉砖上的雕饰,包罗万象,上面的彩绘和浮雕图像都较为生动活泼,表现的故事也都是当时社会的缩影。汉代还出现了"铅釉陶"。

(2)中国发明瓷器。陶器是人类文明发展的初级阶段出现的物品,随着历史的发展,时间的推移,瓷器应运而生。瓷器是中国人民对人类历史发展做出的重要贡献之一,它显示了中华民族的伟大创造力和中国古代科学技术的高度发展水平。

瓷器的发明和陶器一样,也经历了一个漫长的发展过程。考古资料表明,我国早在龙山文化晚期就已经出现原始青瓷。商周时期,原始青瓷的发现日益增多,分布范围也越来越广,遍及北京、河北、河南、山东、江苏、安徽、江西、湖北、陕西、甘肃各地。东汉时期,墓葬和窑址资料表明,我国成熟瓷器已经烧制成功。三国两晋时期,随着南方经济的开发,南方制瓷业有了较快发展,其中越窑就是其中的代表。

(3)冀域陶瓷。北朝冀域青瓷。公元 458 年北魏孝文帝实行均田制,农业得到了恢复和发展,手工业也有了一定发展。北朝时,冀域青瓷烧制取得了突破性发展,并自成体系。贾壁窑、临水窑和邢窑都发现了北朝时的青瓷标本。这一时期还诞生了白瓷,白瓷最早出现于北朝的北齐,瓷器呈现出白中闪青绿的颜色,与白瓷非常接近,这种在青白瓷之间的瓷器被学术界称为早期白瓷、原始白瓷。

唐代白瓷出邢窑。隋朝实现了国家的统一,使社会经济文化得到高度发展,陶瓷生产也呈现出新的局面。隋代,青瓷仍然是瓷器生产的主要品种,到隋代白瓷产品的产量和质量都较前有了长足的进展。隋代细白瓷的出现标志着邢窑的制瓷技术的成熟并己达到了相当高的水平。唐代邢窑所烧白瓷"类银"、"类雪",邢窑白瓷风靡一时,同时我国出现白瓷与青瓷一起发展的趋势,形成以邢窑为代表的北方白瓷和以越窑为代表的南方青瓷共同发展的局面。

宋代冀域名窑。到宋朝时期,我国陶瓷发展走向了繁荣阶段。冀域陶瓷业也随之进入了鼎盛阶段,定窑是当时五大名窑之一,其覆烧工艺的创烧提高了产品的工艺水平。磁州窑在当时也是我国北方地区最大的民间窑场,其烧制工艺、艺术风格影响了一批窑场。宋代还根据各窑产品的工艺、造型与装饰的同异来区分各瓷窑体系。

2.1.2　陶瓷的分类

陶瓷是陶器和瓷器的合称,一般来讲,用陶土烧制而成的器物称为陶器,用瓷土烧制而成的器物称为瓷器。"凡是用陶土和瓷土这两种不同性质的粘土为原料,经过配料、成型、干燥、焙烧等工艺流程制成的器物都可以叫陶瓷。"[2]

(1)按概念划分。陶瓷是陶器和瓷器的合称。陶器,是用可塑性较好的黏土加水和成泥,通过成型、干燥,经 $700-1000℃$ 的炉温烧制而成,具有质硬、不透明、敲之音哑的特点。瓷器,是以瓷土或者瓷石为原料,经过配料、成型、干燥、焙烧等工艺流程制成的器物,瓷器比陶器胎质致密、坚硬、表面光滑。

(2)按颜色划分。大致将陶器划分为红陶、灰陶、彩陶和黑陶等系列。红陶是指颜色呈砖红色的陶器,这是由于在烧制陶器的过程中氧气与陶土中的铁发生反应,使二价铁元素变为了三价的铁元素,因此陶器颜色表现为红色。灰陶是指颜色为灰色的陶器,这是因为在烧制陶器的后期,窑炉中所含的氧气较少,陶土中所含铁元素的氧化物转化为二价的铁元素,陶器颜色就变为灰色的了。彩陶是把陶器放进窑炉内烧造之前,在陶器的坯体上进行彩绘,然后再对陶器进行加热焙烧。黑陶是指颜色为黑亮色的陶器,这是在烧制陶器的后期,用浓烟熏烧,使浓烟中所含的碳元素微粒进入到窑炉中,填充器物存在的缝隙,陶器颜色就呈现出黑色了。

（3）按用途划分。大致分为:日用陶瓷、建筑陶瓷、卫生陶瓷、艺术陶瓷等。

日用陶瓷:按照日常生活所用陶瓷器物的用途,可划分为食具、饮具、盛储器具等等,它随着生活环境和生活习俗的改变发生变化。

建筑陶瓷:包括有瓷砖、彩釉砖、釉面砖等。该产品具有良好的耐久性和抗腐蚀性,品种较多,主要用于建筑物内、外墙和室内地面的装饰。

卫生陶瓷:包括有洗涤器、便器等。这类陶瓷产品耐污性较高,还具有抗腐蚀性,主要用于厨房、卫生间和实验室等地的卫生设施。

艺术陶瓷:包括有陶塑人物、陶塑动物等。这些陶瓷器物具有较高的艺术和收藏价值。这些艺术陶瓷主要用于室内的装饰,被许多收藏家所珍藏。

（4）按材质划分。大致分为:青瓷、白瓷、骨质瓷等。

青瓷:一般是指在瓷器表面为青色釉的瓷器,青色是由于在瓷器的胎釉中含有氧化铁,在还原焰气氛中焙烧出现的。根据冀域的贾壁窑、临水窑和邢窑发现的北朝时青瓷标本资料的反映,说明在北朝时冀域青瓷烧制已自成体系。

白瓷:白瓷指的是瓷胎为白色的瓷器,成熟的白瓷到隋朝时才出现。冀域的邢窑和定窑主要产白瓷，邢窑白瓷有粗白瓷和细白瓷之分。

骨质瓷：最早产生于英国，是世界上公认的高档的瓷器品种。骨质瓷是在烧制陶瓷的瓷土中加入食草动物的骨粉，然后经过高温素烧和低温釉烧，最终生成骨质瓷，工艺十分复杂。今天河北省唐山市是中国骨质瓷的发源地和主要生产基地。

（5）按窑口划分。一种是官窑和民窑的划分，另一种是从瓷器所在的窑口划分。

官窑：专为朝廷烧制瓷器的窑口，如宋代的五大名窑：定窑、汝窑、官窑、哥窑、钧窑；民窑是相对于官窑而言的，它不是由官方经营的窑口，河北省的磁州窑就是北方地区最大的民间窑场。

从瓷器所在的窑口划分，如邢窑、定窑、磁州窑、龙泉窑、耀州窑、德化窑、景德镇窑等等。

2.2　文化分类及陶瓷文化

2.2.1　文化的概念和类型

（1）文化的概念。文化的定义很多，据统计其定义有两百多种，历来是莫衷一是的。A.L.克鲁伯和克莱德·克拉克洪 1952 年在《文化——关于概念和定义的评论》一书中，通过广泛而深入的调查与研究，列举了他们所能查阅到的数百位理论家对文化的各种定义，总共竟达 161 种文化定义[3]。

中国社会科学院语言研究所词典编辑室编写的《现代汉语词典》中对文化的定义是："①人类在社会历史发展过程中所创造的物质财富和精神财富的总和。②考古学用语，指同一个历史时期的不依分布地点为转移的遗迹、遗物的综合体。③指运用文字的能力及一般知识。"[4]《中国传统文化十二讲》一书对文化的定义是"从广义上说，文化是指人类社会历史实践过程中所创造的物质财富和精神财富的总和；从狭义来说，文化则指社会的意识形态，以及与之相适应的的制度和组织机构"[5]。由英国马凌诺斯基著、费孝通译的《文化论》一书中对文化也做出了诠释。在该书的《文化与人的差异性》一章中写到，"文化是那一群传统的器物、货品技术、思想、习惯及价值而言的，这概念实包容着及调节着一切社会科学"[6]。

（2）文化的类型。马克思主义哲学理解的文化的类型有广义和狭义两个方面。从广义的层面，马克思、恩格斯把文化界定为文明形态，把关于文明形态的理解同关于人类社会发展的总体理解结合在一起，在这样的文化概念中，不仅有物质因素和精神因素，社会的制度因素也包含在其中。

狭义的文化即社会意识，是一个相对于社会存在而言的一个概念，是社会存在在精神领域中的反映，它包括政治、思想、哲学、艺术、宗教等意识形态和风俗习惯、社会心理等。马克思在《哥达纲领批判》一书中使用了狭义的文化概念："因为孤立的劳动（假定它的物质条件是具备的）即使能创造使用价值，也既不能创造财富，又不能创造文化。"[7]在这里文化是作为对财富的补充说明，强调的是文化的非物质性，即精神性质。

文化哲学将文化的类型划分为物质文化、精神文化和制度文化三类。物质文化包括人类的物质生产活动及其产品；制度文化包括各种社会规范和约定俗成的民风民俗。精神文化包括价值观念、审美情趣和思维方式等，具体表现为人们的愿望、情绪、理念和道德理念、政治理论以及哲学、宗教、文学、艺术等。

人们多倾向于将文化理解为狭义的文化，也就是精神层面的文化。狭义的文化指的就是社会意识形态，是对社会存在的反映。陶瓷文化就是一种精神文化，它是对社会存在的反映，是工匠在对瓷器进行造型、装饰等具体的实践活动形成的一种文化。研究冀域陶瓷文化就是研究冀域陶瓷背后所蕴含的价值观念、审美情趣等。

2.2.2　陶瓷文化及其特征

（1）陶瓷文化的概念。兰州大学程金诚博士在《中国陶瓷艺术论》一书中是这样来评述陶瓷文化的："陶瓷是一种最为普遍而又极为重要的文化传承的载体,陶瓷以其特殊的方式不断延展着人类前进的足迹,通过一个个的、一代代的陶瓷器物,把人类的智慧和文化意蕴固化,并世代相承,这种文化历史的链条从来没有中断过。"[8]他认为陶瓷是一种特殊的符号,这个是其他文物所不具备并且无法代表和体现的。

陶瓷文化是一种特殊的文化,它通过由科技和文艺相互结合而产生的陶瓷器物体现出来。在社会历史发展的不同阶段,陶瓷的烧制技艺、器物造型与装饰纹样各有差异,但是它们在一定程度上反映了当时社会的科学技术水平,展现了当时人们的美学观念和文化心理特征,体现了人们的聪明才智和创造精神。因此,所谓的陶瓷文化是指在陶瓷烧制的过程中所表现出来的工艺文化、审美文化,同时表现大众情感、心理、观念、习俗等精神文化这样一种独特的传统文化。

（2）陶瓷文化的特征。首先,陶瓷文化具有抽象性。陶瓷作为文化的载体,在一定程度上体现了当时人们的审美观念。其中也蕴含着一些人文思想,表现了人们心中的美好意愿,如和谐思想、吉祥思想等。陶瓷中蕴含的这些思想就是抽象的陶瓷文化,它脱离了陶瓷这一具体的物质形态而存在。其次,陶瓷文化是实用与审美的统一。陶瓷最初是作为一种容器出现的,随着农业经济的发展,人们由逐水草而居改为定居生活,食物和水的储藏,都需要这样一个容器,陶器就随之大量地出现了。随着制瓷技术的日益进步和人们审美水平的不断提高,陶瓷的欣赏价值逐步得到了体现。烧制的陶瓷在满足人们物质生活需要的同时还要满足人们的精神生活需要。再次,陶瓷文化具有开放性。陶瓷文化不是故步自封,一成不变的,它是在发展过程中,吸收外来文化,丰富和发展自己。从陶瓷的装饰图案上我们就不难发现,在陶瓷发展过程中它不断地从自然界中、从历史故事和民间故事中获得所需的题材;同时,陶瓷还以图画作为装饰,其图画大部分为中国的山水画,同时还借鉴了西洋画和民间剪纸等作为装饰。最后,陶瓷文化具有时代性特征。陶瓷既是人们生产生活的物质器物,又是重要的文化载体,其承载的文化信息随着时代的发展、社会的进步以及人们的审美观念的提升而不断变化。从中国古代陶瓷的发展历史上,可以看到秦汉人的豪放,隋唐人的雄阔,宋人的儒弱,金人的放浪,元人的粗犷。这些无不在其各历史发展阶段中,闪烁着自身时代的光芒。

2.3　冀域及冀域陶瓷文化

2.3.1　冀域范围界定

冀域历史悠久,地域辽阔。在中华文明创建的上古时期,黄帝依靠山川大势,将生息之地分为九州,冀位列九州之首。"冀,大也",冀域是一个较大的地理区域,不同的文献对冀域有不同的记载:"《尔雅·释地》记载:'两河间曰冀',所谓两河间,据考证指清河(辽河)和西河(黄河)之间的广阔地带。《周礼·职方》记载:'河内曰冀州',河内指黄河中下游以东、以北的较大区域。三面距河,西黄河,东雍河,北豫河,三河环绕,北接恒山,东西南三面距河以与邻州为界。"[9]

夏朝尧舜时期,冀域是作为一个地理区域的概念出现的,而到了春秋战国时期,冀域就变为了行政区域的称谓。"汉朝西缩东扩,三国时期扩大为'大冀州',西晋时期冀州版图略微缩小,唐朝实行道、州、县三级制,河北道以冀州为核心下辖诸州,冀州即今日河北的含义初现。唐朝以后,冀州行政区域越来越小,逐渐退出全国大区、九州之首的地位,取而代之的悄然变成了河北。"[10] 因为唐朝在我国历史上有举足轻重的地位,冀域的范围较为稳定,冀即河北的观念也基本确立。所以将唐朝时规定的的河北道界定为冀域最为合适。

由此可见,冀域有着悠久的历史,它在中国历史上有着重要的影响。冀域的地域范围在历代是一个动态变化的过程,本文所指古代冀域就是今天的河北省及北京市和天津市地区。

2.3.2 冀域陶瓷文化

冀域是中国陶瓷发展的重要源头,其中邢窑、定窑和磁州窑陶瓷是其优秀的代表,冀域陶瓷就是指为中国古代经济、政治和文化事业作出了重大贡献的邢窑、定窑和磁州窑陶瓷。冀域陶瓷文化包括冀域陶瓷的发展历程;冀域陶瓷业的能工巧匠们在陶瓷烧制的过程中,所表现出来的冀域独特的烧制工艺文化、陶瓷造型和纹饰的审美文化,也包括通过陶瓷反映出来的冀域人们思想、价值追求的精神文化。大体上说,冀域陶瓷文化的内涵包括崇尚和谐的进步理念、彰显文化的人文精神和经济实用的科技创新。

第三章 冀域陶瓷业的发展历程

研究冀文化，必须从冀域经济、政治、社会等多角度、多层次进行深入挖掘，其中，陶瓷作为冀域的重要载体，不得不对冀域陶瓷业的发展进行探究。新石器时期为冀域陶瓷的萌芽时期，魏晋南北朝时冀域陶瓷进入了发展时期，青瓷自成体系，诞生了白瓷。隋唐宋金时期为冀域陶瓷的繁荣时期，这一时期以邢窑和定窑为代表。元明清时期为冀域陶瓷的衰落时期。

3.1 冀域陶瓷制造源远流长

3.1.1 冀域是中国陶瓷的重要源头

中国是最早烧制陶器的国家，也是最早发明瓷器的国家，所以，中国是瓷器的故乡，也是瓷器文化的发源地，中国在世界上有"瓷国"之称，中国的英文名称"China"就有瓷器的意思。瓷器是中国人民对人类历史发展做出的重要的贡献之一，在一定程度上讲，其影响不亚于四大发明，"瓷器"与"中国"在英文中是同一词，这就可以充分地说明中国精美绝伦的瓷器完全能够代表中国。随着经济的发展，制瓷工艺不断进步，精美的陶瓷为统治者所喜爱，在古代的宫廷中藏有许多瓷器。随着海外贸易的不断发展，作为古代中国特产的陶瓷通过海外贸易流传到世界各地,精美的中国陶瓷当作古董被海内外的收藏者所收藏,陶瓷也成为中国的名片。冀域是中国陶瓷发展的重要源头,其中冀域磁县的磁州窑萌芽于北朝,五代时开始创烧。内丘县内的邢窑创始于北朝,历经隋代、唐初的发展,到唐代达到鼎盛阶段。曲阳县内的定窑为宋代五大名窑之首。冀域这三大名窑都在陶瓷发展史上留下了浓墨重彩的篇章,为中国古代经济、政治和文化事业作出了重大贡献。

3.1.2　冀域陶瓷制造的曲折历程

冀域陶瓷业作为一项中外闻名、历史悠久的行业,从公元前540年至今已持续发展二千五百多年,其曲折发展的历史大致可分为三个阶段。

第一阶段(公元前540年—公元420年)创新陶瓷技术,新兴陶瓷行业。从南庄头遗址、磁山文化遗址的陶器的创烧到北朝早期青瓷、白瓷的诞生,这一时期陶瓷的烧制工艺不断得到改进,各类陶瓷的主要品种相继出现,为我国瓷业的发展奠定了基础。

第二阶段(公元618年—公元960年)振兴冀域陶瓷,确立领先地位。隋唐五代至宋金时期,这一时期从主导唐代"南青北白"瓷业格局的邢窑,到宋代五大名窑之一的定窑,再到我国古代北方最大的民间瓷窑—磁州窑的崛起,冀域瓷业发展到了鼎盛时期,确立了冀域瓷业在我国陶瓷发展史上的重要地位。

第三阶段(公元1271年—公元1912年)瓷业中心南移,冀域地位未衰。从元代到民国时期,该时期由于战争的破坏,经济重心的南移,我国瓷业中心也开始南移,北方瓷业衰落,冀域的邢窑、定窑先后退出历史舞台,不过磁州窑仍保持旺盛的生命力,一直延续到民国时期,有"南有景德,北有彭城"之称。

3.2　冀域陶瓷兴衰脉络梳理

冀域制瓷历史悠久,其中邢窑、定窑和磁州窑是其优秀代表。

3.2.1　冀域陶瓷的萌芽时期

陶器是人类改造自然的一项重要发明,也是新石器时代开始的重要标志之一。考古资料表明在新石器时代早期,冀域出土陶器的新石器文化遗址主要有武安磁山遗址。1976 年发掘的武安磁山遗址将华北地区早期新石器文化的研究推向一个新的高度。

磁山文化遗址出土的陶器,相对来说种类较少,造型简单,以小件器物居多,胎质粗糙,器物表面多为素面,烧制温度低,带有明显的原始性特征。尽管如此,它证明了古磁州是我国陶器生产的发源地,开创了华夏陶器之源,为以后烧制精美的陶器奠定了基础。夏商周时期,随着王朝的建立,手工业生产有了长足发展,陶瓷业也开始成为社会专业化生产的独立部门,烧制水平有了明显的进步。这一时期出现了原始青瓷。台西商代遗址出土的青釉尊,是目前冀域发现最早的原始青瓷,冀域开始进入烧制瓷器的时代。

图 3.1　磁州窑遗址

3.2.2 冀域陶瓷的发展时期

魏晋南北朝时期,从公元 3 世纪形成三国鼎立局面,到公元 6 世纪末隋朝统一全国,经历了近 4 个世纪时间,其间分裂、混乱不断,但由于各族人民经济、文化的相互交流,实现了民族融合。同时经济的发展为制瓷业的发展奠定了基础,这一时期青瓷的烧制日渐成熟,显示了较高的水平。冀域早期青瓷窑址的考古工作中,贾壁窑和邢窑都发现了北朝时期的瓷器标本资料,出土的陶瓷器反映了当时冀域陶瓷业的烧制水平,其主要表现为青瓷自成体系、白瓷诞生。

北朝时期,冀域青瓷烧制取得了突破性的发展,并自成体系。贾壁窑和邢窑都发现了北朝时期的青瓷标本。器型主要有碗、盘、杯、壶、瓶、罐、盆等。

(1)贾壁窑开创青瓷先河。北朝贾壁窑的创烧开创了磁州窑烧制瓷器的先河,它主要烧制青瓷"其胎色青灰,釉色呈青褐或青绿色,具有青瓷固有特征,其胎体厚重、件大而不变形。瓷质分粗胎与细胎两种,粗胎胎色青灰,颗粒较粗,多有黑色斑点,远未烧结,胎面上施青褐色釉多。细胎胎色灰白,胎质细赋、瓷化良好,胎面施以青绿色透明釉"[11]。由于水源不足,交通不便,隋朝以后贾壁窑停烧。内丘、临城境内邢窑已发现具有北朝风格的青瓷标本,邢窑北朝的青瓷有粗胎瓷和细胎瓷,但瓷器造型较单一,装饰也简单。

(2)临水窑完成青白瓷过渡。这一时期另一个突出成就是白瓷诞生。白瓷的出现具有划时代的意义。它为中国制瓷业的发展开拓了广阔的发展前景。考古资料显示,白瓷创烧于北朝时期,临水窑、邢窑都有白瓷标本出土。临水窑青瓷除保留贾壁窑的青瓷特色外,它的胎色为灰白,釉色为青黄,施化妆土之后釉色呈黄白色,已明显向白瓷过渡,它完成了磁州窑由青瓷向白瓷的过渡。

(3)邢窑开创白瓷先河。邢窑在烧制青瓷过程中,制瓷工匠将含铁量低的釉料用在白色胎体上,制造出了白瓷釉,白瓷也就应运而生了。瓷器呈现出白中闪青绿的颜色,与白瓷非常接近。这种在青白瓷之间的瓷器被学术界称为早期白瓷、原始白瓷。这些原始白瓷虽然在颜色上面程度不高,但已具备了白瓷的基本特征。邢窑白瓷的创烧具有划时代的意义,它打破了青瓷独大的局面,为中国瓷业的发展开拓了广阔的发展前景。

3.2.3　冀域陶瓷的繁荣时期

隋唐时期是我国封建社会的鼎盛时期,国家的统一,不仅使社会经济文化得到高度发展,陶瓷生产呈现出蓬勃发展的新局面,冀域陶瓷开始进入发展的繁荣时期。隋唐时期是以邢窑为代表。

(1) 邢窑—白瓷引领瓷业风骚。隋代邢窑发展细白瓷,北朝的白瓷处于早期的创始阶段,到隋代烧制的白瓷在产量和质量方面都有了提高。内丘西关窑址(如图3.2)调查表明,隋代邢窑烧制的白瓷数量十分可观,与烧制的青瓷数量相差无几。此时"在窑址采集到四件细白瓷杯残片,杯壁极薄,仅厚毫米,胎釉浑然一体,洁白如雪,光

图3.2　内丘县邢窑遗址

176

润晶莹,瓷化程度极强,与现代白瓷相比亦毫无逊色之处"[12]。隋代高档细白瓷的发现,是邢窑调查的重大收获。隋代邢窑的烧制的细白瓷标志着邢窑制瓷技术的成熟。

　　唐代,由于邢窑白瓷的快速发展,我国瓷业出现白瓷与青瓷齐头并进的趋势,形成了"南青北白"的生产格局,成为陶瓷发展史上一个重要环节。"南青"指的南方浙江的越窑青瓷,主要烧制青瓷,"北白"指的是冀域的邢窑白瓷。邢窑经历隋和初唐的发展,积累了许多烧制经验,邢窑的工匠们改进烧制工艺,烧制出了邢窑白瓷。中唐时期,邢窑是主要以烧制白瓷为主,烧制的白瓷胎体洁白无瑕,而且品种多样,造型丰富,邢窑烧制的白瓷器具主要有餐具、茶具、酒具、文具等,涉及到生活的方方面面。其中白瓷茶具最受欢迎,其原因是其颜色"类雪",色泽洁白,能更好地衬托出茶汤的色泽,白瓷茶具的保温性适中,并且有多种造型。邢窑白瓷在公元824年前后,已经是"天下无贵贱通用之"的名器了。不过,邢窑细白瓷为朝廷和上层贵族所使用,一般白瓷为下层官吏、城市工商业者和平民所用,广大劳动人民所用只是粗白瓷。中唐时期邢窑发展到了鼎盛阶段,这一时期的部分作品中已经出现了款识。"就目前所见到的有'盈'字款余件,'翰林'款一件。"[13]这意味着邢瓷产品得到宫廷和上层社会人物的青睐。

　　总之,到唐代时,邢窑白瓷不仅进贡皇室,而且许多文人将饮酒品茶使用邢瓷视为雅趣,邢瓷已渗入人们生活的各个方面。邢瓷使用情况唐代文献中多有记载,如唐代皮日休在《茶中杂咏·茶瓯诗》赞邢窑瓷器"圆似月魂堕、轻如云魄起";唐人李肇在《国史补》里写道:"内丘白瓷瓯,端溪紫石砚,天下无贵贱通用之。"[14]

　　(2)定窑—工艺创新特色争先。定窑在唐朝时开始创烧,烧制产地位于今天河北省曲阳县的涧磁村及东西燕川村一带,《曲阳县志·

卷六·山川古迹考》中记载：

　　"涧磁岭,在县北,六十里,西区灵山镇十里,上多煤井,下为涧磁村,宋以上有磁窑,今废。"[15]因该地区唐宋时期属定州管辖,故名定窑(如图3.3)。唐代早期,定窑主要烧制黄釉、褐釉瓷器,白瓷相对少见。制胎原料内含有大量杂质,且釉质粗略,施釉不均匀,成色不稳定。产品以碗类为主,但造型不规整,装饰也很简单。唐代中期,白瓷很受欢迎,但是定窑所产白瓷由于原料含铁量高,多呈现出浅灰、灰白等颜色,业内并无影响。

图3.3　涧磁村定窑遗址

　　唐朝时期定窑的发展极大地受到内丘邢窑的影响,唐朝的定窑基本上是按照邢窑的款式和生产工艺进行烧制。晚唐和五代时期定窑烧制的陶瓷器物"在造型和装饰风格上多模仿邢窑瓷器"[16],因此我们把这一阶段的定窑当作邢窑的一个分支。五代中后期邢窑走向衰落,定窑在继承邢窑艺术特点的同时还进一步发展,烧制的一些瓷器在细和白方面都超过了邢窑白瓷。这一时期定窑的创新还表现在模仿金银器,"卷边"和"模冲"等金银器所用的造型手法被定窑工匠所采用,并结合自身瓷器的特点进行了改进。此外,定窑此时已尝试烧制黑釉瓷器。五代时期定窑在学习邢窑的基础上实现了跨越发展,摆脱了对邢窑的依赖,成为一个独立的陶瓷分支。

宋朝是我国瓷业发展史上的繁荣时期,它开创了"官窑"与"民窑"竞相发展的新局面,冀域瓷业延续了隋唐的繁荣,进入了鼎盛阶段。这一时期以定窑为代表,定窑作为当时五大名窑之一,延续了唐代邢窑白瓷的中心地位。

北宋初期,大力推行休养生息政策,陶瓷手工业得到迅速发展,作为北方主要的白瓷窑场,定窑瓷业已有了相当规模,进入兴盛时期。定窑的烧制技艺随着自然条件的变化又出现了一些新的变化,器物的造型更加精美。随着定窑的生产规模的扩大和人们对定窑瓷器需求的增加,使得定窑烧制陶瓷所需的木材越来越匮乏,在木材短缺的背景下定窑创造性地实现了由煤代替木柴的燃料技术革命。"这一创举不仅解决了燃料难题,更主要是获得了意想不到的产品特色:烧煤导致了定窑瓷器釉色从白中闪青变为白中泛黄。"[17]从而形成了别具一格深受欢迎的产品特色。

这一时期,定窑在瓷器表面的刻花、印花等花纹装饰方面不断创新,装饰纹样丰富多彩,形成了自己的艺术特点。"定窑制品装饰纹样精美,宋代五大名窑中,汝、官、哥、钧四窑以釉色取胜,只有定窑以精美的刻花、印花等花纹装饰见长,装饰纹样丰富多彩。"[18]定窑陶瓷工艺带有浓厚的民族色彩,使得当时许多瓷窑争相效仿。北宋后期,定窑瓷器深受皇帝喜爱,被选为御用瓷器,对定窑瓷器的需求不断增加。定窑为满足不断增长的需要,创制了覆烧工艺,解决了产量问题,这是定窑兴盛的又一重要创新,该工艺对全国各地的瓷窑影响颇深,形成了一个以定瓷为主的定窑瓷系列。定窑产品远销海内外,在中国瓷器发展史上占有重要地位。

　　磁州窑一创新技法风格独特。磁州窑在五代至北宋时期,贾壁窑与临水窑均已停烧,这一时期以观台窑为代表,主要烧制白釉瓷器,装饰技法有印花、刻花和珍珠地划花等,珍珠地划花为磁州窑创新装饰技法。五代时还创烧了极具特色的磁州窑瓷枕。北宋中后期至金代前期为磁州窑的发展时期,此时期仍以观台窑为中心,窑场规模扩大。品种以化妆白瓷为主。还出现了白地黑花等新品种。尤其是白地黑花的创烧,形成了磁州窑的独特风格,它将中国的绘画和书法艺术应用到装饰瓷器上,将制瓷工艺与中国传统绘画艺术、书法艺术融合在一起,笔法潇洒自由,绘画题材丰富多样,内容广泛,人物、山水、动物、植物等装饰内容应有尽有,令人耳目一新。磁州窑制瓷工匠们在瓷器上书写大量诗句、书法作品,糅合了各家风格而自成一体,体现了自由、洒脱的个性特征。

3.2.4　冀域陶瓷的衰落时期

　　元朝时期,北方地区战争频繁,经济发展受到影响,随着南宋经济重心南移的完成,对我国制瓷业产生了重大影响,瓷业中心也开始了南移,北方瓷业走向了衰落。

　　邢窑这一时期只能烧制当地民间使用的粗瓷,作为瓷窑,邢窑在历史上销声匿迹。作为五大名窑之一的定窑,在元代受北方战乱的影响,北方的大多数人迁移到了南方,为南方经济的发展提供了大量的劳动力,使得南方在农业、手工业、商业上都得到了巨大发展。还有一些有技术的窑工迁到了南方,推动了南方制瓷业的发展,南方景德镇陶瓷逐步发展,威胁到了定窑的地位,最终定窑退出了历史舞台。

　　观台窑在元代时走向衰落,明代时停烧。不过这一时期,磁州窑仍在发展,制瓷中心转向了陶土丰富和运输发达的彭城,彭城窑的规模不断扩大,其产品除满足宫廷、官府和平民使用外,开始行销海外。明朝时观台窑停烧,彭城窑发展十分迅速,出现了官窑、民窑俱盛的局面,成了北方的瓷都。从此彭城有了"南有景德,北有彭城,千里彭城,日进斗金"[19]的美誉。

3.3　冀域陶瓷衰落原因透析

冀域陶瓷业在经历了辉煌之后走向了衰落,白瓷引领瓷业风骚的邢窑,五代时期优势地位不再,被定窑取而代之。工艺创新、特色独到的定窑,到了元代,因战乱和技术落伍走向衰败。开创华夏陶器之源的磁州窑,清末、民国时期走向了衰落。其衰落的原因有以下几方面。

3.3.1　战乱动荡阻碍瓷业发展

唐朝是邢窑发展的鼎盛时期,到唐朝末年出现了藩镇割据,战事频仍,五代时唐王朝的统治结束,全国统一的局面崩溃,战乱严重阻碍了生产力的发展,影响了陶瓷业的发展。长期战乱的社会环境也影响了定窑的烧制。金元之际,元军大兵压境,金朝岌岌可危,冀域是蒙古灭金的主要战场,蒙古铁骑进入冀域后"人民杀戮几尽,金帛子女,牛马羊畜,皆席卷而去,屋庐焚毁,城郭丘墟"[20]。战争使得冀域人们人民不聊生,人们根本无法顾及陶瓷的烧制。清末、民国时期是我国社会大变革大动荡时期,内忧外患、兵荒马乱,经济急剧衰退,中原地区正处于战乱中心地带,严重影响了磁州窑的正常生产。

3.3.2　人才流失失去创新优势

邢窑因战乱纷起使大批窑工被迫服役,技术人才也严重流失,缺少了创新的人才和热情,品牌细白瓷基本不再烧制,多烧制一些粗白瓷,制作工艺较前粗糙逊色的多。在陶瓷市场上的地位和影响迅速下降,后来被定窑所取代。定窑也是由于缺乏继续创新,失去了陶瓷市场。元朝时我国瓷业的格局发生了重大变化,各大瓷窑竞争激烈:曾经仿定窑瓷器的介休窑后来居上,其烧制水平和产量均超过了定窑。景德镇窑青花、釉里红烧制成功,大受欢迎,定窑失去了优势。磁州窑同样因为技术缺乏创新,产品质量下降,只能生产日用粗瓷,不能满足市场需要,产量减少,效益低下,从而走向衰落。

3.3.3　优质原料枯竭失去资源优势

烧制瓷器的原料是高岭土,邢窑所处地区有高岭石粘土矿。然而地质勘探表明,邢窑所处地区的地质条件较为复杂,瓷土矿层的层位不能确定,被切割成了不规则的块状,开采困难,加上古代不可避免的破坏性开采,导致原材料日益枯竭。质量好的瓷土越来越少,为满足人们的需要,只能采用所处地区一些低质量的瓷土。"如用含铁量较高的黏土岩来代替。在制坯后,施一层白色化妆土,再上釉,制出比较粗陋的瓷器,以供民需。"[21]宋金时期,定窑的烧制规模不断扩大,远远超过了其他瓷窑,耗用的原料也越来越多,到元朝时,面临着烧造瓷器的原料开始枯竭的状况,定窑也失去了资源优势。

3.3.4　经济重心南移古代瓷业南迁

魏晋南北朝时期,伴随着江南经济的开发和利用,使得南北方经济差距逐渐缩小,这为经济重心的南移奠定了基础。安史之乱至五代十国时期,北方战事频繁,割据政权之间混战,社会动荡,北方经济受到严重破坏;而南方,战乱较少,社会较为安定。我国的经济重心开始南移,南方逐渐成为全国经济发达的地区。北宋灭亡之后,南宋政权偏安一隅,南方经济得到进一步发展。南宋时经济重心最终完成了南移,"至南宋前期,中国传统经济重心区最终转移至了南方长江中下游流域的东南部地区"[22]。伴随着经济重心的转移,北方的大多数人迁移到了南方,为南方经济的发展提供了大量的劳动力,使得南方在农业、手工业、商业上都得到了巨大发展。还有一些有技术的窑工迁到了南方,推动了南方制瓷业的发展,南宋时,江南地区成为制瓷业的重心,景德镇就是其中的代表。景德镇自唐以来烧制青瓷,宋代时创烧影青瓷。景德镇在经历了唐代窑业生产的"厚积"与五代窑业的"薄发"后,才有了宋朝时期青白瓷的高峰。这对北方的定窑、磁州窑的发展产生了巨大的冲击。

　　纵观古代冀域陶瓷业的衰亡过程,社会环境混乱属于外因,具有重要作用,但缺乏创新和特色则是内因,说明该时期冀域陶瓷业发展缺乏继续发展的内在动力。

第四章　冀域陶瓷发展的影响因素

　　战国时期,中国先人在《考工记》中就对包括陶瓷烧制在内的多种手工艺进行了专门的总结,提出了"天有时、地有气、材有美、工有巧,合此四者,然后可以为材美工巧"[23]的思想,该思想说的就是地理环境等自然条件对陶瓷烧制的影响。我国是一个地大物博、幅员辽阔的国家,地理环境复杂多样,不同的气候带和地理环境形成了不同的区域,由此也决定了生活在各区域内的人们生产方式和生活方式不尽相同。与之相对应的,全国的陶瓷生产地也会因不同的地理环境、生活方式等,造成所生产的陶瓷在生产工艺、器物造型、装饰风格上各有特色。

4.1　地理环境促进冀域陶瓷兴业

4.1.1　冀域优越的气候条件

　　冀域,位于东经 113°04′至 119°53′,北纬 36°01′至 42°37′之间,位于华北地区,靠近渤海,地势西北高,东南低。地形复杂,有高原、山地、平原,冀域以平原为主。冀域属温带大陆性季风气候,四季变化明显,降水多集中在 6—8 月份,年平均降水量 531.7mm,降水充沛。有利于瓷土原料的淘洗。年日照时数 2303.1 小时,光照充足,热量

丰富,无霜期长,年无霜期约为 81—204 天,这有利于瓷土原料的
干燥。

4.1.2　冀域丰富的矿产资源

古陶瓷地质学研究专家程在廉认为:"隋代贾壁窑、唐代邢窑、宋
代定窑和磁州窑能在长时间内取得如此辉煌发展,从自然条件来说,
主要原因是它们都位于太行山东麓各煤田的边缘部,有可供烧造瓷
器的高岭石粘土矿存在。"[24]丰富的矿产资源使冀域各窑烧制陶瓷
成为了可能,并推动冀域陶瓷业进一步发展和壮大。

邢窑的窑址主要位于今天邢台市的内丘县和临城县两县境内的
太行山东部的丘陵和平原地区,在这一地区地下埋藏了大量制瓷所
需的瓷土和矿石,这些充足的原材料为邢窑白瓷的烧制奠定了物质
基础。定窑窑址在今天河北省曲阳县的涧磁村北一带,该地周围四
面环山,盛产制瓷所需的釉料石,并且有丰富的长石、石英、黏土等制
瓷原料。光绪三十年刻本卷六《山川古绩考》记载:"陵山……在定
州西六十里当即此山,山在三会河之西,灵山镇在其南,山多煤井,
为一邑养命之源。"[25]定窑瓷器的胎体洁白细腻,"由于原料中有丰
富的瘠性成分,可塑性强,器物胎体很薄而不变形,这是北方其它白
瓷窑系所达不到的。还由于原料中含有较高量的氧化铝和氧化钦,
使定窑瓷器的釉色有象牙白的质感"[26]。

磁州窑在宋元时期为北方最大的民间窑场,据统计,到目前为
止,磁州窑古窑址达 17 处之多,只对其中的观台窑和彭城窑进行了
挖掘。观台窑和彭城窑窑址附近有丰富的制瓷所需的各种原料、燃
料等资源。另外,北宋后期,大多数窑口采用煤代替木材作为烧制瓷
器的燃料,用煤作为制瓷燃料,可以提高窑炉内的温度,使窑炉的容
积变大,这就大大提高了窑口的产量。磁州窑所处地区煤的存储量
十分丰富,煤作为烧制瓷器的燃料,为磁州窑的发展提供了有利条

件,扩大了磁州窑的制瓷规模。

4.1.3　冀域充足的水资源

制瓷三大基础条件之一是水,水质良好、水源充足、取用方便是古代制瓷所需的。邢窑地处内丘地区,该地区水资源丰富,有属海河流域的子牙河水系和黑龙港水系,大沙河就发源于此。同时水陆交通便利,"水路则可抵达天津地区,往北由京杭运河运往北京等地,往南由京杭运河进入长江,瓷器可直接运底镇江、扬州,经南方水系运往广州、明州等海港城市"[27]。四通八达的水陆交通使得邢窑瓷器畅销国内,形成了"天下无贵贱通用"的局面。

清澈见底的通天河便使得兴旺发达的定窑制瓷业拥有一大优势。通天河是由北往南,从涞源发源经由军城、树沟而流入现在的西大洋水库的一条名水。这条河属于天然河流,河道宽约500—1000米,早些年,清水长流,四季不竭。每当夏秋多雨的时候,下游居民和两岸村庄常为之侵扰。在古代,常因水患造成两岸灾荒,民不聊生。尽管如此,居住在这里的人们在遭受水患的同时也开始认识自然并利用自然,定窑就是利用通天河之水而建起烧瓷窑炉的。同时,涧磁村和燕川村有三会河流过,在涧磁村东南也有洹水流过,水源十分充足。磁州窑中的观台窑窑址位于漳河流域,彭城窑窑址位于滏阳河上游水资源十分丰富,这既为陶瓷烧制提供了便利还为其提供了方便快捷、廉价的水上运输条件。

4.2　政治因素影响冀陶行业兴衰

4.2.1　政治环境影响冀陶发展

冀域陶瓷业的兴盛离不开政治清明、社会稳定的政治环境。邢窑的繁荣期是在唐朝。公元618年李渊建立唐朝,唐初的统治者吸取隋朝灭亡的教训,励精图治,大力推行有利于社会经济发展的措施,同时缓和阶级矛盾和民族矛盾,使得唐朝在唐太宗时出现了"贞观之治"的盛世局面,这就为邢窑陶瓷的烧制创造了良好的外部条件。

定窑的迅速发展也与它当时所处的政治环境有着很大的关系。公元960年,赵匡胤建立北宋,结束了五代十国时期国家长期分裂割据的局面,社会和平稳定,统治者大力推行息民政策,并采取一系列措施推动了农业和手工业的发展,这就为定窑瓷业的发展提供了良好的社会环境和生产条件。

然而,北方的和平是短暂的,其大部分时间处于长期的战乱和动荡的政治环境中,一大批有技术的窑工迁移到了南方,冀域陶瓷业走向了衰落。唐朝是邢窑发展的鼎盛时期,然而到唐朝末年出现了藩镇割据的局面,五代时唐朝结束了在全国的统治,全国统一的局面崩溃,战乱严重影响了邢窑陶瓷业的发展。长期战乱的社会环境也影响了定窑的烧制,造成了高级人才的流失和逃亡,破坏了大量窑炉,定窑制造业不断萧条。清末、民国时期是我国社会大变革大动荡时期,战乱不断,民不聊生,中原地区正处于战乱中心地带,这也严重影响了磁州窑的正常生产。

4.2.2　统治政策影响冀陶行业

(1) 发展海外贸易,鼓励陶瓷外销。冀域陶瓷行业的发展离不开统治者推行的政策。唐朝时期,统治者实行开明的对外政策,鼓励陶瓷的外销。在斯里兰卡地区古代遗址中出土了大量的唐代邢窑瓷器。因为斯里兰卡是唐朝商队通往波斯湾、红海抵达非洲地区的必经之路,是运输陶瓷的中转站,所以留下许多陶瓷。另外,在埃及、日本等地也出土了数量较多的邢窑白瓷,"在埃及著名的福斯塔特、印度勃拉名纳巴特等古代遗址中,都有邢窑白瓷的发现。日本的平城京和平安京及其周围地区出土的唐代白瓷中也有邢窑的制品"[28]。

宋元时期,封建商品经济得到了充足的发展,政府大力提倡发展海外贸易,陶瓷器物通过海外贸易被输出到海外。陶瓷和丝绸、铜钱等成为了同海外进行贸易交流的主要商品。

(2)发展商品经济,提高瓷业地位。北宋政府减少了对商业活动的控制和管辖,主要靠行会组织来征收赋税和兵役,这也推动了手工业的发展。"北宋统治者颁布了允许佃户自由和劳动力出卖自由的诏令"[29],该诏令的颁布提高了劳动者的生产积极性,使得一部分手工业者可以有时间改进生产技术,从事手工业生产。宋朝时的纺织业、陶瓷制造业等手工业有了显著的发展,在手工业中陶瓷制造业与百姓的日常生活密切相关,于是北宋的许多手工业者都从事陶瓷的烧制。宋代的陶瓷制造业是居于手工业其他门类之上的,陶瓷业在宋代发展到了鼎盛时期。

(3)实行铜禁政策,推动瓷业发展。北宋初期,随着商品生产和商品经济的发展,加快了货币流通的速度,对货币的需求量不断增加。大量的铸币需求使得统治者推行了铜禁政策,这在客观上推动了磁州窑制瓷业的发展。"《资治通鉴》卷 292《后周纪三》载:世宗显德二年,帝以县官司久不铸钱,而民间多销钱为器皿及佛像,钱益少。九月,丙寅朔,敕始立临采铜铸钱,自非县官法物、军器及寺观钟磬钹铎之类,听留外,自余民间铜器、佛像,五十日内悉令输官,给其直,过期隐匿不输,五斤以上其罪死,不及者论刑有差。"[30]铜禁政策的推行,严格限制了铜器的使用,这使得普通百姓只能用陶瓷来代替铜器皿,导致民间对陶瓷的需求不断上升。铜禁政策打开了磁州窑的市场,磁州窑也因此发展起来。金朝继承和沿袭了北宋的政治制度和经济政策,也开始在民间推行铜禁政策。这使得磁州窑在宋金之战后恢复得较为迅速,在金代中后期走向了繁荣。

4.3 思想因素制约冀域陶瓷成就

4.3.1 重农抑商思想制约冀陶发展

恩格斯曾说过:"农业是全部古代世界的一个决定性的生产部门。"[31]农业是人类生存和一切生产的先决条件,从古希腊到古罗马、古印度和中国古代重视农业是古代世界各国的较为普遍的思想。我国是一个悠久的农业文明古国,重农思想在中国古代历史中占据着支配地位,在推行重农思想的同时抑制手工业在内的工商业的发展。"重农抑商"的思想贯穿于中国整个封建社会,历代君王将其作为治国理政的指导思想。

我国自古就是一个农业大国,历朝历代的统治者均重视农业的发展,重农思想由来已久。在春秋战国时期,儒家的代表人物荀子,就有过"众农夫"(增加从事农业的人数)、"省工贾"(减少工商人数)、"工商众则国贫"的描述。战国时期,魏国李悝变法是提出了"尽地利之效",认为农业是人们的衣食之源和国家财政收入的源泉,"雕文刻镂,害农事者也。锦绣纂组,伤女工者也。农事害则饥之本也;女工伤则寒之源也。……故上不禁技巧则国贫民侈"[32]。法家的代表人物商鞅在变法期间也推行重农抑商的政策,"重农抑商,奖励耕织"就是其变法的一项主要内容。他在《商君书·垦田》中提出了二十多条重农措施。他认为只有把农业发展好,才能实现富国强兵,在战争中获胜,"治国者欲民之农也。国不农,则与诸侯争权,不能自持也,则众力不足也……圣人知治国之要,故令民归心于农"[33]。而此后的韩非更是发展了重农抑商的思想,他在《五蠹》篇中,把工商之民称为有害于社会的"五蠹"之一,提出"使商工游食之民少而名卑"。这些重农思想为后世的统治阶级所继承并得到了发扬。

由此,我们可以看出我国是一个有着悠久历史的农业古国,农业在整个封建社会经济中占据着十分重要的地位。大力发展农业能够实现富国强兵和增加社会财富,同时也可以将人们束缚在土地上,方便统治者控制和管理。因此重农抑商的思想便成为封建社会历朝历代统治者的最佳选择。但是重农抑商的思想违背了经济发展的客观规律,阻碍了社会的发展与进步,过度地强调农业生产,农民被牢牢地束缚到土地上,没有足够的人力来进行陶瓷的烧制,也没有精力去改进陶瓷的烧制技术,严重阻碍了冀域陶瓷业的发展。虽然冀域陶瓷在其发展、鼎盛时期,统治者给予了政策上的支持,但这只是暂时的从客观上影响了冀域陶瓷的发展,统治者仍是奉行重农抑商的政策。

4.3.2　皇权至上传统制约冀陶发展

我国古代的忠君思想也制约着冀域陶瓷业的发展。秦始皇于公元前221年统一了全国,建立起专制主义中央集权的国家,封建君主专制统治在中国长达二千多年的封建社会中得到了确立。推行忠君思想是实行专制主义不可或缺的重要环节,这一思想虽然在一些特殊条件下产生过积极影响,如在反对外敌入侵时,在巩固多民族国家统一方面起到过积极作用,但是究其实质而言,忠君思想是封建君主镇压和统治劳动人民的一个理论工具,它是为专制统治服务的。在中国专制主义中央集权的国家中,皇帝所代表的皇权是唯一的、绝对的、至高无上的,与它相适应的,在封建社会的伦理道德中,便奉行一种唯君是从的忠君思想。该思想对中国两千多年的封建社会有着深远的影响,忠君思想,要求臣子百姓做到唯君是从,奉行"君要臣死,臣不得不死"的信条。有反抗君主意愿的大臣和百姓,均被视为不忠,必然会得到严厉的惩罚,这种"忠君"的愚民思想使臣民成为封建君主统治的奴仆和工具。

忠君思想在中国古代封建社会影响到了社会的方方面面,冀域陶瓷的发展也受到了忠君思想的制约,以定窑为例。北宋时,由于覆烧工艺的创烧成功、印花工艺的成熟,定窑凭借这些优秀品质,定窑瓷器被北宋皇室选为宫廷用瓷器。然而因"定器有芒",使得定窑没能摆脱宫廷"弃定兴汝"的命运。汝,是指汝窑,设在河南临汝县,同定窑一样,也是宋代五大名窑之一。主要烧制青瓷,汝窑瓷器吸收了越窑釉色和定窑的装饰技艺,形成了独特的风格。古代许多文献资料对"弃定兴汝"有一定的记载:"叶真在《坦斋笔衡》中记述:'本朝以定州白瓷有芒不堪用,遂命汝州烧青窑器。'陆游《老学庵笔记》:'故都时,定器不入禁中,惟用汝器,以定器有芒'。"[34]这里的"定器有芒"指的是定州白瓷白色耀眼,如同光一样的锋芒,让人感觉扎眼,很不舒服。正是由于"定器有芒"这一原因,使得定瓷不再符合统治者的审美需要,下令禁止定窑再为朝廷烧制瓷器,定窑的烧制工匠们只得听从,不能反抗,定窑陶瓷的社会地位也一落千丈,由烧制宫廷用瓷改为烧制民间用瓷。

第五章 冀域陶瓷文化的丰富内涵

冀域陶瓷蕴含着丰富的文化内容,其崇尚人与自然、人与人和谐相处的和谐进步理念,彰显吉祥、美满、富贵、和平的人文精神,以及经济实用的科技创新等,都是尚待挖掘的文化资源。

5.1 崇尚和谐的进步理念

5.1.1 冀域的王畿地位和浓郁的和谐理念

服从中央的维稳意识。冀域悠久的王畿地位造就了冀域人服从"中央"意志,维稳求同的和谐理念,必然在陶瓷产品中表现出来。冀域历史悠久,地位特殊。今天的冀域地区在我国上古时期为古冀州管辖区域。在中华文明创建的上古时期,黄帝依靠山川大势,将生息之地分为九州,古冀州位列九州之首。中华祖先是以冀域为中心而不断向外辐射的。商朝时期,在今天的河北省邢台市的西南部建立都城。到春秋战国时期,在冀域建都的有赵国、燕国、中山国、韩国、魏国、晋国等。公元前 221 年,秦始皇嬴政统一了中国,定都咸阳,在全国推行郡县制,在冀域境内设立了上谷、渔阳、广阳、邯郸、巨鹿等郡。宋朝后,冀大部为京都的"腹里"地区。元明清时期统治者都定都北京,北京成为了统治中心。元朝时,在全国推行行省制度,河北成为元朝统治中心所在的腹里地区,由中书省直接管辖。明清时期,冀直接隶属于中央,成为名符其实的京都"畿辅"地区。冀域成为全国直属中央时间最久的京腹地,服从"中央"意志,追求和谐给定的理念在冀域人身上,从而在其作品上打上了深深的烙印。

（2）顾全大局的和谐理念。冀域陶瓷和冀域官民一样,多围绕官府经营、服务和管理,维护社会和谐成为冀域陶瓷文化的重要内容。《考工记》中讲述的关于造物的基本原则是:"天有时,地有气,材有美,工有巧,合此四者,然后可以为良物。"这反映了在陶瓷的生产过程中,天、地、物是基础,人发挥自己的主观能动性与天、地、材结合起来,才能烧造就出优质的器物。这一和谐的思想,既是陶瓷的造器理念,又体现了能工巧匠们通过器物表现社会和谐的观念。在这一思想的影响下,烧制出了精美绝伦的陶瓷,推动了陶瓷业的发展。和谐观念还对中国的艺术产生了深远的影响。"在众多的中国传统艺术学范畴中,'和'无疑是最重要的范畴之一,它不但在中国传统艺术的发展过程中起到了不容忽视的特殊作用,甚至还构成了一种中国传统艺术精神与思维方式。"[35]冀域陶瓷在每个历史时期的作品,都打上鲜明的时代文化烙印,具有时代特征,但不管哪个时代,都始终贯穿着"和谐"的观念。

冀域的王畿地位,冀域维护社会和谐的地理位置,决定了冀域文化通过各种手段表现和谐精神,宣扬和谐理念。陶瓷既是普遍的生活用品,又是人们最经常接触,最容易渗透时代精神,且保存时间较长久的日用品,它自然成为宣扬和传播文化的最好载体。

5.1.2　冀域陶瓷崇尚人与自然和谐相处

"和谐"理念包括两方面的含义,一方面是指人与自然的和谐,另一方面指的是人与人之间的和谐。儒家、道家所提倡的"天人合一"的思想指的就是人与自然的和谐,要和谐相处。"《管子·五行篇》所谓'人与天调,然后天地之美生'及《易文言传》所谓'大人者与天地合其德,与日月合其明,与四时合其序'等。"[36]可见人与自然和谐发展的思想贯穿于中国古代的各个历史时期。老子提出"人法地,地法天,天法道,道法自然",强调的就是人要以尊重自然规律为前提,将崇尚自然、效法天地作为人们行为的最高准则。庄子提出了"天地与我并生,而万物与我为一"的观点,其寓意是强调人必须要遵循自然规律,顺应自然,与自然和谐相处,最终可以达到"天人合一"的境界。

"和谐"观念是也中国古代陶瓷烧制的灵魂,是中国古代陶瓷艺术设计的哲学思想核心,中国传统文化非常注重和追求人与自然的"天人合一",在冀域陶瓷烧制技出现和发展的过程中"天人合一"的文化理念处处可见。

首先,陶瓷是巧妙利用"天地和谐"而实现"天人合一"的产物。古代的能工巧匠在烧制各种陶瓷器皿时,都注意顺应陶瓷原材料自身的特性,并遵循一定的自然规律,将制瓷原材料自身的特性与人的奇思妙想巧妙地结合在一起,最终实现"天人合一",达到人与物浑然一体的境界。

图5.1　唐代邢窑白釉执壶图

其次,陶瓷作品的造型充分表达和谐理念。如深受冀域人们喜爱的执壶(如图5.1、图5.2、图5.3)就生动地体现了圆润、对称、平衡、内敛(壶嘴小巧不事张扬)的"和谐"观念。执壶造型可分为上中下三部分,壶口外翻,颈部较短,肩部稍耸,形成自然弧线,到腹部渐敛;上中下三部分融合在一起,在形态上形成了对比,产生了互相衬托的感觉,使这个瓷壶达到整体和谐的效果。烧制陶瓷过程中的这种"天人合一"的文化理念体

5.2　五代定窑白釉执壶图

5.3　唐代磁州窑黄釉执壶

现了人们遵循自然规律,表达了人与自然的和谐相处的美好愿望。

　　再次,通过大量与人类息息相关的动物造型陶瓷作品展现人与自然的和谐共生关系。马克思认为:人是自然的一部分,"人直接地是自然存在物,一方面具有自然力、生命力,是能动的自然存在物,这些力量作为天赋和才能,作为欲望存在于人身上;另一方面,人作为自然的、肉体的、感性的、对象性的存在物,和动物一样,是受动的,受制约的和受限制的存在物"[37],要求人与自然要和谐相处。冀域的制瓷工匠们将陶瓷烧制为动物的形状,邢窑烧制出了惟妙惟肖的生肖瓷塑(如图5.4),定窑烧制了栩栩如生的鹦鹉型壶(图如图5.5)、磁州窑烧制了较为实用的鸡首壶(图如图5.6)。通

图5.4　唐邢窑生肖瓷塑

195

图5.5 宋定窑鹦鹉型壶图　　5.6 北齐磁州窑鸡首壶

过陶瓷作品美化动物、植物,通过陶瓷用具潜移默化地教化人们,热爱自然,关爱自然,和自然万物和谐相处。

冀域陶瓷的造型、装饰图案中所刻画的大多是生活在自然界中的花草树木、鸟兽虫鱼等等。人们赋予这些植物、动物以和谐的寓意,表达了人们希望和自然界进行沟通的强烈愿望,生动形象地反映人与自然的和谐统一。雕刻在陶瓷器物上的这些植物纹和动物纹,都是自然界中的最为常见的物质,在这一陶瓷文化中,人们总是在执著地追求人与自然和谐统一。人们就把自己的愿望和理想寄托在这些纹饰图案上,期待自己这些美好的愿望和理想能够得到实现,这深刻体现了人与自然关系的你中有我,我中有你的和谐统一。

5.1.3 冀域陶瓷崇尚人与人和谐相处

"和谐"理念的另一方面指的是人际关系的和谐,也就是人与人之间和谐相处,最为关键的是要"以和为贵"。"和"的前提是要有爱心、仁心。孔子提倡"仁者爱人",是希望人与人之间互敬互爱,还主张"君子和而不同,小人同而不和""己所不欲,勿施于人";孟子进一步提出"天时不如地利,地利不如人和",都在强调人与人之间要和谐相处;老子提出"见素抱朴,少私寡欲"等等这些思想都体现出了人与人要和睦相处、要融洽和谐的美好愿望。通过冀域陶瓷上雕刻的一幅幅生动形象的纹饰图案,调节着人与人之间的关系,使其走向和谐。

(1)祥瑞之鹤,表现道德和谐。鹤在中国传统文化中是一种寓意长寿、祥瑞的动物,民间视鹤为长寿之禽,因此有"鹤寿"之说。在《淮南子·说林训》中写道:"鹤寿千岁,以极其游。"借鹤来表达长寿之意。唐朝诗人王建的《闲说》一诗有云:"桃花百叶不成春,鹤寿千年也未神。"民间还有"龟鹤齐龄"的说法,龟与鹤均为长寿永年之物,将二者组合在一起,其寓意为吉祥长寿。在唐代,鹤纹出现在瓷器上,但是数量较少。到了宋金时期,鹤纹用于瓷器装饰上逐渐增多(如图5.7、图5.8),"磁州窑刻划鹤莲纹,仙鹤身似驼鸟,左翅稍微伸出,右翅合于腹侧,长颈回首,似作跃跃奔跑状,身侧配以荷花,附配水波纹边饰,鹤的形象十分高大突出"[38],体现了人们希望老人能够健康长寿,表现了敬老尊老的道德和谐。

图5.7　定窑印花鹤纹纹样　　　图5.8　金白釉黑彩芦苇仙鹤纹枕

　　（2）鸳鸯并行，体现家庭和谐。鸳鸯，为我国珍贵的禽类。古代称鸳鸯为"匹鸟"，据记载，雌雄鸳鸯"形影不离，终日并游，交颈而眠"。人们将鸳鸯比作夫妻之间相亲相爱、白头偕老，把它看作是夫妻恩爱、婚姻幸福的象征。隋唐时期就有工匠以鸳鸯纹作为装饰雕刻在陶瓷上，宋朝时，鸳鸯纹已变得相当普遍，冀域定窑、磁州窑瓷器上雕刻的鸳鸯纹十分丰富（如图5.9、图5.10、图5.11），刻有鸳鸯戏莲纹、鸳鸯戏鸭纹，深受大家喜欢。鸳鸯多是成对出现，并行的鸳鸯体现了人们追求夫妻关系的和谐、家庭的美满幸福的美好愿望。

图5.9　北宋定窑鸳鸯纹盘

图5.10　宋定窑鸳鸯印花纹样图

5.11　宋磁州窑鸳鸯纹瓶

　　（3）婴儿游戏，彰显人际和谐。婴戏纹，即用儿童作为画面的主角，描绘了儿童游玩的种种场景。婴戏纹多从农家生活中直接提炼而来，质朴感人，生动形象。隋唐时期，婴戏纹开始用于陶瓷的装饰，但是数量较少，到宋朝时，婴戏纹已普遍用于陶瓷装饰，这一时期，婴戏纹逐步走向成熟。其中冀域磁州窑瓷枕上雕刻的婴戏纹最为生动传神,题材多样,表现此类题材的作品有二十种之多,例如童子垂钓、骑竹马、蹴鞠、放风筝、扑蝴蝶、双婴戏鸟等(如图 5.13、图 5.14、图 5.15)。此外,北宋时期,冀域定窑瓷器上也雕刻着婴儿纹,最为常见的是婴儿戏莲纹(如图 5.12),刻画的婴孩身体形态传神逼真,飘逸洒脱,招人喜爱。还有一些用婴儿这一人物形象作为陶瓷器物的造型,如宋定窑烧制的孩儿枕(图 5.40)、磁州窑的三彩孩儿枕(图 5.25)等等。陶瓷上雕刻的婴戏纹在我国一直都深受百姓喜爱,尤其是在我国的北方社会,它生动地刻画了孩童的各种生活场景,体现了人际关系的和谐,同时也表达了人们祈愿多子多福的美好愿望。

图 5.12　宋定窑婴儿戏莲纹鸳鸯纹印花纹样

图 5.13　宋磁州窑白地黑花婴儿纹罐

图 5.14　宋磁州窑婴戏荷鸭纹枕图

5.15　宋磁州窑童子钓鱼图枕

冀域陶瓷通过种种其乐融融的和谐图案,使中国社会的人际关系走向亲密与和谐,使得人们得到心理上的满足,达到内心的和谐,让人们在处于任何艰难困苦的生存环境中都能乐观面对,积极生活。这些纹饰图案和造型以其丰富的表现形式,彰显了人与自然的和谐关系,同时也使人的内心世界不断走向和谐,促进了和谐人际关系的建立,深刻地体现了冀域陶瓷崇尚人与人之间和谐相处。

5.2　彰显文化的人文精神

5.2.1　冀域陶瓷造型风格注重自然美观

在中国古代几千年的历史长河中,陶瓷造型的发展经历了从无到有,从简单到复杂的发展过程。陶瓷造型的发展和变化,是许多种因素共同作用的结果。多种多样的陶瓷造型体现了当时社会的烧制工艺、社会风俗、审美理念和文化内涵。陶瓷的造型就是塑造陶瓷的外观形状,它包括陶瓷的口部、颈部和底部的形状。一件好的陶瓷器物造型应该是实用功能与鉴赏功能的统一,陶瓷的造型不仅反映了陶瓷的实用性,还能反映出它所具有的审美性。

(1)爱美审美,陶瓷记载。冀域的先民进入了制作陶器时期,其具体形式、工艺程序是实践中形成发展的。先民根据生产生活的需要,创造了形式各异的陶瓷使用器具,即盛装器、饮水器、储藏器以及一些生活劳动用具。

冀域人们在漫长的人类生活和劳动中,在历练这创造能力及繁衍生息的同时,陶瓷技艺及陶人思维随之产生变化并进入自觉时期,由简单的满足需要,上升到美的追求。提高使用效益与满足审美心理的价值趋向,逐渐成为冀域先民制造陶制器物的着眼点,成为先民改善生活质量和满足爱美之心的定向选择。并从感性的文化觉悟向理性的自觉行为发展,从没有固定形式到潜心推出文化品位。

在烧制陶瓷初期,社会发展还处于人们绞尽脑汁来解决温饱问题的时期,陶瓷的功能仅局限于祭祀活动和充当日常生活的容器。伴随着社会物质财富的不断增加,人们的温饱问题不断解决,进而受教育程度日益提高,精神追求和审美观念随之提高,生产的陶瓷越来越多,陶瓷的使用价值变得并不是特别重要了,陶瓷要想从同等质量的陶瓷中脱颖而出,就必须创新陶瓷技艺,改造陶瓷的造型,在商品上附加艺术内容,提高审美价值。岁月更迭,人事流转,器形更新,纹饰多彩,符合社会审美情趣和艺术视觉的器物不时崭露,不同区域、习俗、爱好以及表达某种情趣,适用于某种场合的器物更是不断推出。

（2）造型创新,韵味独特。马克思曾经提到过:"人却懂得按照任何物体的尺度来进行生产,并随时随地都能用内在固有的尺度来衡量对象;所以,人也按照美的规律来塑造。"[39]伴随着冀域人们审美观念的不断提升,通过不断变化陶瓷的器物的造型,来获得视觉上的美感,满足自己的爱美之心。如人们追求陶瓷造型的和谐美、对称美、平衡美,这些都成为陶瓷造型的审美标准。冀域的制瓷工匠们在烧制陶瓷时不单只看重它的实用功能,还要从审美的角度来塑造陶瓷的形状,做到实用与审美相统一,创造出独具特色的陶瓷造型审美文化。

冀域陶瓷在造型上体现了一种简洁清秀的风格特征。通过对出土的古代冀域陶瓷的分析,我们不难发现其造型大都简洁规整,朴素无华,没有过多的装饰,给人们带来的视觉是平实、自然和含蓄的,这在冀域陶瓷上表现得十分突出。如冀域烧制的玉壶春瓶(如图 5.16、图 5.17、图 5.18),瓶口向外,颈部细长且腹部丰满。造型端正,从开张的口部线条开始,通过颈部然后以柔和线形而下至瓶腹而收,所以能给人带来饱满灵巧、舒放开阔的感觉,清秀别致,造型整体给人以

图 5.16 宋定窑玉壶春 瓶图

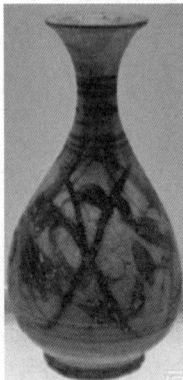

5.17 元磁州窑玉 壶春瓶图

5.18 明磁州窑窑玉 壶春瓶

安静平和的印象和简洁的美感。冀域的双系瓶和穿带瓶(如图 5.19、图 5.20、图 5.21、图 5.22),也表现了自然含蓄之美,瓶身两侧的带孔,由双泥条并拢横贴在瓶身,目的在于汲水,方便携带。这种器型充分强调了以实用这个目的所展现的一种造型艺术,瓶颈较粗,瓶口平展,整个造型具有自然纯朴的气息,颇具厚重感。

图 5.19 北朝邢窑双 系瓶图

5.20 唐邢窑双耳罐 图

5.21 五代定窑穿带瓶图

5.22 魏磁州窑双系瓶

冀域各大名窑所烧瓷器"无论是造型还是纹样布局，或是底足处理，高矮、肥瘦、长短、粗细、宽窄、曲直、刚柔、虚实，其设计都符合比例、对称、均衡、对立、统一等形式美法则，且变化丰富"[40]。

而与定窑同为宋代五大名窑之一的钧窑却表现出与定窑截然相反的造型风格，钧窑瓷器多为粗犷、雄烈的造型风格。钧窑起源于河南省禹州市，禹州因建有夏朝开国大典的钧台而得名，北宋时期，朝廷在禹州城内的钧台附近建立官窑，负责烧制朝廷御用瓷器，钧窑开始创烧。钧窑烧制的大多数瓷器中有力度，宋代钧窑玫瑰紫炉就是其中的代表（见图5.23）。"整个形体以腹部的扩张力为主，腹部造型形体饱满有力，形成较大的体量。从肩部逐渐收缩加强收缩力，到直径最小的颈部达到最强，到口部又加强扩张。这些力度是不同的，由于主要部分占明显优势，加上口部次要的扩张，以及颈部的收缩力。从而使人感到厚重有力。"[41]宋代钧瓷通过这种粗犷、雄烈的造型风格，展现了华夏儿女直爽豪迈的性格特征。

5.2.2　冀域陶瓷纹饰题材追求吉祥寓意

冀域烧制陶瓷的工匠大多是来自民间的普通百姓，由此决定

图5.23　宋代钧窑玫瑰紫炉

了其纹饰题材多来自于日常生活中所蕴涵着吉祥寓意的事物,取材于百姓所喜闻乐见的情景,极具浓重的民间色彩。冀域陶瓷纹饰的题材多种多样,它是根据器型的需要,抓住不同题材的特征,进行变化和夸张,反映了人们的信仰与美好愿望,是符合人们使用要求和风俗习惯的。其寓意所表达的一个中心主题就是"吉祥",这一主题传承千年,亘古不变。无论是建筑、日用器物、剪纸、刺绣、年画等等,它们上面的装饰大都体现着吉祥的主题,表达了人们心中满怀希望、追求美好的心理。烧制陶瓷的工匠在这一主题的影响下,创造性地将各种植物纹、动物纹等纹饰用技艺将其转移到到瓷器上,增加瓷器审美价值,美化陶瓷的同时,还蕴含了时代的精神,寄托了他们个人的情感,以表达具有福善之事、嘉庆之征的审美意蕴。

冀域陶瓷吉祥纹饰的产生源于原始社会的冀域先民对于生活的不安定感。陶瓷器皿最早是作为祭祀用的礼器,那时候人类社会的生产力极其低下,人们经常遭遇到物质生活资料的匮乏和种种生存困难的威胁,面对各种生存的威胁,先民们对神秘莫测的自然界充满了未知,对生活在自然界中的各种飞禽走兽心存恐惧。当无法解决这些难题时,"人们则往往诉之于精神性的手段,以寻求替代性的实现和满足。这种合于目的的实用、功利,亦即善,在民间价值观念中也自然成为中心内容和价值尺度"[42]。因此,人们塑造出带有吉祥寓意的纹饰、图案,以期来保护自己。

　　冀域陶瓷的吉祥纹饰更多的用途,是通过其吉祥的寓意寄托人们心中美好的愿望,使得人们获得内心的满足。随着生产力的发展,生活在冀域的先民们逐渐有了审美意识,在长期的生产和生活实践中创造了带有象征吉祥意义图案和纹饰,他们将这些吉祥图案和纹饰雕刻在陶瓷器物上,一方面是为了欣赏,另一方面就是表达心中美好的愿望。他们深信由图案和纹饰装饰的陶瓷可以表达他们心中祈求祥瑞的美好意愿和在生活中遇到的问题、苦难都在吉样图案中有所反映,并得到想象的解决。冀域陶瓷上雕刻的婴戏纹、鱼纹和花纹,都蕴含着吉祥祈福的深刻寓意。陶瓷上雕刻的这些吉祥纹饰都是人们在日常生活中经常见到,并且与人们的生活息息相关的东西,人们希望通过这些纹饰来实现他们心中祈福吉祥的美好愿望,使他们内心得到满足。比如,冀域烧制的白釉龟(图5.24)和陶瓷上雕刻的祥鹤纹,表达人们对长寿的一种渴望心理,希望能通过雕刻这样的纹饰来满足自己长寿的的心愿;冀域陶瓷上形象生动的婴戏纹、烧制的婴儿枕(图5.25)和送子观音像(图5.26),表达了人们祈求多子多福的美好心愿,通过在陶瓷上雕刻婴戏纹满足了人们希望多子多福的心理。还

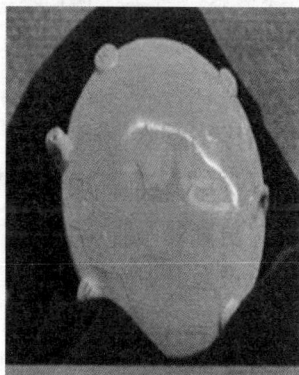

图 5.24　宋定窑白釉龟

图 5.25　金磁州窑三彩孩儿枕

图 5.26　明磁州窑送子观音像

有雕刻的象征着年年有余的鱼纹,一定程度上反映了人们希望生活富裕宽绰,有余有剩的心理。

5.2.3　冀域陶瓷装饰图案反映荣华富贵

在封建社会,普通百姓是最贫困的阶层,生活在社会底层,能解决温饱已实属不易,而大部分人处于饥寒交迫的境地,一遇旱涝之年,便民不聊生。他们具有渴望追求荣华富贵的迫切心情,冀域陶瓷装饰图案就将人们这种美好愿望生动地表现出来。

牡丹,又被称为“富贵花”,素有“国色天香”之美称,由于牡丹花型端庄艳丽、雍容华贵,所以自古就被人们解释为富贵的象征,有“富贵牡丹”之寓意。秦汉时期我国开始种植牡丹,唐朝时,牡丹花深受皇帝和百姓的喜爱,文人墨客对牡丹也情有独钟,其中不乏李白、白居易这样的大家,他们都曾作诗作词来赞誉牡丹。唐宋时期,洛阳花市盛行,有“洛阳牡丹甲天下”之说。宋朝时文人对牡丹的喜爱也不亚于唐朝时期的文人,欧阳修撰写了《洛阳牡丹记》,全文共分为三篇,第一篇列出了 24 种牡丹,第二篇讲述花名的由来,第三篇讲述了洛阳人赏花、养花、浇花的方法。

　　由此可见，牡丹花在唐宋时期受到各阶层的喜爱，牡丹的形象出现在各种文学艺术中，唐朝时开始将牡丹作为陶瓷器上的装饰纹饰，到宋朝时期，牡丹也深受社会各阶层的喜爱，冀域陶瓷受这一社会风气的影响，将牡丹雕刻在陶瓷上面。冀域陶瓷上多见缠枝牡丹纹，在一些器型较大的陶瓷上一般采用多层次的构图形式，纹饰层次清晰，画面满而不乱，花瓣上清晰可见的茎脉，把牡丹花的雍容华贵的气度表现得一览无余（见图 5.27、图 5.28、图 5.29）。

图 5.27　北宋磁州窑白地黑彩剔牡丹纹矮腹瓶图

　　牡丹还经常与其他花种组合成图案，更加突出其吉祥富贵之意。如牡丹与莲花相组合，其寓意是连生贵子、富贵长久。冀域宋代时定

图 5.28　金磁州窑白地黑花划牡丹纹大口瓶

图 5.29　元磁州窑白地黑花牡丹纹梅瓶

窑烧制的白釉印花缠枝牡丹莲花纹盘"盘内外都涂满白釉,盘内印牡丹花纹样装饰,结构严谨、密而不乱;整个盘子圆润、平滑、线条流畅、层次分明、造型简约优雅"[43]。(见图5.31)

图5.30　北宋磁州窑白釉划花牡丹纹折腹碗

图5.31　宋定窑白釉印缠枝牡丹莲花纹盘

鱼是中国传统的装饰纹样,与"余"谐音,有"年年有余"之意,反映了人们希望生活富裕宽绰,有余有剩的心理。鱼有许多种,与人们日常生活最为相关的有鲤鱼、鲶鱼等。我们常用"鲤鱼跳龙门"来表示职位的高升、加官进爵。鲶鱼,因"鲶"和"年"谐音,其寓意为年年有余、兴旺发达。在新石器时期,鱼纹就已经出现在陶瓷上,仰韶文化时期烧制的彩陶上鱼就作为装饰纹饰,如著名的鱼纹盆。到五代时期,冀域邢窑烧制出了白釉鱼纹花卉海棠杯(如图5.35),鱼纹开始应用于冀域陶瓷装饰。到宋朝时期,冀域瓷

图5.32　元白釉黑彩鱼纹盆

器上的鱼纹已经变得十分普遍,冀域的雕刻着不用风格的鱼纹,其中要属磁州窑雕刻的鱼纹较为生动活泼(如图 5.32、图 5.33、图 5.34)。

图 5.33　明白地褐彩鱼草
　　　　　纹罐

图 5.34　明白地褐彩鱼草
　　　　　纹罐

图 5.35　邢窑白釉鱼纹花卉纹海棠杯

图 5.36　宋定窑双鱼纹

　　在中国文化中,龙具有极其重要的地位,中国人就是作为龙的传人,是中华民族的象征。龙的形象大量出现在我国许多艺术品上。

中国人生活所接触的一切方面都有龙的形象存在。在远古时代龙被作为部族的图腾,陶瓷器上的龙的形象出现较早,从未中断过。中国的龙在宋代才与封建帝王的权威有关,成为帝王的象征,为皇帝所专用,皇帝自命为"真龙天子",由此人们想象中的龙的形象被赋予了皇权的象征,冀域定窑承烧贡瓷,所以在冀域陶瓷的纹饰中出现了大量龙纹。冀域陶瓷上雕刻的龙纹姿态矫健,形象生动,动感十足,同时构图比较简洁,只有神采飞扬的龙纹,四周一般不辅助其他纹饰,龙的身躯布满整个画面,流畅的线条更突显出龙的威猛和动感(如图5.37、图5.38)。

图 5.37　宋定窑云龙印花纹盘　　图 5.38　金磁州窑白地黑花划龙纹盆

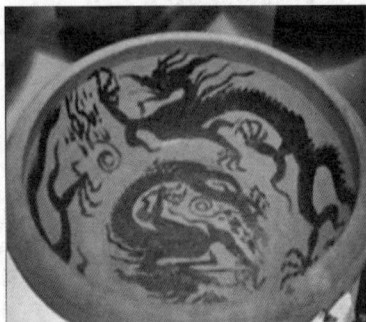

冀域陶瓷上雕刻的牡丹、鱼、龙的图案之所以受到人们的普遍欢迎,是因为能把冀域人们心中的美好意愿真切地表达出来。在现实生活中,由于生产力不发达,人们生活所需的物质生活资料难以得到满足,生活条件艰苦,于是渴望荣华富贵、渴望光宗耀祖、渴望功成名就就成了这部分人的追求。冀域陶瓷上的这些图案正是从各个方面满足了人们的心理需要,隐喻着中华民族世代相传独特的民俗心理,人们将这种心理在陶瓷上生动形象地体现出来。

5.3　经济实用的科技创新

5.3.1　冀域陶瓷日用器物的创新

（1）冀域陶瓷日用器物创新是冀域人民生活实践的反映。陶瓷的品种多种多样,其各自的造型也千差万别。陶瓷的造型是依据人们在日常活动中的需要出现的,其造型的发展依赖于社会生产力的进步和物质生活水平的提高。在以狩猎为生的原始社会,人们的生产力水平极其低下,物质生活水平较差,基本的温饱问题都无法解决,人类没有能力去烧制陶器,更谈不上对陶器的需求。在进入氏族公社时期,人类开始了定居生活,生产力水平有了提高,产品有了剩余,需要有容器来储藏剩余的食物,于是便发明了陶器。"早期的陶器造型大多是敞口的圆底钵,是因为那时人们的物质生活非常简单,饮具、餐具、盛器共体,无须多复杂。"[44]随着人类物质文明的进步,日用物品不断增加,造型各异的陶瓷也随之出现。陶瓷造型的发展反映了人们物质生活内容的不断丰富和生活方式的不断改变。新的物质生活方式的出现,会导致新的陶瓷造型的产生。如隋唐时期饮茶成为一种社会风尚,伴随着这种风尚出现的是各个窑口烧制各色各样的饮茶器具。旧的物质生活方式的消失,也会导致原来的陶瓷造型退出历史舞台。

冀域陶瓷种类丰富,器形多样,包含了生产和生活的多个方面。定窑生产初期是一个民间窑场,磁州窑是北方最大的民间窑场,所以冀域陶瓷的主要器型是与人们生活息息相关的生活用器。冀域陶瓷在继承前代造型的基础上,进行了一定的创新,来更好地满足人们的需要和体现出陶瓷的鉴赏价值。

（2）冀域陶瓷创新比较著名的代表是:邢窑的白瓷茶碗,宋代定窑的孩儿枕,磁州窑的梅瓶。

邢窑创烧了厚重朴实的白瓷茶碗。中国有着悠久的饮茶风俗，据史书记载："茶之为饮，发乎神农氏，闻于鲁周公。"茶不是简单的用来解渴的饮品，品茶可以给人们带来独特的情趣，因此饮茶被看作是一项高雅的艺术，成为人们日常生活中的一个重要组成部分。隋唐时期，茶在社会各阶层中广泛流传，饮茶成为一种社会风气，时尚所趋，全国各大窑址纷纷应市场所需，大力生产茶具，市场上出现了各式各样的茶具。这些茶具"记录了广义的文化，反映了一个时代、一个时候、一个地区、一个群体的人们的生活样式—制度、风俗、礼仪等等"[45]。随着饮茶之风的盛行，人们对茶具的要求越来越高，茶具不仅饮茶专用，还要有美丽的造型。隋唐时器，茶具已经成为具有一定欣赏价值的艺术品。这一时期，冀域邢窑发挥自身优势，创烧了独具特色的白瓷茶碗。初唐时期，邢窑烧制的茶碗并未真正地从食具中分离开来，除用于饭碗外，还用来饮茶，同时它还继承了南北朝清瘦的风格，因此所烧制的茶碗造型风格多为清瘦刚健。"初唐时期，继承和发展了南北朝以清瘦为美的审美趣味。正是在这种情况下形成了这个时期特有的清瘦刚健的审美趣味，它既留有南北朝的清瘦余风，又未形成盛唐时期的丰满特色，这种清瘦刚健的审美趣味可以从初唐陶瓷造型风格中见出。"[46] 到了唐朝中晚期，国家强盛，生产水平较初唐有了大的提高，人们的审美意识逐渐提升，文人士大夫对陶瓷茶具更加推崇，不同的社会阶层对茶具有了不同的需求，这进一步提升了茶碗的烧制工艺，由此唐中期烧制的茶具出现了新的造型风格，以初唐的清瘦刚健为美转向了饱满圆润为美。邢窑烧制的白瓷茶碗在造型风格上受到了这一发展变化的影响。邢窑茶碗的庄重大方，体现在其口部和腹部。"邢窑所产茶碗多是圆唇沿，圆唇沿有加固口部的作用，可以改善制坯和烧成过程出现的变形，更为重要的是在使用时更为方便，从审美上看，更显得洗练凝重。腹部，在器型的中部,对整个形体起着重要作用,邢窑茶碗的腹部大多偏上,高度约在器物的二分之一以上,这样的造型看上去像一个体魄健壮的将军。"[47]

图 5.39　邢窑白瓷茶碗

定窑首制生活与艺术完美结合的孩儿瓷枕。宋代定窑除了烧制大量的日用器皿外,还别出心裁,对器物造型加以创新,烧制了一部分人物瓷枕和几何瓷枕。枕是人们日常生活中必不可少的寝具,我国使用枕的历史非常悠久,《诗经·陈风泽陂》中便有"辗转伏枕"的记载。根据枕的材质划分,可以分为软枕和硬枕,软枕使用时间长之后,材质易腐化,不易保存,所以遗留下来的都是硬枕。根据《说文解字》分析:枕从木。可见最初的枕应该是木制的,后来随着时代的变迁和原材料的丰富,逐渐有了玉枕、瓷枕、布枕等。瓷枕是夏季纳凉的实用寝具,枕在上面,凉爽宜人,以达到驱火明目,延年益寿的目的。瓷枕作为陶瓷器具的一种,它的烧制也是与人们日常生活密切相关的。但瓷枕不单单是生活所用寝具,它具有实用价值的同时也具有一定的鉴赏价值,它将器物造型与装饰图案生动地结合在一起,将中国传统文化如书法、绘画、诗文等雕刻枕面上,具有较高的鉴赏和收藏价值。

宋代定窑烧制了一部分人物瓷枕和几何瓷枕,其中孩儿枕便是人物工艺品种的典型作品,也是北宋定窑瓷器的代表作。现在遗存下来的定窑孩儿枕只有这一件,所以非常珍贵。该瓷枕采用写实的手法,生动形象地刻画了一个伏卧在榻上天真可爱的婴儿形象(如图5.40),"造型取伏卧之状,侧面相向,双手向前合抱,左手扶于右手之

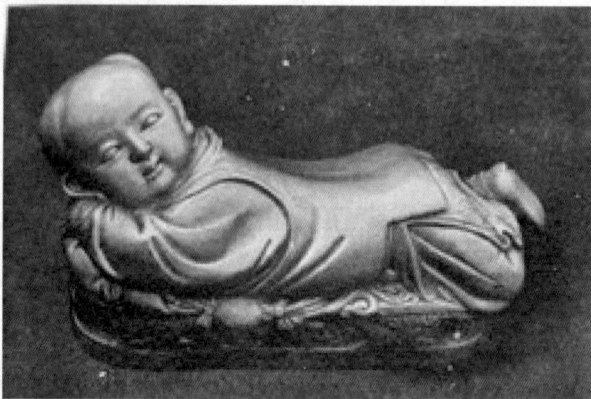

图 5.40　定窑孩儿枕

上,枕起头部,右手牵一布绣球系在床榻上。仔细端详婴儿头部,宽额,面部丰盈,浅眉,双目炯然,高鼻梁,小嘴,一脸稚气。双脚交叉扬起做调皮状,双肩环抱枕于头下,穿着绞罗长袍,衣服上可见团花,上着单色坎肩,下穿长裤,足着软靴,臀部上翘,与前肩凸起两相呼应。"[48]这样整个身体就形成一个凹平面,正好可以当作枕面。该瓷枕不仅是一件具有实用价值的寝具,还是一件具有鉴赏和收藏价值的陶瓷艺术品。

　　磁州窑盛酒梅瓶在中国陶瓷史上被称为经典之作。酒是远古先民们发明的一种特殊的饮品,中国有着悠久的酿酒历史,中国几千年的灿烂的文明史中孕育了极具特色的酒文化,从酒的酿造、品鉴、酒令到盛酒器具的烧制,形成了一套完整的酒文化体系。酒在酿造、储存、窖藏和饮用时对盛酒的器皿酒瓶、酒杯等都有特殊的要求。陶瓷制品质地坚硬,防止酒从容器中渗出,且不易被腐蚀,因此陶瓷酒具成为人们喜爱的盛酒器皿。中国灿烂的酒文化与陶瓷文化相得益彰,陶瓷酒具的烧制为酒的盛用提供了容器,内涵丰富的酒文化也对陶瓷酒具的造型、制造工艺产生了影响。

　　宋朝时，饮酒之风盛行，无论是帝王将相，还是庶民百姓，均爱饮酒，宋朝的一些文豪还写出了歌颂酒文化的诗词。宋代磁州酿酒业十分兴盛，同时磁州窑也是我国北方最大的民间窑场，酿酒业与陶瓷业共同发展，酒文化与磁州窑文化紧密联系在一起。磁州窑生产的盛酒的器皿多为梅瓶。梅瓶也被称为经瓶，可以用来盛酒。宋代赵德鳞所著的《侯鲭录》一书提到："陶人之为器，有酒经焉。晋安人盛酒以瓦壶，其制，小颈、环口、修腹，受一斗，可以盛酒。"[49]这一论述就体现了梅瓶的用途就是用作盛酒的器具。宋磁州窑梅瓶造型稳定、质地坚硬，能有效地防止酒的渗漏，充分满足了酒储存、窖藏与饮用的特殊要求（如图5.41）。唇口小有利于酒的封存，空间较大，有足够大的容量来方便酒的存储。"梅瓶胎体自腹部向下厚度逐渐增大形成厚重的足部，以降低器形的重心，增加了器物的稳定感。梅瓶亦由此形成盛酒量大，放置稳固且亭亭玉立的造型视觉。"[50]

图 5.41　宋磁州窑醉翁图经瓶

　　在烧制梅瓶的过程中，磁州窑逐渐形成了其独特的时代风格，打上了时代的烙印。宋朝实行以文治国的统治政策，文化艺术较为发达，上至帝王将相下至黎民百姓都热衷于各式各样、各具特色的文化艺术。磁州窑也受到了这种社会风气的影响，不断更新烧制技艺，烧造出了造型端庄，纹饰秀美的磁州窑梅瓶，成为中国陶瓷史上的经典之作。

5.3.2　冀域陶瓷装饰技法的创新

冀域陶瓷艺术表面的装饰丰富多彩,璀璨纷呈,美不胜收,其中所蕴藏的丰富内涵和装饰技法更是极具研究价值。冀域陶瓷装饰蕴含了生活历史文化、宗教信仰、风俗习惯、审美意识等多种信息。冀域陶瓷的装饰题材和装饰技法,能够更好地反映时代精神和审美情趣。"陶瓷上的纹饰,可以分为胎装饰和釉装饰,胎装饰是指运用工具在胎体上采用刻、划、贴、镂、雕、塑等工艺作纹饰,釉装饰是指用釉料,彩料在胎体上描绘图案、书画等。元朝以前的陶瓷主要是胎装饰,元朝以后则采用釉装饰。"[51]

新石器时期,冀域出土的的灰陶、褐陶等上面的刻、划是制作陶器时自然留下的印痕,并无装饰技法可言。邢窑主要烧制白瓷,"邢瓷尚素",光素是邢窑装饰的主旋律。因此,装饰较为简单,绝大部分器物没有任何附加装饰,装饰技法在邢窑瓷器上并未得到体现。

定窑作为后起之秀,定窑人发挥天时、地利、人和之长,首创了装饰技法—刻花艺术。这种刻花方法,不是在一般意义上对形象轮廓的简单描摹刻划,而是首先确定刀法和线条形式,形象表现形式,尤其对所表现形象给予抽象的再处理,使其具象的意味融入抽象手法处理当中去,通过刻划功能而再现其精神境界。作为中国陶瓷早期装饰的一种表现方式,令世界耳目一新。定窑刻花艺术的真正秘诀是"刀行形外、以线托形"[52]。按照形象要求,以刀代笔,根据刀线宽窄及使刀的提案顿挫,从而有效地对各类纹饰均给予有效地描写,并形成较强的立体效果。事实证明,这一刻划方法是非常成功的。

定窑刻花装饰讲究刀法,下刀每刻一条线都是很严肃的事情,所形成的每一根线条形式都是有个性和代表性的。用刻刀的边锋去刻形象,做到与容器外壁的融合,这样使得所刻线条呈现出一边深一边浅,经过施釉烧成,生动效果就出现了。定窑刻花常见多种刀法并用,因此,线条细腻柔美、变幻无常,丰富多彩。在刻花时,放刀要准,走刀要稳,手腕要灵活,力求做到胸有成竹,一气呵成,以达到走刀如飞、沉稳雄健的灵动之美。北宋早期定窑瓷器便采用刻花艺术,纹饰以莲瓣纹为主(如图 5.42),刻刀就是毛笔,用笔形式转化为用刀方法,将纸上性情转移至瓷上功夫。当代研究定窑的著名学者陈文增先生有定窑刻花的七言绝句:"高矮方圆任不同,心裁八面步玲珑。摇摇铁笔风推雨,全仗烟云造化工。"定窑刻花装饰在整个中国装饰史上别开生面,独步一时,使得定窑名声飞扬四海并波及邻邦,纷纷效仿,这种以刀代笔的功用恰恰体现了中国传统的文化想象和艺术境界,证实了中国这个东方文明的发祥地是历尽千曲百折后找到自己的艺术和文化灵魂的。

图 5.42　宋白釉刻花莲瓣纹碗

磁州窑作为北方最大的民间窑场,首创了"珍珠地划花"装饰法,它是磁州窑装饰善于学习、勇于创新的证明。其制作方法是以竹针类工具在白色化妆土上画出花卉、动物、人物、文字等主题纹样,然后用管状工具戳印小圆圈,并在小圆圈纹上涂以颜色,颜色有的鲜艳,有的呈现出灰黑色或者浅褐色,因管状工具戳印出的小

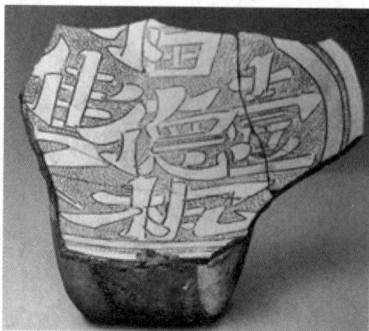

图5.43　宋白釉珍珠地划花瓷枕

圆圈看似粒粒珍珠，所以称为珍珠地划花。该装饰工艺首先在敷有白色化妆土的坯体上"划"出主题纹饰，在主题纹饰和珍珠地戳印之间的凹痕中，撒上一层色料粉末，再着力进行蹭拭，使花纹及珍珠地戳印凹痕中贮满色料粉末，以便使纹饰及珍珠地更加彰明昭著，然后拂去色粉，最后施透明釉入窑烧成。（如图5.43）

　　磁州窑还创制了白釉黑剔花装饰技法，这种装饰被有的磁州窑研究专著认定为磁州窑最精美的装饰技法之一，由此可见它在磁州窑装饰文化中的重要地位。"白釉黑剔花，首创于磁州窑，方法是在胎体上先施一层白色化妆土，再施一层黑彩，划画出花纹后，剔去花纹以外的黑彩而留下白化妆土，形成非常鲜明的黑白反差。"[53]这也是磁州窑别出心裁的一种装饰技法（见图5.44）。采用磁州窑首创的珍珠地划花和白釉黑剔花技法来装饰的纹样，除了具有特色鲜明的造型美和装饰美以外，还有生机盎然的动态美和生动美。因此，它的装饰美所表现的物象，不再是没有生命的简简单单的几何图形，而是富有生命的动植物，这些动植物都充满了勃勃生机，表现出了郁勃的生命力和动态美。这也是磁州窑装饰具有顽强生命

图5.44　元白釉黑剔花龙纹罐

力的源泉。

5.3.3　冀域陶瓷烧制工艺的创新

宋代是中国陶瓷发展的繁荣阶段,宋代烧制的陶瓷深受统治者和普通百姓的喜爱,另外随着海外贸易的发展,陶瓷外销较大,因此要生产大量的陶瓷才能满足百姓和国家的需要。但是宋朝时期,冀域烧制陶瓷的瓷窑中窑炉较小,产量极其有限,怎样提高陶瓷的产量,这一问题一直困扰着冀域的制瓷工匠们。"宋代北方窑炉的高度一般仅有 1 米多,用单间匣钵堆垛,每个柱子最多也只能放 20 几个匣钵,每次装烧的数量是很有限的。"[54]在这种情况下,勤于思考、富有创新精神的的冀域制瓷工匠们发明了陶瓷覆烧工艺,用来提高陶瓷产量,满足国家的需求。

覆烧工艺流行于北宋年间,是由定窑首先运用成功的。瓷器自发明以来,都是正烧,以足立地,仰天向上。到了北宋定窑破天荒第一次颠倒乾坤,尚不失奇思妙想。然这是历史文化之使然,社会经济之使然。一项新的工艺改革,带来的是一个时代的瓷器面目,更是文化与经济的繁荣。覆烧工艺出现之前,皆为仰烧。一个匣钵里面只装一件瓷器,匣钵底层扫一层匣钵粉,上面放一垫片,然后把瓷器放垫片上面。匣钵依次往上摞,等装满窑炉后再用火烧制,不过这样成品率较低,造成了窑位的浪费。窑炉狭小,匣钵粗笨,瓷器装入匣钵,下拨缺乏规整,缝隙较大,烟尘窜入,氧化过程中落渣严重。变形程度大,定窑仰烧时期的器物,除小口瓶、罐外,一些盘、碗变形都很大,这主要是由于垫片与器物瓷质不一,瓷器为细泥料制成,垫片则是粗泥料,烧成融化中收缩比例不一致,造成变形。这些困难成为窑工们振作的动力,在这种迫使下覆烧工艺开始了萌芽。

覆烧是定窑创新的一种装烧方法,烧制时把器皿倒过来烧,因此称为覆烧。覆烧法是相对于正烧而言的,主要用于烧造盘碗类器皿,冀域定窑在采用覆烧工艺之前,使用匣钵来装烧陶瓷,一件只能装烧一件陶瓷器皿,采用覆烧工艺后,改为使用垫圈组合的匣钵,取代了一般的匣钵,每一垫圈的高度只是一般匣钵的五分之一,"假如窑室空间高1米,可置20件普通单件匣钵;如改用'垫圈组合式'匣钵,每注就可以烧96件盘碗器"[55]。这种装烧工艺大大提高了窑炉单位面积的产量,提高了生产效率。

北宋时期,定窑陶瓷覆烧工艺的发明在中国陶瓷烧制史上具有里程碑式的意义,是陶瓷烧制工艺的一次伟大创新。它提高了陶瓷产量,缓解了陶瓷市场上出现的供需矛盾,为冀域陶瓷业的发展作出了突出贡献。首先,它提高了冀域陶瓷的产量与质量。在采用覆烧工艺之前,定窑使用匣钵来装烧陶瓷,一件只能装烧一件陶瓷器物,改用覆烧方法后,用垫圈组合的匣钵代替了普通的匣钵,陶瓷产量大大提高。此外,支圈所用原料与器物坯件完全相同,加上覆烧时器物口部朝下紧贴着垫圈,接触面积大,焙烧时收缩均匀,减少器物变形,不仅器壁可以做得更薄,而且造型也趋于规整,陶瓷质量也得到了提升。其次,覆烧工艺节约了燃料,降低了成本。采用覆烧工艺后,使得窑炉单位面积产量得到了提高,烧制同样数量的瓷器可以减少窑炉装烧的次数,这样就可以节约燃料,降低成本,提高生产效率,增强市场竞争能力。宋代全国有许多著名的窑场,竞争十分激烈。冀域的定窑、磁州窑正是采用了覆烧工艺,降低了陶瓷烧制的成本,增强了在陶瓷市场上的竞争力。覆烧工艺的出现是冀域的制瓷的能工巧匠们充分发挥自己的主观能动性和聪明才智的结果,是冀域劳动人民集体智慧的结晶,体现了冀域人们敢于挑战、不断开拓创新的决心和勇气。

第六章　冀域陶瓷文化的当今价值

斗转星移，时过境迁，冀域陶瓷已经成为历史。现如今，冀域陶瓷的品种、技术、作用等已被当今陶瓷远远超越，但冀域陶瓷的内在价值并未过时，对当今京津冀协同发展乃至对整个中华民族振兴都有借鉴意义。

6.1　推动社会主义和谐社会的构建

6.1.1　陶瓷文化促进人与自然的和谐

早在春秋时期道家学派创始人老子就在《道德经》里提到"人法地，地法天，天法道，道法自然"的思想，强调的就是人要以尊重自然规律为前提，将崇尚自然、效法天地作为人们行为的最高准则，人与自然要做到和谐相处。马克思提出："社会是人同自然界本质的统一，是自然界真正的复活，是实现了自然主义和自然界的实现了的人道主义。"[56]它揭示了人与自然之间是相辅相成、相互依存的关系，这与中国古代儒家、道家所提倡的"天人合一"的思想是一致的。

透过冀域陶瓷反映的"和谐"观念，结合今日京津冀协同发展实际，中国古代社会冀域先民的很多理念和愿望值得深思和借鉴。冀域陶瓷文化正是从"和谐"的理念出发，强调人类的生存离不开自然，人类的发展离不开自然。陶瓷器物上天人合一的愿景仍然是今天追求的目标,冀域陶瓷的纹饰图案中刻画的大多是生活在自然界中的花草树木、鸟兽虫鱼等,人们赋予自然界中的植物、动物以和谐的寓意,表达了他们希望和自然界进行沟通的强烈愿望,生动、形象地反映了人类是自然的组成部分,人类的生存与发展离不开自然,强调人与自然和谐统一的关系。承载着古代劳动者和谐观念的冀域陶瓷文化,为进入现代文明社会的人们在应对社会发展与自然关系的问题上提供了宝贵的理论基础。

在构建和谐京津冀的今天,我们要大力宣扬冀域陶瓷文化中的"和谐"理念,如何保证经济的持续、快速、健康发展,冀域陶瓷文化中的"和谐"理念为我们提供了很好的思想借鉴。我们要正确认识、处理经济发展与自然环境的辩证关系,无论是资源的有效利用、环境和生态的保护,还是人民生活的提高、人口素质的提升都有赖于经济的发展,而经济的发展则以自然环境为依托,二者相互制约,相互促进。我们要大力发展经济,但不能盲目地去追求经济的片面增长,经济的发展不能以牺牲环境为代价,不能走先污染后治理的路子,要实现经济效益与环境效益、社会效益的统一。因此,在进入现代文明社会的今天,依旧要学习和发扬冀域陶瓷文化中的"和谐"理念,合理地、科学地利用自然界,最终实现人与自然的和谐发展。

6.1.2　陶瓷文化滋养和谐的社会风气

冀域陶瓷文化中亦蕴含着"和"的处世理念,以和为贵是中国古人处世的精髓,"和"指的就是人与人之间的和谐,这都在陶瓷的造型、纹饰中得到了体现,从而使得人们懂得人与人之间要做到和谐相处。陶瓷作为最常用、最普遍、使用最广泛的文化载体,如何发挥其潜移默化的广告功能,润物细无声地传播和谐理念,净化社会风气,冀域陶瓷的经验值得借鉴和推广。

　　(1)反映尊老敬老的作品。古人不仅重视人与自然的和谐,还强调人与人之间和谐相处。孟子曰:"天时不如地利,地利不如人和",突出了人与人和谐相处重要性。冀域陶瓷文化反映了人与人之间要和谐相处的理念,这种和谐的观念有助于现在的青年一代形成尊老敬老的社会风气。孝文化是中国传统文化的核心,冀域陶瓷作为文化的载体,通过在陶瓷上雕刻反映孝文化的图案,使孝文化在全社会得到传承。在冀域磁州窑烧制的瓷器中出现了刻有"二十四孝"内容的图画纹饰的瓷枕,包括了"王祥卧冰求鲤""鲍山行孝""孟宗哭竹生笋""刘殷行孝"等故事,这些都向年轻的一代人传播了敬老、尊老的孝道思想(如图6.1、图6.2)。

图6.1　"刘殷行孝"画枕图

图6.2　"王祥卧冰求鲤"纹枕

　　《劝报孝恩篇》曰:"天地重孝孝当先,一个孝字全家安。"孝道文化的提倡和发扬,不仅是家庭和睦的重要法宝,还是社会安定和谐的重要保障。"老吾老,以及人之老"孝道精神的精髓在于每个人都要以对待父母的孝心,关心和尊敬社会上的其他老人。冀域陶瓷上雕刻的二十四孝图案,承载了孝道文化的传承,在冀域陶瓷作品的影响下,我们要把对父母的孝道,延伸到社会上其他的老人,形成尊老敬老的社会风气和美好品德,才能给社会所有老人创造温馨和和谐的生活环境,并在全社会倡导尊老敬老的文明风尚,营造社会和谐的良好局面。这样才能使社会风气变得好转,使人与人之间和谐相处,才能更好地建设社会主义的和谐社会。

　　反映家庭和睦的作品。冀域陶瓷上雕刻着鸳鸯并行的图案,体现了冀域人们追求家庭和睦的美好愿望。所刻雌雄鸳鸯,形影不离,终日并游。人们将鸳鸯比作夫妻之间相亲相爱、白头偕老,把它看作是夫妻恩爱、婚姻幸福的象征。宋朝时期鸳鸯戏莲纹普遍流行。其中,以定窑、磁州窑瓷枕上的鸳鸯纹最为丰富,鸳鸯多以成对形式出现,鸳鸯戏莲、鸳鸯戏石榴、鸳鸯戏游鸭等比较常见,并行的鸳鸯体现了人们追求夫妻关系的和谐、家庭和睦、美满幸福的美好愿望(如图5.9、图5.10、图5.11)。

　　冀域人们通过在陶瓷上雕刻鸳鸯纹表达了他们追求家庭和睦的美好愿望。这对我们今天构建社会主义社会有很强的指导意义。在当今时代,家庭是人与社会实现联系的重要纽带,是社会的重要组成部分,也是社会得以存在的基本因素。家庭和谐是社会和谐的前提与保障,关系到人们的生活是否安定,同时也关系到社会发展的稳定性问题。当前我国正处于社会的转型期,家庭关系正在随着社会经济的迅猛发展发生着前所未有的改变。传承冀域陶瓷所蕴含的和谐精神对家庭关系的构建具有重要作用,千万个家庭的稳定,才能带来社会的稳定。一个和谐的家庭，才能协调好夫妻之间的关系，才能化解各种家庭矛盾，才能维护家庭和睦和社会稳定，最终实现社会的和谐发展。

6.2　推进社会主义精神文明的进步

6.2.1　弘扬赤胆忠心的爱国精神

爱国是中华民族的传统美德，冀域陶瓷对爱国主义精神的发扬具有特别重要的意义。在五千年的历史长河中，涌现出了许多诸如苏武牧羊、屈原投江等爱国事迹，他们的爱国事迹令人赞叹，他们身上的爱国主义精神值得颂扬。冀域陶瓷以图案纹饰的形式将这些爱国事迹雕刻在上面，表达了对这些爱国者的崇高敬意，同时，也宣扬了伟大的爱国主义精神。通过陶瓷器物这一文化载体让国人能够更好地了解这些感人肺腑的爱国主义事迹，认识到祖国之所以能够取得今天的伟大成就，是历代中国人不懈努力的成果。

（1）反映赤胆忠心的陶瓷作品。冀域磁州窑瓷枕上雕刻着"苏武牧羊"的图案，表达人们对苏武赤胆忠心的赞扬（如图6.3）。苏武牧羊讲的是西汉时期，苏武受汉武帝派遣，持节出使匈奴，结果却被匈奴扣押，匈奴贵族多次威逼利诱，劝其投降，但是苏武不为所动。匈奴迁怒于他，将他发配到到北海边（今天的贝加尔湖）放羊，称一直要到公羊生子才能将他释放回国。每天陪伴在苏武身边的就是那根代表汉朝的使节和一群羊，他每天拿着这根使节放

图6.3　磁州窑苏武牧羊盘

225

羊,渴望有一天能够回到自己的祖国,饿了就用野果充饥,渴了就吃雪止渴。这样日复一日,年复一年,苏武的头发都变白了。苏武历尽千辛万苦,被扣留在匈奴十九年,手持汉朝使节,绝不向匈奴屈服。至始元六年(前81年)才获释返回汉。苏武去世以后,汉宣帝为了表彰他的忠贞,封他为麒麟阁十一功臣之一。

冀域磁州窑瓷枕上雕刻的"苏武牧羊"的图案,表达了人们对苏武这种赤胆忠心、忠于祖国的敬意,同时也是发扬苏武赤胆忠心、忠于祖国的爱国精神。赤胆忠心、忠于祖国的内涵实质就是爱国,在今天就是热爱我们伟大的中华人民共和国,热爱祖国的辽阔疆域、传统文化、语言文字和风俗习惯。在当今的形势下,大力发扬苏武赤胆忠心、忠于祖国的爱国精神具有重要的现实意义,只有这样才能唤起人们心中强烈的爱国热情,将热爱祖国化为建设祖国、报效祖国的实际行动,才能为实现社会主义现代化、实现中华民族的伟大复兴而奋斗,才能把我们的国家建设成为富强、民主、文明、和谐的社会主义现代化国家。

(2)反映忧国忧民的陶瓷作品。磁州窑还烧制了白地黑花"屈原投江"纹长方形枕,歌颂屈原的爱国主义精神(如图6.4)。该瓷枕图案描述了屈原投江之前的场景,画中天色灰濛,屈原披头散发,神色忧伤地站在江边,在屈原身后有一人疾奔而来想要阻止屈原。屈原身边有一位驾驶扁舟、头戴斗笠的渔夫,似乎也是在劝说着屈原,凸显一片悲凉的景象。寥寥数笔,却展现了屈原不愿同流合污的孤傲品行,表达了被流放的屈原一腔忧国忧民的爱国之情。磁州窑陶瓷作品能够独领风骚,最后能够成为北方地区的最大的民间窑口,其原因就在于它所描绘的不仅仅是百姓日常生活的细节,同时它还表达了人们对当时社会无奈和期许。当时正值北方的女真部落南侵宋朝之际,宋朝软弱无能,只能一味地割地求和,连年战事使得国破家

图 6.4　"屈原投江"纹瓷枕

亡、民不聊生。看到此枕，我们能够发现磁州窑制瓷工匠的一颗热忱的爱国之心，表达了他们对宋朝皇帝昏庸无能的不满，希望可以出现如同屈原一样的爱国人士来警醒宋朝。

　　爱国主义是对祖国的一份热爱之情，它深深地埋藏在中华儿女的心中。屈原是中华民族爱国主义精神的一面伟大旗帜，冀域陶瓷上雕刻屈原投江的图案正是为了纪念屈原，就是要弘扬他的爱国主义精神。爱国主义鼓舞着中华儿女在困境中拼搏奋斗，是中华民族历经磨难仍然能屹立于世界民族之林的强大精神支撑。针对当今一部分人出现的只注重眼前利益、爱国意识淡薄的情况，我们要通过冀域陶瓷这一个重要的媒介，彰显和倡导屈原的爱国主义精神，秉持他"吾不能变心而俗兮，固将愁苦而终穷"的意志，使我们青少年树立起爱国主义的情感，增强民族自豪感和自信心，培育全国各族人民的爱国之心和爱国情怀，同时对中华民族精神的丰富和发展也起到了十分重要的作用。

6.2.2　传承奋发图强的创新精神

　　冀域陶瓷文化传承了中华民族优秀的文化传统，塑造了统一的文化心理,在民族危亡的关键时刻将中华民族紧紧团结在一起,使得中华民族在经历了五千多年的沧桑岁月却依然生机勃勃。纵观中华民族的发展进程,我们可以看到百折不挠、不断进取的人生态度始终是中华民族最基本的价值观,在中华儿女的身上无不体现着拼搏奋斗、开拓创新的精神,冀域陶瓷文化对此做出了很好的诠释,并通过陶瓷作品将这种精神传递下去,永远激励着中华儿女激流勇进、奋斗不息。

(1)反映拼搏奋斗精神的陶瓷作品。冀域磁州窑将一些典故雕刻在瓷枕上用来激励人们,表达人们心中的期许。"悬梁刺股"纹瓷枕,面简洁明了,人物勾画到位,歌颂了古人拼搏奋斗的精神。瓷枕上还雕刻了"司马题桥"的历史故事(如图6.5),司马相如是我国西汉著名的文学家,年轻时家境贫寒,受人侮谩,后作《子虚赋》受到汉武帝赞赏,召入宫中,得以施展才华,后拜为中郎将。赴京之时,在城北升仙桥上题诗立志:"大丈夫不乘驷马高车,不过汝下",后遂其志,衣锦还乡。从此"负才题柱"成为激励男儿拼搏奋斗、立志成才的典故。

图 6.5 "司马题桥"长方形枕

冀域人们在陶瓷上雕刻"悬梁刺股""司马题桥"的图案,歌颂了古人的拼搏奋斗精神,同时这种精神也激励着冀域陶瓷的制造者勇往直前。在经济和科学技术迅猛发展的今天,我们正处于全面建成小康社会的关键时期,处在继续深化对外经济开放和经济增长模式转换的攻坚时期,困难重重,任重道远,拼搏奋斗的精神是我们面对当前这些困难时强有力的精神支撑。只有继续发扬拼搏奋斗、百折不挠的精神,中华民族才能紧跟时代潮流,不断进步,才能攻坚克难,在社会历史风云变幻和激烈的国际竞争中立于不败之地。

(2)反映开拓创新精神的陶瓷作品。开拓创新精神是人们在社会创造性实践中激发出来的,有着中华民族数千年的历史文化沉淀的深层根基。从冀域陶瓷发展的历史上看,冀域陶瓷文化培育了中华民族改革创新的精神。冀域陶瓷从先秦的萌芽时期到隋唐宋金的繁荣时期,从开创华夏陶瓷之源的磁州窑到白瓷引领瓷业风骚的邢窑再到工艺创新特色争先的定窑;冀域陶瓷能取得如此辉煌的业绩与冀域的能工巧匠们发扬改革创新的精神是分不开的。冀域的能工巧匠充分发挥自己的主观能动性和聪明才智,为顺应时代和社会风气,创新器物造型,创烧了茶碗、瓷枕和梅瓶;为满足不断扩大的需求,冀域的窑工们首创覆烧工艺,提高产量和质量;为追求美观,冀域有技术的窑工首创刻花、珍珠地划花等装饰手法,谱写了中国装饰史上的新篇章。这些都体现了冀域人们发奋图强的创新精神,冀域陶瓷文化中的开拓创新的精神更是冀域人们生存态度的集中体现。

冀域陶瓷的器物造型、烧制工艺、装饰技法无不体现开拓创新精神,今天我国进入社会主义现代化建设新时期,经济发展要走向新常态,要实现经济发展方式的转变,从粗放型经济转为集约型经济,从追求发展速度到追求发展质量,就要继续发扬冀域陶瓷中所蕴含的开拓创新精神。打破惯性思维,深入研究新情况,主动采取新措施,增强原始创新、集成创新和引进消化吸收再创新的能力,建立国家创新体系,只有这样才能促进经济平稳健康发展、迈向中高端水平,才能实现更高质量、更有效率、更加公平、更可持续的发展,才能不断开创新局面。

6.2.3　发扬兼容并蓄的开放精神

冀域自古以来就是民族融合最频繁的地区,农耕文明和游牧文明在此碰撞,相互融合,被冀文化所吸收,特别是历史上一次又一次的移民大潮扩展冀域的胸襟,淡化了冀域人们的排外心理,开拓了人们广阔的视野,最终使冀域人文精神形成了具有普遍性和广大的包容性的活力无比的伟大文化体系。冀域陶瓷正是在冀域开放的人文精神的熏陶下,不断地进步提高。

(1) 反映包容精神的陶瓷作品。伴随着海上贸易的发展,国外的一些商品源源不断的流向国内,在冀域地区得到了传播,冀域陶瓷在烧制的过程中,敞开胸怀,同外邦文化进行交流,不断吸收外来文化,接受外来文化的洗礼。如定窑烧制的海棠杯就是受古波斯的影响,海棠杯又称曲杯,是源于古波斯萨珊王朝的一种器物。还有凤首壶,是公元5世纪西亚地区广为使用的银质容器,有学者称约南北朝时期传入我国北方地区,在唐朝时较为流行。唐代陶瓷类凤首壶以三彩器较多,白釉凤首壶(如图6.7)相对较少,它们的造型和装饰风格很明显是受萨珊王朝金银器凤首壶(如图6.6)的影响。

冀域陶瓷在吸收外来文化营养的同时还将这些外来文化与冀域本土文化相结合,把它与中国的传统文化融为一体,展现出冀域自身的特色,形成独特的冀域陶瓷文化。"故宫博物院收藏的唐青釉凤头壶,吸收了波斯萨珊王朝金银器的造型,壶身堆贴和刻印的联珠、忍冬、葡萄和身披轻纱、扬手举足作舞蹈状的力士也是波斯陶器常见的纹饰,但配上龙凤装饰却融合为中国的风格。"[57]

图 6.6　波斯萨珊金银
　　　　凤首壶

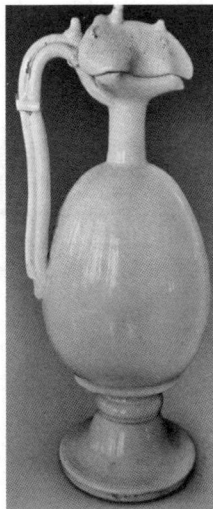

图 6.7　白釉凤首执
　　　　壶

　　冀域陶瓷作品中的所蕴含的包容精神,对今天形成中华民族大一统文化的发展具有重大的意义。冀域陶瓷在发展过程中始终敞开胸怀,正是在与外邦文化的沟通与交流中,不断地走向灿烂与辉煌。在冀域陶瓷包容精神的影响下,中华民族以宽宏博大、海纳百川的胸襟汲取着来自不同地域、不同民族的文化来丰富自己、充实自己,同时还保留了自身原有的、独创的文化特色,在互相交汇融合的过程中实现了多元化的发展。在文化融合的过程中,它打破了地域的限制,实现了相互贯通,在中华儿女心中形成了一种共同的文化心理,并不断地继承和发扬,最终促进中华民族大一统文化的形成和发展。

　　(2)反映民族交流的陶瓷作品。在冀域陶瓷身上还能看见少数民族文化的印记,反映了民族间的友好交流。金朝时期,冀域在女真族的统治之下,女真族的游牧文化对中原的农耕文化也形成了冲击和影响,两种文化相互融合。冀域磁州窑的制瓷工匠们感受到了来自北方草原游牧民族的粗犷的风格和女真族豪放不羁的性情,这极大地激活了生活在中原地区的汉族人们长期受压制的灵感。在金朝

图 6.8　金红绿彩花卉小碗

统治的中后期,磁州窑工匠烧制出了光彩夺目、充满活力的红绿彩装饰瓷器。"绿色草原是女真人的天堂,绿彩是女真人的生命色,红红火火是中原汉人喜庆的情结,红绿彩的结合,正是女真族文化和汉族文化的一个交融点。"[58]这同时也反映了女真文化和汉文化不断交流,女真族和汉族之间的友好团结。

　　冀域陶瓷上所反映民族间的友好交流能够形成一种特殊的精神力量,直接影响到各族人民的思想观念。今天我们要进行社会主义现代化建设需要五十六个民族友好交流、互相团结、共同繁荣发展。在全社会倡导民族间友好交流,互相团结,才能调动起人们建设社会主义的积极性,才能把我们分散的个体团结凝聚在一起,形成一股强大的合力,同呼吸、共命运、心连心,共同致力于社会主义现代化建设,共同促进伟大祖国的繁荣与昌盛。

6.3　京津冀协同发展中发挥独特作用

6.3.1　发挥陶瓷文化的民族凝聚优势

　　文化作为一种上层建筑,对经济基础具有能动的反作用,先进的文化能够推动社会生产力和社会经济长足发展。陶瓷文化能够较好地满足人们对陶瓷器物的物质需要,同时它又是人们情感的维系力

量,陶瓷文化把人们内在地联系起来,把人们结合成一个命运共同体,它的凝聚功能又促进了社会的整合与发展。陶瓷文化既是社会生产力发展的结果,也反映出其所处时代的社会文化,在其发展过程中,将民族风貌、多元文化融合在一起。

陶瓷文化的信息承载能力最为紧密,道德教化作用较为深刻,民族凝聚功能相当有力。陶瓷文化的民族凝聚功能是指陶瓷能使民族内所有成员的思想与行为保持协同一致,保持社会的稳定。陶瓷文化同时也承载着民族精神、民族性格,具有团结社会的向心力。从这个意义上说,陶瓷文化能够增加民族间的认同感和凝聚力。在社会发展过程中,我们国家虽然遭受了外敌的入侵,沦为半殖民地半封建社会,但是最终却实现了民族的独立和人民的解放,主要是由于陶瓷文化中所蕴含的民族精神起到了对中华民族的凝聚作用。从古至今,民族"大一统"的思想就深深烙印在中华儿女的心中,使人们每时每刻谨记要为国家的繁荣富强贡献自己的力量。

历史上,京津冀地区可谓民族融合最激烈,最频繁的地区,它地处农耕文化与游牧文化的交界地带,两种文化相互碰撞,相互融合,实现了少数民族与汉族的融合。今天,京津冀地区的总人口中少数民族人口占有很大比重,汉族和少数民族人们有共同的愿望与期许,都希望祖国繁荣昌盛。国家大力倡导京津冀协同发展,符合汉族和少数民族人们的共同利益,因此,京津冀实现协同发展,就要充分发挥陶瓷文化的民族凝聚功能,增强人们的认同感和凝聚力。冀文化与京津文化在历史上和地域上具有传承性和同源性,直接影响了京津冀地区人们的生活方式和习惯,缩短了人与人之间的心理距离,成为维系三地人们的情感之源,进而能形成整体的凝聚力。冀域陶瓷文化作为冀文化的重要组成部分,通过创造新的作品,让生活在京津冀地区的人们"心往一处想,劲往一处使",更好地发挥陶瓷文化的民族凝聚优势。

6.3.2 发挥陶瓷文化的价值导向优势

思想主线,在科学把握廉政建设规律和中国具体实际的基础上,对党要管党、从严治党,文化具有价值导向作用,就是指文化凭借它先进的价值指向,能够引导和推动社会的发展和人们思想的进步。"如果说文化是一个国家与民族的心灵和大脑,那么,正确、积极、先进、丰赡的价值导向,则就是最能赋予这心灵和大脑以强大搏动力和旺盛创造力的血脉与经络,并由此而为文化筑起永具活力与魅力的生命线和价值链。"[59]陶瓷文化中如果能自觉渗透正能量的思想观念,则具有先进的价值导向作用,能对人和社会的发展起到积极的推动作用。

冀域陶瓷文化蕴含了不断进取、开拓创新的思维理念。冀域的能工巧匠们充分发挥自己的主观能动性和聪明才智,为顺应时代和社会风气,创新器物造型,创烧了茶碗、瓷枕和梅瓶;为满足不断扩大的需求,冀域的窑工们首创覆烧工艺,提高产量和质量;为追求美观,冀域有技术的窑工首创刻花、珍珠地划花等装饰手法,谱写了中国装饰史上的新篇章。这些都是开拓创新的思想理念的具体体现。京津冀协同发展的今天,冀域陶瓷要继承和发扬优良传统,通过传神陶瓷作品,发挥开拓创新的价值导向作用,促进三地谋求协同创新,构建协同创新共同体,进一步推动京津冀协同发展。

冀域陶瓷文化中蕴含了"和谐"的思想观念,在中华民族的发展过程中起到了团结、凝聚、协调的作用,这一思想导向,符合今日中国的社会主义核心价值观。冀域陶瓷文化致力于将人与自然、人与人之间达成和谐统一,达到一种和谐的状态,宣传家庭和睦、邻里和谐对于规范人们的言行礼仪、调和人际关系、提升人们的道德水准和构建和谐社会都有十分重要的作用。冀域陶瓷文化中的"和谐"理念对今天京津冀协同发展仍具有指导和推动作用,应结合当今实际,将和谐的思想理念融入陶瓷作品创作中去,丰富社会主义和谐价值观的内容和形式。

6.3.3　发挥陶瓷文化的精神渗透优势

陶瓷虽是泥做火烧的器物,但却蕴含着大量的文化信息,能够反映当时社会经济发展水平、社会文化结构、生产力发展水平、社会风尚、大众审美心理等。通过能工巧匠们烧制陶瓷,雕刻纹饰和图案,将这些蕴含在器物中的文化信息生动地表现出来。"人类学家和美学家已经指出,抽象简洁的陶瓷造型,包含着各种艺术不可或缺的韵律、节奏、体量、尺度,构筑了视觉艺术必须具备的形式基础……显然,土与火的烧结除了物质上的实用功能外,还是人类精神活动的物质载体。"[60]

陶瓷主要通过雕刻在上面的纹饰图案来向人们传达蕴含的文化信息。中国陶瓷的纹饰图案丰富多彩,璀璨纷呈,美不胜收,中国陶瓷纹饰蕴含了生活历史文化、宗教信仰、风俗习惯、审美意识等多种信息。纹饰的题材内容,能够更好地说明时代精神。马克思曾经说过,"艺术的显现通过它本身而指到它本身以外,指引到它所要表现的某种心灵性的东西"[61]。陶瓷上雕刻的纹饰图案是陶瓷装饰的主要内容之一,它本身本身不仅具有一定的鉴赏功能,而且集合了当时人们的意识形态、社会心理和价值取向等多种观念。陶瓷的纹饰图案作为一种极为特殊的表达方式,悄无声息地触动着人们的感官,影响着人们的内心世界。

2014 年习近平总书记在讲话中指出:"京津冀地缘相接、人缘相亲、地域一体、文化一脉、历史渊源深厚、交往半径相宜,完全能够相互融合、协同发展。"京津冀协同发展已上升为国家发展战略,我们可以通过陶瓷这一文化载体,通过陶瓷壁画、陶瓷日用品等载体,将京津冀协同发展的时代精神直观地表达出来,使协同发展的理念深深地刻在人们的心中。陶瓷既是普遍的生活用品,又是人们最经常接触,最容易渗透时代精神,且保存时间较长久的日用品,官方要求和商家配合,它自然成为宣扬和传播时代精神的最好载体。冀域陶瓷发挥陶瓷文化的精神渗透作用,通过日常用品对人们的感官世界和内心世界产生潜移默化的影响,让陶瓷为当下社会服务。

6.4　推动冀域陶瓷产业创新发展

6.4.1　整合冀瓷产业,打造冀瓷系列精品

首先,加快地方政府职能转变,根据政企分开、政事分开原则,政府主要是制定陶瓷产业政策、指导冀域陶瓷产业的宏观运行。政府要明确自己所扮演的角色,只是发挥为企业提供服务的作用。政府要对经济进行宏观调控,规范市场的参与者的行为,改善陶瓷产业的市场环境。

其次,加快中小企业的转型,建立大型陶瓷企业,规划冀瓷振兴方案,研究具有冀域陶瓷特色的系列品种,协调全省各窑的研发和生产。冀域大多是中小型企业,规模小,效益低,缺乏大型陶瓷企业。只有建立和发展大型陶瓷企业才能加强企业间的密切配合,分工也更加专业化。因此,"我们要积极引导中小陶瓷企业向高精尖方向发展,加快中小型企业向大型企业转变的步伐"[62]。

6.4.2　勇于推陈出新,创建冀瓷文化品牌

(1) 陶瓷文化品牌的创建需要丰富的陶瓷文化资源和基础。冀域的陶瓷文化资源丰富,有著名的邢窑、定窑、汝窑和今日唐瓷。冀域要想发展陶瓷产业,就要在继承原有陶瓷文化的基础上进行改革、创新,将传统的陶瓷装烧技艺与现代化的生产工艺结合在一起,并加入现代人的生活理念,进而提升陶瓷产业的文化价值和核心竞争力,

提高冀域陶瓷产业的竞争力和综合实力。

（2）发扬冀域陶瓷历代各窑成名产品风格,研制具有各窑工艺特色,生产具有观赏和收藏价值的冀瓷系列产品。几乎任何一件陶瓷制品各窑都有自己的风格和特色,利用现代技术和艺术夸张手段将其发挥至极致,制成标准一致的精品,以冀瓷为商标统一装箱配货。冀瓷商品既可以是各大名窑单件对比系列,如冀壶、冀碗、冀勺等等,将各名窑同一制品整合成一个商品;亦可独自系列产品,如冀瓷之邢窑餐具、酒具、茶具等。既具有观赏比较价值,也具有实用价值。

6.4.3　老树出新枝,振兴冀陶瓷

冀域陶瓷在中国陶瓷史上占有十分重要的地位,其陶瓷文化和技术在历史上曾经向周边地区和国家产生巨大辐射影响。到唐宋时,三个窑口到了发展的鼎盛时期,无论是在制陶技术,还是在陶瓷文化上,都是同时期国内外的瓷窑所无法比拟的。以日本为例,日本出土的唐代瓷器中就有邢窑白瓷;定窑在宋代发展到了鼎盛时期,制瓷技术之覆烧技术传到了日本;冀域陶瓷作为中国著名的民间窑场有众多的陶瓷品种,其制瓷工艺对日本的传播涉及到制瓷、造型、装饰及文化艺术等各个领域。在相当长的历史时期内,日本各地窑场吸收冀域陶瓷的技艺,一直生产冀域陶瓷风格的化妆白瓷产品。

明清时期,冀域陶瓷日渐衰落,邢窑、定窑逐渐淡出人们的视野,建国后,国家采取了一些措施来复兴冀域陶瓷,冀域陶瓷虽有了一些起色,但不复往日的辉煌。相反,那些曾受到冀域陶瓷影响的如日本、东南亚、欧洲的一些国家则改革技术,发展新型陶瓷业,如研究生物陶瓷,并将其作为医学材料。"一些发达国家利用陶瓷材料的无毒、无害、具有良好的生物活性和生物相溶性,且硬度高,杨氏模量与人体骨相近,并将其作为骨骼、牙床、心脏瓣膜等的修补材料或替代

材料使用。"[63]如有少数的发达国家将氧化铝陶瓷、磷酸钙陶瓷用于医学。"美国联邦食品与医药管理局允许使用氧化铝修补髋关节,氧化铝近年来还被用于制作人造膝关节和骨骼固定螺钉及修补角膜。在过去的二十年间,磷酸钙陶瓷已被广泛用于修补牙齿及上颌骨。"[64]虽然此项技术未完全应用于医学领域,但有广阔的市场前景。

振兴冀域陶瓷产业,恢复往日盛华的景象,必须两条腿走路:一方面复兴传统陶瓷,从一定意义上要有抢救历史的意识,眼睛向内挖潜力,历史悠久的传统陶瓷文化和技术是巨大优势,一定要继承的基础上发展。当然,真正的传承传统陶瓷文化和技术必须结合现代科技文化在创新中发展,要自觉改进传统技术,虚心学习国内外的先进技术,让冀陶瓷这棵老树开新芽,长新枝,结新果。

另一方面,要紧跟世界陶瓷进步潮流,大力发展新型陶瓷,既要研发新型的陶瓷材料,又要创造新型陶瓷产品。要在政府主导下开展冀域陶瓷业的产、学、研联合攻关,在改造传统工业、节约能源、保护环境和提高冀域竞争力上做文章。要发挥高校的科研优势,利用企业的生产服务和反馈渠道、科研机构的组织研发优势,大力发展新型陶瓷高新技术产业,研发具有冀域优势的新型陶瓷,将其用于医学、交通、通讯等领域,使具有灿烂辉煌影响的冀域陶瓷焕发青春,成为冀域一个新的经济增长点,促进冀域经济的发展。

第七章　结论

　　中国既是世界上最早制造陶器的国家,又是世界上第一个发明瓷器的国家,因此,中国既是瓷器的故乡,也是瓷器文化的发源地,从某种角度来讲,陶瓷文化就是中华民族的象征,陶瓷也成为中国文化的主要载体。冀域陶瓷文化是中国陶瓷文化的有机组成部分,它是冀域人们在长期的社会实践中创造出来的文化产物,它所蕴含的审美情趣,已经远远超出了陶瓷本身的功能和价值,人们从中感悟更多的则是它那丰厚的文化内涵。冀域陶瓷文化以独特的地域特色和造型装饰,向世人展示了中国传统陶瓷丰富多彩的面貌与深厚的文化底蕴。

　　本课题旨在通过对冀域陶瓷业的发展历程进行系统的梳理与剖析,提炼概括出冀域陶瓷文化的丰富内涵。今天京津冀协同发展是国家重大发展战略,挖掘和弘扬久负盛名的冀域陶瓷文化,对于传承冀文化优良传统,从多维度、多视角、全方位、文化深层次服务于京津冀协同发展,具有重要意义。

参考文献

[1][31]恩格斯.家庭、私有制和国家起源[M].北京:人民出版社,1954:

11,144.

［2］冯先铭.中国古陶瓷图典[M].文物出版社,1988：1.

［3］A. L. Kroer and Clyde Kluckhohn. *Culture：A Critical Review of Concept and Definitions* [M]. New York：Vintage Books，1952：81－142.

［4］中国社会科学院语言研究所词典编辑室.现代汉语词典[M].商务印书馆 2002：1318.

［5］王炯华.中国传统文化十二讲[M].华中科技大学出版社,1988：22.

［6］马凌诺斯基.文化论[M].华夏出版社,2012：2.

［7］马克思.哥达纲领批判[M].人民出版社,1997：10.

［8］程金诚.中国陶瓷艺术论[M].山西教育出版社,2002：18.

［9］冯石岗、贺智佳.冀法文化之源[J].佳木斯教育学院学报,2014(05)：4—5.

［10］贾建梅、杨国玉、王紫璇.冀域演变及京津冀文化圈考略[J].河北工业大学学报,2014(02)：17—21.

［11］刘志国.磁州窑的历史及其影响[J].陶瓷研究,1988(03)：50—53.

［12］［13］贾永禄、贾忠敏、李振奇.谈邢窑[J].河北陶瓷,1991(02)：11—19.

［14］张志忠.邢窑研究[M].文物出版社,2007：157.

［15］曲阳县志编纂委员会.曲阳县志[M].新华出版社,1998.

［16］XiaoKe LU，WeiDong Li，QiangLi. A scientific study on the Xing kiln of ancient China [J]. *Science China Technological Sciences*，2012 (10) 2902－2919.

［17］王颖.定窑瓷器历史与赏析[J].戏剧之家,2013(09)：204.

［18］［52］陈文增.定窑研究[M].华文出版社.2003：14,233.

［19］李恩佳、常素霞.河北陶瓷[M].科学出版社,2010：107.

［20］《两朝纲目备要》卷十四.

［21］［24］杨文山、赵鸿声.邢窑的沉浮[J].河北陶瓷,1993,(01)：34—38.

［22］张全明.中国历史地理学导论[M].武汉：华中师范大学出版社,2006,211.

［23］杜牧.考工记卷上[M].新文丰出版社,1934：4.

［25］李国肖.定窑考略[J].河北大学学报(哲学社会科学版),1981,04：175—185.

［26］［34］［40］武小芳.定窑瓷器艺术及其精神[D].河北大学,2009.

[27] 秦丽荣.唐代邢窑的初步研究[D].吉林大学,2006.

[28] 李辉柄.唐代邢窑窑址考察与初步探讨[J].文物,1981,09:44—48.

[29] 王利娟.浅谈北宋定窑白瓷繁荣发展的原因[J].大众文艺(理论),2009,20:87.

[30] 蔡子谔、侯志刚.磁州窑造型艺术与民俗文化[M].河北大学出版社,2008:23.

[32]《说苑·反质》.

[33]《商君篇·垦田》.

[35] 钟福民.中国吉祥图案的象征研究[M].北京:中国社会科学出版社,2009:184.

[36] 胡晓明.中国诗学之精神[M].江西人民出版杜,2001:10.

[37] [39] 马克思.1844年经济学—哲学手稿[M].北京:人民出版社,2000:105,124.

[38] 胡习珍.试论宋代瓷器的装饰艺术[D].重庆师范大学,2007.

[41] 高金鹏.宋代钧瓷造型风格[D].景德镇陶瓷学院,2011.

[42] 潘鲁生、唐家路.中国民间美术学导论[M].黑龙江美术出版社,2000:124.

[43] 谭天.宋代陶瓷的审美取向及美学特征的研究[D].西安工程大学,2012.

[44] 远宏.粗瓷杂器—基于民俗文化的淄博近代民窑陶瓷艺术研究[D].中国艺术研究院,2009.

[45] 顾晓鸣.有形与无形:文化寻踪[M].上海人民出版社,1989:12.

[46] 黄焕义.试论唐代审美趣味与陶瓷造型风格的关系[J].中国陶瓷 1995(05):27—29.

[47] 李静.唐越窑与邢窑瓷茶碗比较研究[D].景德镇陶瓷学院,2012.

[48] 陈文增.定窑陶瓷文化及其造型装饰艺术研究[M].河北大学出版社,2008:142.

[49] 李彦强.磁州窑酒器造型艺术研究[D].河北师范大学,2012.

[50] 刘志国.磁州窑梅瓶的收藏与鉴赏[J].文物鉴定与鉴赏,2011(09):54—57.

[51] 任颖琼.中国陶瓷艺术中的文化符号[D].景德镇陶瓷学院,2011.

[53] 秦大树.论磁州窑域定窑的联系[J].故宫博物院院刊,1991,11.

[54] 王全厚.刍议宋代覆烧工艺的产生及成就[J].美术教育研究,2011(10):

56—57.

［55］冯先铭.中国陶瓷［M］.上海古籍中心出版社,2001：346.

［56］马克思、恩格斯.马克思恩格斯全集：第42卷［M］.人民出版社,1972：121—122.

［57］熊寥.从出土陶瓷看唐代中外文化交流［J］.新美术,1989(03)：68—71.

［58］赵学锋.女真文化与磁州窑瓷器［J］.收藏,2011(06)：65—68.

［59］艾斐.文化的价值导向与精神追求［J］.理论与创作,2010(05)：4—6.

［60］陈进海.世界陶瓷：第1卷［M］.沈阳万卷出版公司,2006：2.

［61］于莆.黑格尔"艺术解体论"新探［J］.北方论丛,2010(04)：41—43.

［62］Songjie Li,Shujing Wang,Xinghua Li. The Development of Jingdezhen in the View of Cultural Innovation ［J］. *Studies in Sociology of Science*,2012 (04)：45 - 49.

［63］王淑梅、周竹发.新型陶瓷材料的特性与技术发展［J］.江苏陶瓷,2004(03)：1—5.

［64］丁华.新型陶瓷发展动向［J］.建材工业信息,1999(03)：3—5

第四编　技术崇实黜虚，
　　　　科学求真创新
——冀域古代科技文化研究

第一章　为什么研究冀域科技文化

科学技术是第一生产力,科技文化是社会文化系统中的重要一环。研究京津冀(以下称冀域)古代科技文化,借鉴其优秀品质,规避其时代缺陷,对当前京津冀协同发展大背景下的文化协同建设,特别是三地的科技文化协同发展有着重要的作用。

1.1　研究目的和意义

1.1.1　研究目的

中国正在进行社会主义现代化建设,文化建设是其主要组成部分。博古通今,古为今用是文化建设的重要路径。京津冀协同发展大背景下,文化协同是其必然要求。随着京津冀协同发展上升为国家发展的重大战略,冀文化的研究就成为一个重要的研究方向,对冀域古代科技文化的研究则是冀文化研究的一个重要组成部分。

"科学技术与社会的协调发展是当今世界、更是中国的最迫切的问题。在中国现代化的历史中,处理科学技术与社会的协调发展方面的许多经验和教训应该总结。"[1]冀域古代的科技成就斐然,涌现出一大批科技成果和科技人物。但是,我们不能沉溺于辉煌的过去,要从辉煌的历史文化挖掘具有普遍意义的经验以资借鉴,找到对于今天文化建设的重要启示。梳理冀域古代科技文化所取得的主要成果,研究和思考这一区域的文化特质,分析影响该区域文化特质的要素,"古为今用",为制定推进京津冀科技发展的政策、建设当代优秀的区域科技文化提供可借鉴的理论分析和经验总结,就成为一个重要的研究课题。

1.1.2　研究意义

当前,科学技术正在大步伐地前进,而科技文化建设却相对滞后,出现了科技发展与科技文化建设步调不一致的矛盾。科技发展过程中的生态危机、资源开发、科技成果的应用都涉及到科技文化的问题。当代科技发展过程中唯科学主义的过度推崇和人文精神的缺失是科技发展中的弊端,当代科技文化建设中的问题也日益显现。"以史为鉴",研究历史是为了更好地借鉴历史经验,指导现在的发展。冀域古代科技在中国古代科技中绽放着璀璨的光芒,并且显示出了独特的科技文化特质,充分研究冀域古代科技文化,可以指导当代科技文化建设。

(1) 理论意义。第一,本课题研究可以丰富科技文化内容的研究。科技文化关乎着整个社会文化建设。研究冀域古代科技文化,是研究我国传统文化的一部分,本课题通过对冀域古代科技文化主要形态的概括梳理、科技文化特质的提炼和特质影响要素的分析与解读,可以丰富科技文化研究的内容,在一定意义上弘扬了祖国优秀传统文化。第二,本课题研究可以丰富京津冀文化建设内容。研究冀域古代科技文化的历史发展,系统梳理冀域古代具有重要影响的科技代表人物、科技文化成果、科技文化的基本特质等相关内容,可以帮助人们对冀域科技文化有一个全面深入的了解,从而丰富京津冀文化建设内容。同时,通过对冀域古代科技文化及相关元素进行分析,并概括总结这一区域的科技文化特征,探索其文化价值以及对现代科技发展的启示,可以从一定意义上为京津冀文化协同发展、区域多元文化建设提供历史和理论支撑。

（2）实践意义。当今世界的竞争不仅仅是经济的竞争,也是文化的竞争。一个国家的文化软实力在很大程度上决定着这个国家发展的高度。当前,中国正在进行社会主义现代化建设,文化建设是其主要组成部分。文化建设不仅是一个国家和民族软实力的象征,也是一个国家和民族的精神家园。博古通今、古为今用是文化建设的重要路径。深入研究冀域古代的科技文化成果,挖掘其中具有普遍意义的经验以资借鉴,对于当前社会主义文化建设具有刻不容缓的实践意义。第一,本课题研究有利于促进京津冀文化融合。一是冀域古代的河北地区科学技术历史起源较早,是探索文化融合与科学技术关系的珍贵标本,还是考察政治、经济与文化的中心辐射与科学技术发展的有效对象。二是作为冀域古代范围内的京津地区虽然历史渊源不能比拟河北地区,但是,京、津都拥有各自的文化特色,具有科技文化发源的文化基础。北京在历史上曾为六朝古都,是文明的象征;天津虽然相比于河北、北京历史较短,但津文化发源于漕运文化,漕运活动使得各种文化、资源较快地相互融合,为科技文化的发展提供了基础。三是从物质层面上看,冀域古代的科技文化十分丰富,以史为鉴,挖掘冀域古代科技文化的内在特质和经验启示,对于推动当前文化建设,尤其是在京津冀协同发展这个大前提下,挖掘古代科技文化的精华,有利于促进京津冀文化融合。第二,本课题研究可以为区域科技文化建设提供有益借鉴。今天,京津冀一体化协同发展已经上升为国家发展战略,文化协同发展是其题中之义。在京津冀协同发展战略给出的定位中,北京作为科技创新中心、天津作为先进制造研发基地、河北作为产业转型升级试验区,可见,科技在三地协同发展中的重要地位。冀域在悠久的历史中,沉淀出优秀的科技文化成果,通过深入研究冀域古代科技文化的发展过程、影响要素,总结梳理这一区域的科技文化成就,探索其文化特质,继而明确其成败得失的经验教训,有利于推进今天的京津冀文化协同发展,为指导区域文化建设提供有益借鉴。因此,研究冀域古代科技文化,"以史为镜",从历史的经验教训中得出现代启示,对于结合三地的文化特征制定可行性的发展规划及政策措施,推动京津冀区域科技文化建设具有一定的实践意义。

1.2　国内外研究现状

1.2.1　国内研究现状

(1) 对科技文化概念的研究

第一,对文化、科技文化概念的研究。按照《辞海》的解释,"文化,广义指人类在社会实践中所获得的物质、精神的生产能力和创造的物质、精神财富的总和。狭义指精神生产能力和精神产品,包括一切社会意识形式:自然科学、技术科学、社会意识形态。"文化的概念十分宽泛,对文化概念严格及准确的界定很难,许多学者对文化进行过概念界定,但说法始终不够统一。汪劼在《浙江科技文化的历史演进及当代价值》中提及,从宏观上看,文化属于一种社会现象,是人们长期社会活动形成的产物;同时,文化又是一种历史现象,来自于社会历史的长期沉淀。[2]关于科技文化,更是一个众说纷纭的概念。吕乃基教授在《科技文化与中国现代化》一书中提及,"科技文化是指科技不仅是一种认识活动,而且它本身也是一种文化现象,科技文化即科技之精神本性的理论表现或理论形态。"[3]李建珊教授在《科技文化的起源与发展》一书中认为,人类在长期的认识世界并改造世界的过程中,使得自身的生活方式不断变化、变革,在这种特殊活动中所获得的能力及其产物的总和叫做科技文化。[4]杨怀中教授在《科技文化：中国社会现代化的必然选择》一文中认为，科技文化首先是一个相对而言较独立的亚文化系统，其次是历史发展的必然结果。[5]

第二，对科技文化内容的分类。关于文化的分类冯辉在《关于文化的分类》中提出，"文化的分类从广义分，二分法：物质文化与精神文化，三分法：加上行为文化，四分法：再加上制度文化。"[6]首先，物质层面：杨藻镜在《从第二语言教学看语言与文化——论语言文化教学原则在中国俄语教学中的贯彻》一文中提及，现在学术界一般认为，文化分为三种层面：表层、中层和深层。表层文化又可以称为器物文化或者物质文化。[7]宁波大学的牛新生从文化的性质出发，认为：物质文化主要是指实物用品，它们经过人类加工或制造而成。[8]其次，精神层面：栗志刚在《民族认同的精神文化内涵》中指出，精神文化主要以意识、观念等形态存在，主要包括了"个人和社会、民族群体的所有精神活动及其成果"[9]。刘雪在《文化分类问题研究综述》中指出，精神文化是指体现人类文明的一切文化因素。[10]最后，制度层面：钱斌在《制度文化概论》一文中提及，"制度性文化，指人类制定的一系列行为规范。它包括两个方面：一是强制性较高的规范，如方针、政策、规则、章程、纪律、法律等；一是强制性较弱的行为规范，如风俗、习惯、禁忌、道德等。这是我们界定制度文化的基础。"

关于科技文化的分类。科技文化作为文化的一个子系统，科技文化内容的分类与文化内容的分类基本保持一致。潘建红在《科技文化：内涵、层次与特质》一文中认为，科技文化已经不仅存在于生产之中，更渗透到了生活领域，并且形成了由器物、制度、精神三个层面组成的相对独立的亚文化体系。[11]汪劼在《浙江科技文化的历史演进及当代价值》一文中认为，"与文化的层次相对应，科技文化也可以分为器物、制度和精神三个层面。"[12]

（2）对中国古代科技文化的研究

华夏文明源远流长，在长期的历史发展中，中国古代形成了璀璨的科技文化成果，而且由于中国古代科技文化与哲学以及政治文化它们三者之间的紧密关联性，导致中国古代科技文化也呈现出自己独有的特点。

第一，关于中国古代科技文化的历史分期：洪晓楠在《中国古代科技文化的特质》一文中认为，中国古代科技文化大致可分为三个时期：奠基时期、大发展时期以及衰落时期。（1）奠基时期：在秦汉、三国、两晋和南北朝期间得以建立和初步发展。（2）鼎盛时期：从唐宋开始到元代结束。（3）衰落时期：即 15—17 世纪，僵化的封建社会濒于衰落。[13]

第二，关于中国古代科技文化的特质。洪晓楠在《中国古代科技文化的特质》一文中提及，"中国古代科技文化具有以下特点：实用理性、工匠传统。"[14]一是实用理性。张馨元在《中国古代科技文化及其当代价值》一文中认为，实用观念是中国古代科技文化的一个明显特质，这个观念随着生产的发展而产生。[15]王渝生在《传统文化与中国科技发展》一文中提及，"中国古代科技具有强烈的实用性。"[16]在中国古代，很少有人去研究与实际生产联系不紧密的理性抽象问题。张丽在《儒家人本科技观对我国古代科学技术发展的影响研究》一文中提及，"由于实用理性的发展促使中国古代的实用技术即与人民的衣食、保健和道德伦理相关的实用技术十分发达，主要表现在农耕技术、医学技术和天文学技术等几个方面的实用技术十分发达。"[17]洪晓楠在《中国古代科技文化的特质》一文中提及，中国古代天文学的发达与维护封建统治的需要密不可分。古代历代统治者重视天文历法，是基于对全国农业生产实施宏观控制以维护国家利益的考虑。[18]徐成蛟在《儒家价值观对中国古代科技发展的影响研究》

一文中提及,"在儒家伦理至上的价值取向下,一切以'实用'为目的,对中国古代科技的发展起到了积极的作用。"[19]张洁在《论中国古代科技发展的文化缺陷》一文中提及,"具有强烈实用特征的中国古代科学技术,则因受外界的影响,而成为道德伦理和权势的附属物。"[20]二是工匠传统。洪晓楠在《中国古代科技文化的特质》一文中提及,在古代技术性的科技活动中,例如冶炼、印刷等方面,工匠获得了最基本的自然知识和技术经验,并以口授的方式将这些知识和经验传承了下来。"这种传统在中国古代文化中得到了较为全面的展现。"[21]中国古代的科学,有的从诞生之日起历经数千年,仍然处在经验的水平上,而未能上升到理论。张卫平在《浅谈中国古代科学技术发展的缺陷》一文中认为,在古代科技发展中,工匠是基础性力量,是实用科技的直接创造者,但由于工匠自身文化素养方面的局限,很难将技术的经验性提炼到系统的、理论化的层面,"也不具备实现知识系统化和理论化的条件"[22]。在中国古代科学活动中,往往偏重工艺技术和经验知识的总结、归纳。古代科学家很少进行量化的分析,缺乏科学技术由经验形态上升为理论知识的提炼。者丽艳在《浅谈中国传统科技观及其对中国古代科技发展的影响》一文中认为,中国古代科技的发展主要是建立在现实生产和社会需要的基础之上,这种情况在技术的发展上表现更为明显,"流传下来的大量科技著作,大多是对某一时代科技状况的直接记载,不太重视理论探索"[23]。

第三,中国古代科技文化的理论缺陷。洪晓楠在《中国古代科技文化的特质》一文中认为,中国古代文化的封闭性、文化的政治化反映了古代科技文化在理论方面的缺陷。[24]一是文化的封闭性。中国古代封建统治者实行了"重本抑末"、"重农轻商"的政策,在小农经济和家庭手工业的基本经济结构下,人们的生活基本上能够自给自足,张馨元在《中国古代科技文化及其当代价值》一文中认为,在中国古代没有交换而导致市场缺位,但市场却是科学技术产生的原动力。[25]二是文化的政治化。中国古代的科技活动,在很大一部分上是适应统治阶级的需要进行的。在统治阶级的直接干预下优势明显,弊端也比较突出。在封建中央集权的体制下,适应统治阶级发展需要的科技,例如历法,可以集中全国的优势资源进行大规模的发展。但同样,统治阶级不急需的其他科技则发展相对滞后,科技活动的政治色彩严重。三是重伦理轻科技。张志巧在《"天人合一"思想对中国古代科技的消极影响》一文中提及,"哲学的伦理化倾向限制了科学技术的发展。"[26]他认为,在中国古代,自然科学、社会科学和思维科学相混淆,并没有明确地区分开来,哲学的伦理取向对科技的影响深刻,人们往往注重的是人伦的问题而不是对自然的探讨。[27]在中国古代,这种重伦理轻科技的价值观,对中国古代科技的发展有着很远的影响,也奠定了中国古代科技发展的基调。在这种价值观下产生了许多的学术传统,例如"学而优则仕",这使得绝大部分古代的知识分子走向了竞争仕途的道路,科举制度逐渐沦为统治阶级向知识分子灌输伦理的一种工具。在"万般皆下品,惟有读书高"的价值取向影响下,古人按着对社会贡献的大小进行了士、农、工、商的排序。这样就使科技发展慢慢地丢掉了人才基础。而在西方,"由于自然哲学强调事物的本质和规律是不以人的意志为转移等思想,导致和产生了科学发展的两大支柱:逻辑和理性"[28]。但中国传统哲学与西方自然哲学则截然不同:中国传统哲学中注重伦理道德的分量远远超过对自然探索的热情,使得原先一些中国古代自然哲学思想,例如墨家的几何学、道家的天道观等还是在社会伦理的不断侵蚀中失去了方向。

(3)国内对冀域古代科技文化的研究。到目前为止,国内还没有对冀域古代范围内系统的科技文化研究。这部分的研究领域处于空白。

1.2.2　国外研究现状

(1) 关于科学与科技文化

第一,什么是科学。科学是人类在积极地适应、改造、调控自然过程中所表现出来的精神力量的主要构成。马克思在《1844年经济学—哲学手稿》中阐释了科学的属性,他认为,自然科学和艺术一样,"是人的精神的无机界,是人必须事先进行加工以便享用和消化的精神食粮"[29]。德国的哲学家卡西尔在《人论》一书中认为:"科学是人类智力文化发展中的最后一步,可以被看作是人类文化最高最独特的成就。"[30]英国的社会学家贝尔纳在《科学的社会功能》一书中认为:"科学的产生主要是为了满足我们的需求,科学也是我们满足物质需求的最主要手段。"[31]

第二,什么是科技文化。英国学者斯诺在《两种文化》一书中提及,"科学文化不仅是智力意义上的文化,也是人类学意义上的文化。贯穿于任何其他精神模式之中,诸如宗教、政治和阶级模式。"[32]早期,学者们推出的主要是科学文化,在这之后又出现了技术文化的相关概念,"从科学与技术的概念和社会发展趋势上看,两者也只是侧重点有所不同,彼此之间有着千丝万缕的内外在纠缠"[33]。1992年美国教授皮克林编辑了《作为实践和文化的科学》,特别强调了科学实践和科学文化的重要性,提出科学是一种实践基础上认识和调整人类和自然关系的文化。[34]德国学者哈贝马斯在《作为意识形态的技术与科学》一书中认为:"科技文化的产生原因是由研究者的素质形成创造的,欧洲社会发展的目的就是为了让这种科技文化形成。"[35]英国学者马尔凯在《科学与知识社会学》一书中指出:"科技文化是一种不受环境干扰的标准社会规范和行为约束的形式,这种规则是典型的明确目标的。"[36]

（2）对中国古代科技文化的研究

国外对冀域范围内的科技文化研究目前还处于空白阶段。

在国外学者对中国古代科技文化的研究中,英国科学家李约瑟认为中国古代的四大发明影响深刻,对人类的发展产生了重要影响,他也对中国古代科技成就给予了高度评价,在其著作《中国科学技术史》一书中提及:"中国在公元 3 世纪到 13 世纪之间保持一个西方所望尘莫及的科学知识水平。"[37]马克思也对中国的四大发明给予了极高的评价:"火药、指南针、印刷术是预告资产阶级社会到来的三大发明。火药把骑士阶层炸得粉碎,指南针打开世界市场并建立殖民地,而印刷术变成新教的工具,总的来说,变成科学复兴的手段,变成对精神发展创造必要前提的最强大杠杆。"[38]英国剑桥大学教授劳埃德在《古代世界的现在思考——透视希腊、中国的科学与文化》一书中,将古代希腊的科技文化和中国古代的科技文化作为对比的同时为推进现代的社会和政治问题的争论,提供了一定的看法。他在书中写道:"两个伟大的古代文明,中国和希腊,各自进行了意义深远、发人深省的研究,今天,无论是在我们自身智力操作和努力中,还是在政治、道德和教育方面所面临的困难中,我们仍能从两个伟大文明的古代研究中深受教益。"[39]

1.2.3　研究述评

（1）研究取得的成果。目前,中外对科技文化的研究内容丰富,研究角度多样,体现了时代特征,也取得了丰硕的成果。在对中国古代科技文化的研究中,成果大都是侧重科技文化的精神层面研究,对中国古代科技文化物质层面的研究成果居中,对中国古代科技文化制度层面的研究最少。在现阶段的研究中,对中国古代科技文化的研究也大都是与中国传统文化相联系。在研究中,对科学、技术、科

254

技文化等基本理论多有论述,不仅认真地阐释了概念,而且对中国古代科学技术的起源、发展阶段、科技文化的基本内容与特质都有所研究。针对中国古代科技文化的缺陷,研究中也提出了与之相对的理论分析和解决对策。但同时,此项研究也存在着一些欠缺及不足之处,仍有很多需要继续研究和探讨的领域。

(2)研究需要解决的问题。第一,虽然对中国古代科技文化的研究已经取得丰富成果,研究范围全面,但对于某一时期或者某一地域范围内的科技文化研究较为少见,对中国古代科技文化的研究普遍范围较广,但深度不够,对古代科技文化中的出现的问题鲜有系统的、成熟的研究。第二,在对中国古代科技文化的研究中,对科技思想等精神文化层面研究虽然涉及较多,也都与中国古代传统文化研究相结合,但是缺乏对古代科技文化背后中的文化基因的挖掘。对中国古代科技文化的研究,主要是将包括传统文化在内的社会政治、思想文化等影响因素考虑到古代科技文化研究之中,与此相关的地理环境、经济发展状况等方面因素涉及较少,不能全面、系统地深入剖析中国古代科技文化中的深刻内涵。第三,在中国古代科技文化的研究成果中,从古代科技发展研究中应该得到对当代科技发展的启示研究相对较少,这方面研究成果还不够充实。

本课题的研究重点将转为更为深入和系统的研究。本课题的研究试图通过系统地梳理冀域古代科技文化的主要形态,提炼出冀域古代科技文化的主要特质,并分析解剖影响冀域古代科技文化特质的地理环境、经济发展状况、社会政治、思想文化等因素,根据冀域古代科技文化的主要形态、特质及影响要素,从而探索冀域古代科技文化的现代启示,以期能够丰富对古代科技文化的研究成果,对京津冀文化协同发展提供一点理论支撑。

第二章 相关概念界定及理论概述

　　相关概念界定和基本理论概述是任何一项研究首先要解决的问题。研究冀域古代科技文化，首先要对研究范围做出界定，同时要搞清楚科学技术与科技文化之间的关系。

2.1 冀域界定

2.1.1 古代"冀州"

　　"冀"是以早期九州之首冀州为基础，经过五千年的兴衰发展至今为今天的河北之冀。"上古时期的冀州，位列九州之首，地域广阔，为中华民族最初发源之地，对中华民族的发展有着至关重要的影响。"[40]《尚书·禹贡》记载："大禹分天下为九州分别是徐州、冀州、兖州、青州、扬州、荆州、梁州、雍州和豫州。"[41] 而后，随着各代王朝的几经更迭，冀州的地域界限也在不断发生着变化，从唐朝以后，冀州行政区域越来越小，逐渐退出全国大区、九州之首的地位，取而代之悄然变成了今日的河北，"冀"即为河北的观念基本稳定。"河北省春秋战国时属燕、赵、中山及魏、齐等国，汉为幽、冀等州，唐称河北道，宋称河北东路、河北西路，元代又分为真定、保定、顺德、广平等路，明时称北直隶，清谓直隶，1928 年改称河北省至今。"[42]

2.1.2　现代之"冀"

现代之"冀"指的是河北省,河北,简称冀。"河北位于东经 113°27′至 119°50′,北纬 36°05′至 42°40′之间,地处华北,漳河以北,东临渤海、内环京津,西为太行山地,北为燕山山地,燕山以北为张北高原,其余为河北平原,面积为 18.88 万平方千米。东南部、南部衔山东、河南两省,西倚太行山与山西省为邻,西北与内蒙古自治区交界,东北部与辽宁接壤。辖石家庄、唐山、邯郸等 11 个地级市,省会为石家庄。"[43]

2.1.3　本文"冀域"

本文中的"冀域"是指以九州之首的冀州为基础,经过五千年兴衰变迁发展至今,包括今日河北省、北京市和天津市的区域。

为什么使用"冀域"概念?京津冀协同发展已经上升为国发展战略,研究京津冀区域的科技文化应该是一个重要组成部分。本课题的研究对象主要是以河北省为主的京津冀地区,命名"冀域",其根据是历史上的"冀州"曾包括现在的京津冀地区。研究这一区域的古代科技文化,又要与河北之"冀"区别开来,因此使用了"冀域",来代表京津冀地区。再者,有学者已经提出了以京津冀为主体的文化研究,称谓为"冀文化"研究。同时,为了行文的方便,本文的"冀域"所指就是京津冀区域。

关于"地域文化",杨善民、韩铎在其所著的《文化哲学》中认为,地域文化是在长期的历史发展过程中,凭借着一定的地理形势而形成的,"得以与其他地方区别开来的语言、风俗、宗教、生活方式和生产方式。"[44]因此,地域文化包括三层含义:地理形势、历史发展、内容与特征。科技文化则是地域文化中的一个方面。冀域古代科技文化是以燕赵文化为主体,将后来形成的京、津文化包含进来,以这个地区古代科技为载体的区域文化。

2.2　科学技术与科技文化

2.2.1　科学技术内涵界定

在《辞海》中,对科学的解释如下,"它是反映自然、社会、思维等的客观规律的分科的知识体系。"杨生在《论科学和技术的关系》中认为,科学应该由实验事实、基本概念、原理及定律、演绎体系以及具备逻辑和谐性、可预见性和可检验性的理论体系这五部分组成。[45] 眭纪刚在《科学与技术:关系演进与政策涵义》中指出,麦金将科学与技术作了如下区分:科学的根本作用就在于拓展人类的实践领域,它是一种致力于创造工艺的人类活动形式。[46]

在《辞海》中,对技术的解释如下,"人类在利用自然和改造自然的过程中积累起来并在生产劳动中体现出来的经验和知识。"科学与技术这两者之间的联系不可分割,在一个特定的范围内共同存在。"科学提供知识,技术提供应用这些知识的手段与方法。"[47] 从研究目标的层面上看,科学的目标是求真,是揭示客观世界的本质和规律的活动;技术的目标则更注重贴近实际应用,力求在现实中控制客观世界,协调人与自然之间的关系,技术是科学在现实中的应用。

科技分为科学和技术两个概念,科学是经过总结、归纳、提炼的知识体系,它经过严谨的逻辑推理、论证,并以理性的形式表现;技术是人类在改造世界的客观实践活动中,根据自身的实践经验或者科学原理指导创造出来的种种经验、方法、技巧等。健康的科技应该是兼具科学与技术的完善整体,而科技则是一个有机整体的文化模式的组成部分。纵览漫长的科技发展史,在古代中国,技术占了相当大的比例,古代少有成体系的理论科学,但医学除外。在古代中国,科技发展的趋势与当今不同。当今科技发展的趋势是:首先,研究出理论科学;其次,将理论科学转变到技术层面;最后,再将其应用于生产实践。而在古代中国则恰恰相反，人们往往是在生产实践中总结出相应的经验和技术，再将这种经验和技术归纳总结，流传下来，少数学科能够将这种经验和技术提炼到理论科学层面。

2.2.2 科技文化内涵界定

李建珊教授在《科技文化的起源与发展》一书中认为："科技文化是指人类在科学技术这种认识和改造世界、并使自身生活方式不断变革的特殊活动中所获得的能力及其产物的总和。"[48]吕乃基教授在《科技文化与中国现代化》一书中认为，科技文化是一种活动，更重要的是，它更是一种文化现象，科技精神本性的理论形态可以称之为科技文化。[49]英国学者马尔凯在《科学与知识社会学》一书中指出："科技文化是一种不受环境干扰的标准社会规范和行为约束的形式，这种规则是典型的明确目标的。"[50]同时，李建珊教授还提出，完善的科技文化应该由四个层次组成：器物、制度、行为规范以及价值观，这四个层次共同构成了一个完整的社会亚文化系统，"这些层次的结合与互动，形成科技文化的统一而有机的整体"[51]。

"从严格意义上说，'科技文化'的形成是工业革命以后的事情。"[52]科技文化也历经了一个从无到有、从最初萌芽到慢慢成熟的发生发展过程。文化背景是培育科技文化的土壤，成熟的科技文化是植根于一定的文化背景之上的。在一个成熟的科技文化形成之前，科技文化的萌芽、胚种等因素往往包含于人类文化之中，正是这些因素为科技文化的形成提供了来源，因此这些因素应该值得去发掘和探索。"我们称存在于人类早期文化之中并作为科技文化之前身或来源的其他文化因素的总和为'古代科技文化'。"[53]李建珊教授还认为，当前阶段研究的古代科技文化，在本质上属于一种共同文化，或者叫做混合文化。

综而概之，科技文化是在科技发展过程中形成的一种文化形态，是科学技术产生发展过程中形成的各种成果的总和。作为一种文化形态不仅是社会经济、政治的反映,也反作用于经济、政治生活。科技文化与科学技术及其一定社会历史条件下的经济状况、政治制度、思想文化等影响因素息息相关。完整的科技文化是以一定的文化背景为基础的,科技文化作为一种文化形态,又大致可以分为:器物、精神、制度三个层面。

本文主要研究的是冀域古代科技文化的发展过程、主要成就、基本特质及现代启示。在主要成就方面分为:科技学术成果、科技物质文化、科技制度文化以及科技精神文化。力图从主要成就入手总结概括出冀域古代科技文化的基本特质及影响要素,提出现代启示。

2.2.3　科技文化与科学技术的关系

科技文化与科学技术是两个既相互区分又相互联系的两个范畴。

(1) 科技文化与科学技术是有区别的:科技文化是在科技发展过程中形成的一种文化形态,是科学技术产生发展过程中形成的各种成果的总和,包含物质、制度、精神等多个层面。与此同时,科学技术是由两个概念复合而成的,包含科学与技术。科学是对客观世界的认知,是反映客观事实和客观规律的知识体系及其相关的活动。主要分为自然科学、社会科学和思维科学。技术有广义和狭义之分,广义的技术包括生产技术和非生产技术。狭义的技术是指生产技术,即人类改造自然、进行生产的方法与手段。

在科技发展过程中,往往历史底蕴深厚、科技成果璀璨的地区能够形成具有一定特质的科技文化。科学技术是形成科技文化的一个基础条件,科学技术是包含于科技文化之中的。科技文化包含的内容、层面相比于科学技术更为宽泛。再者,科技文化是科学技术的精神内核、是科学技术在文化层面上的一种价值取向,而科学技术则是科技文化的一种外在表现形式。

（2）科技文化与科学技术是有联系的：科技文化物质层面的表现形式主要体现为科学技术，而科学技术又可细分为科学和技术两个概念，科学主要表现为理论体系，从科学概念的角度看，科学在科技文化中的物质和精神两个层面均有涉及；而技术主要表现为现实中具体的科技实现形式，技术则属于科技文化中的物质层面。

科学技术是科技文化的子集，科学技术在长期的发展中，与产生这种科学技术的经济、地理、政治、思想文化等因素相联系，孕育出具有当地特色文化基因的科学技术，科学技术与这些影响科学技术发展的因素相结合在一起，共同形成了科技文化，科技文化是一个宏观的概念，科学技术是科技文化的物质形式，科学技术在一定程度上体现了科技文化，科技文化则是科学技术与影响科学技术发展的因素及其他的总结概括。

第三章　冀域古代科技文化的
发展过程及主要成就

　　研究冀域古代科技文化发展过程及主要成就是提炼其文化特质的基础。冀域古代科技文化的发展过程大致可分为：萌芽时期、顶峰时期以及缓慢时期；冀域古代科技文化的主要成就可分为：科技学术成果、科技物质文化、科技制度文化及科技精神文化。冀域古代科技文化的主要成就丰富多彩，科技人物及其成果在中国乃至世界科技发展史上都占据举足轻重的地位。再者，冀域古代科技文化在发展过程中也形成了相应的科技制度文化和科技精神文化。

3.1　冀域古代科技文化的发展过程

　　冀域历史悠久，铸就了其灿烂辉煌的文化底蕴，冀域在其历史发展过程中，孕育并积淀了深厚的历史文化，科技活动是构成社会活动的一环，科技活动始终在冀域古代历史中有所体现，贯穿于冀域古代的历史活动当中。科技发展过程中形成的科技成就构成了科技文化的主体，科技文化发展过程的研究是以科技发展过程及呈现的主要科技成就为主要线索的。

　　冀域古代科学技术的历史绵延不绝，出现了一批具有全国乃至

262

世界一流影响力的科技人物和科技成果。冀域古代的科技起源较早,随后经过不断发展,科技紧随着社会发展的脚步。冀域古代科技发展的历史脉络与中国古代科技发展的历史脉络基本一致。洪晓楠认为:"中国以农学、医学、天文学和算术为主要内容的古代科技文化体系在秦汉、三国、两晋和南北朝期间得以建立和初步发展。中国古代科学技术体系的成熟和发展的鼎盛时期,即从唐宋开始到元代结束的这段时间。明清以后,其科学技术发展缓慢,以至近代落后于西方。"[54] 其中,冀域古代从商至隋唐时期,科技逐渐发展,各个学科领域基本都有所涉及,萌芽时期的科技体系逐渐在慢慢形成;中国古代科技发展顶峰的宋元时期,有许多科技成果和科技人物是出自于冀域古代,例如将中国古代天文学推向顶峰的郭守敬和其主持编写的《授时历》,"宋元数学四大家"李冶、朱世杰,"金元医学四大家"刘完素、李杲,所以,中国古代科技发展顶峰时期的科技成果和人物往往也是以冀域为代表的,中国古代科技发展的顶峰和冀域古代科技发展的顶峰在时间上保持一致;明清时期,冀域古代科技发展较顶峰时期发展速度有所下降,进入到缓慢发展时期。根据上述研究成果,可以将冀域古代科技发展划分为萌芽时期、顶峰时期、缓慢时期三个时间阶段进行分类总结。在从商至隋唐时期,冀域古代科技逐渐发展;至宋、元时期,冀域古代科技到达发展的顶峰;而后,至明、清时期冀域古代科技的发展速度逐渐缓慢。

3.1.1 冀域古代科技文化发展的萌芽时期(商—隋唐)

冀域古代科技发展的萌芽期是在商至隋唐时期。冀域古代的冶炼技术起源最早可以追溯到商、周时期,"在河北唐山大城山龙山文化遗址中发现了红铜制造的铜器。"[55] "1972年,在河北藁城县出土了一件商代的铁刃铜钺。"[56] 现出土的战国晚期兵器中,例如在河北易县燕下都遗址中发现的兵器就多数经过淬火技术的处理,这就证明了在战国晚期阶段,冀域范围内的淬火技术已广泛应用在军事用途上。"河北省兴隆燕国遗址发现了一批战国时期的铁范,用铁范甚至可以铸出壁厚仅三毫米不到的薄壁铸铁件。"[57]这些铁范大多制作精制,特别是这些铁范的范壁较薄,且厚度均匀。这既减轻了铁范的重量,从而方便操作,又有利于铸件各部分冷却匀称,保证铸件的质量。此外,这些铁范中的大多数又都是复合范,其结构相当复杂,可铸造比较复杂的工具和器物。"且从其锄范使用铁内芯插入以形成锄柄孔来看,当时的铁范铸造技术确已相当熟练。"[58]同时,现河北的邯郸市在这时期是著名的冶铁手工业中心。在社会生产方面,铁制器具的使用率已很高,"河北庄村赵国遗址出土的铁农具已占全部农具的65%"[59]。这初步说明,铁农具在农业生产中已占主导地位。西周时期,医生作为一种专职出现,并且医事制度逐渐地建立起来,这都为医疗水平的突破和医药经验的积累提供了重要的基础。"1973年,在河北藁城商代晚期遗址中曾发现种子30余枚,经鉴定均为药用的核仁和郁季仁。"[60]战国时期的扁鹊总结了切脉、望色、闻声、问病的四诊合参法,为中国医学的发展奠定了基础。春秋战国时期,由于新的生产关系的形成以及整个社会的开放,使得技术与科学有可能在不受更多控制或约束的条件下取得突破性进展,新的生产关系大大解放了生产力,同时也就必然大大解放了被禁闭着的技术和科学潜能。而当社会处于愚昧和无知的状态时,这种突破性的进展是不可能实现的。例如,在商代,医与巫是不分开的;到了西周时期,医与巫才分开。迷信的色彩始终笼罩在医术之中,这势必阻碍医学大踏步地向前发展。

东汉时期的崔寔是冀州安平人,他著有《四民月令》一书,"该书设计了大量农业生产和手工事务方面的内容,它按照一年十二个月的顺序有计划地安排了一个庄园地主的家庭事务,尤其是《四民月令》中只以节令和物候为标准来安排农业、手工业的操作和生产",[61]这基本摆脱了古代月令所遵循的以"天人感应"为主的迷信特点,这是一个明显的进步。

到了三国、两晋、南北朝时期,出现了数学大家祖冲之,他的圆周率计算数值远远处在当时世界的领先水平,同样,祖冲之在天文学上也有所建树,完成了《大明历》的修订工作;其子祖暅在数学方面也建树颇丰。《水经注》的出现让冀域古代科技在地学方面有了浓墨重彩的一笔。在隋、唐之前,冀域古代科技的发展逐渐在加速,虽然涌现出一部分卓越的科技成就和科技人物,但是,冀域古代科技在隋、唐之前并没有形成体系,科技学科优秀成果的涌现比较单一。因此,商至隋唐时期科技文化发展还处于萌芽时期。

3.1.2 冀域古代科技文化发展的顶峰时期(宋、金、元)

冀域古代科技经过商至隋、唐时期的发展,至宋、元时期,冀域古代科技发展已到达顶峰。宋、元时期许多的科技成就在当时全国范围内遥遥领先,甚至领先于当时的世界水平。在数学和医学方面,"宋元数学四大家"和"金元医学四大家"其中的各位都是冀域古代的科技人物。其中朱世杰在数学四元高次方程理论方面的贡献领先于西方四五百年。在天文学方面,元初的郭守敬在天文学观测仪器的制作和历法的修订均有卓越的贡献,其中最著名的就是他主持修订了《授时历》,《授时历》是我国古代最精确和使用最久的历法,且精度极高:它规定的一年时间比地球公转一周的实际时间仅仅相差 26 秒,以同样的精度为基准,《授时历》比欧洲的《格里历》领先了整整三百年。同时,郭守敬在水利方面也有所成就,他在北京附近主持修建了用来解决大运河北段通惠河水源不足的白浮堰工程。在桥梁建筑方面,隋朝建造的赵州桥举世闻名,设计理念和施工难度在当时世界上均首屈一指,是世界桥梁史上"敞肩拱"的首创,相比于欧洲建造大跨度敞肩拱桥,赵州桥领先了近一千三百年。同样,位于现北京城南的卢沟桥,建造于金朝,是中国古代桥梁史上的又一杰出代表,与赵州桥、洛阳桥并称"中国古代三大名桥"。三大名桥的其中两座都位于冀域古代范围,可见冀域古代桥梁建筑理念和施工技术在全国范围乃至当时世界范围内的领先水平。

作为中国古代的科技优势学科:天文学、数学和医学,冀域古代的这些学科在宋元时期均达到当时全国的领先水平,可见冀域古代科技发展到宋元时期已至顶峰。与隋、唐时期之前相比较,冀域古代科技的发展更成体系,表现较为明显的就是医学和数学两个科技学科,具有突出贡献的科技人物和成就不再单一,冀域古代科技从隋、唐到宋元时期,理论科学的发展不仅达到顶峰,例如:数学、天文学等,应用技术的发展也达到了一个很高的高度,例如在赵州桥敞肩拱的施工过程中,桥台是建立在承载力非常小的地基之上,在当时条件下,建造如此大跨度的石拱桥,施工难度可想而知,这在另一方面反映了当时建造过程中高超的建造技术。冀域古代科技发展到宋元时期,科技成果璀璨,学科体系也较萌芽时期完善,这一时期冀域古代科技文化处于顶峰时期。

3.1.3 冀域古代科技文化发展的缓慢时期(明、清)

至明、清时期,冀域古代科技的发展速度明显变慢,虽然也有突出的科技人物及成就,但是其影响力和作用无法比拟宋元时期的顶峰时期,并且这些科技人物及成就也难成体系,与宋元时期相比较也相差甚远。

至明、清时期,封建社会"抑商"政策不断加深,这种不断加深的政策阻碍了科技的发展,封建政府不鼓励、抑制工商业的发展,在这种政策下,人们只需要增加劳动力就可以达到增加产量的目的,因此,科技的进步与否对于增产无关紧要,此时期偶尔的渐进式科技进步,与同时期的西方科技进步速度已不可同日而语。其次,中国传统文化本身就存在重仕途、轻科技的社会价值导向,到明清时期,封建制度已发展到顶峰,在社会大环境下,对自然世界的探索在封建伦理价值的影响下一步步迷失,这样一来,冀域古代至明清时期,科技发展大不如之前的历史时期,发展速度明显缓慢。

明清时期在建筑科技方面,北京故宫建筑群显示了中国古代建筑的辉煌成就,其中,拼合梁柱构件技术是明、清木机构技术的一项重要成果;另外,北京天坛建筑物的声学效应,是明清时期建筑声学上的一大成就;铸造于明代永乐年间的北京大钟寺内的万钧钟,从锻造技术和规模上看,在当时世界上是很先进的。在医学方面,清代的医学家王清任为中国解剖学和医学思想的发展做出了很大的贡献,他充满实践和创新精神,他医学的研究特色在于注重细致的临床观察,并大胆地突破前人的医学思想,为推动中国解剖学的发展做出了贡献。在水利方面,明代汪应蛟等人也先后在天津兴修水利、开垦水田。地学方面,清政府在康熙帝的主持下,完成了《律历渊源》的编订和《黄舆全览图》的绘制。明清时期农学的主要成就是清代乾隆初年的《授时通考》一书。尽管明清时期的在建筑科技、医学、水利、地学、农学都有卓越的成就,但是这些科技人物及成就的继承性和传承性不够,与中国封建社会科技发展的大趋势一致,冀域古代科技的发展速度逐渐变慢。

总之,明清之际,冀域古代科技发展受封建社会"重农抑商"的发展理念及"重仕途、轻科技"的社会价值导向的影响进一步加剧,因此这一时期科技文化的发展进入缓慢时期。

3.2　冀域古代科技文化的主要成就

3.2.1　科技学术成果

（1）数学

第一,数学巨匠——祖冲之。祖冲之,字文远,是南北朝时期一位杰出的数学家、天文学家。祖冲之祖籍范阳郡遒县(今河北涞水县),"其祖父祖昌,是刘宋的大匠卿——掌管土木建筑的官员。父亲是奉朝请,学识渊博。"[62]在科技活动中,祖冲之重视对文献资料和观测记录的收集,但他"不虚推古人",在其科技研究中,没有被前人的科技成果所束缚,他在学术上富有批判精神,在收集掌握大量文献资料的基础之上,坚持实证性的探索,在数学和天文学上造诣很深,推动了中国古代数学和天文学的进步。在数学上,祖冲之计算出了精确度相当高的圆周率近似值,准确到小数点以后七位数,不仅如此,他还计算出圆周率的上限和下限,即圆周率(π):$3.1415926 < \pi < 3.1415927$,这无疑开创了先河,世界上又把圆周率称为"祖率"。[63]祖冲之所计算出的圆周率数值在世界数学史上领先了一千年。"直到一千年后,阿拉伯数学家阿尔·卡西1427年在《算术之钥》中,法国数学家维叶特于1540年—1603年才求出更精确的数值。欧洲直到16世纪才由德国人鄂图和荷兰人安托尼兹算出同样的结果。"[64]其次,祖冲之与其子祖暅合写了《缀术》一书,但到宋代时失传。

第二,"宋元数学四大家"——李冶、朱世杰。

李冶(1192—1279年),号敬斋,河北真定人,[65]"宋元数学四大家之一"。他著有《测圆海镜》和《益古演段》。《测圆海镜》是现在流传下来的一部最早讲述"天元术"的著作,而"《益古演段》则是为初学天元术的人写的一部入门著作"[66]。

朱世杰(约13世纪末至14世纪初),字汉卿,号松庭,河北人,[67]"宋元数学四大家之一"。中国数学家多兼治历法,而且往往是高官显爵。朱世杰没有编过历法,也从未做过大官,所以连生平事迹都没有流传下来。朱世杰著有《算学启蒙》《四元玉鉴》。"西方科学史家认为朱世杰是他所处时代的、同时也是贯穿古今的一位最杰出的数学家。他的《四元玉鉴》则是中国数学著作中最重要的一部,也是世界中世纪最杰出的数学著作之一。"[68]自从《九章算术》提出了多元一次联立方程,多少世纪都没有显著的进步。贾宪、秦九韶、李治只着眼于一元(天元)高次方程。朱世杰集前贤之大成,建立了四元高次方程理论。用天、地、人、物表示四个未知数,相当于现在的 x、y、z、u。在国外,多元方程组虽然也偶然在古代的民族中出现过,例如巴比伦人借助数表处理过某二元二次方程组,[69]但较系统地研究却迟至 16 世纪。"正式讨论多元高次方程组已到 18 世纪,1764 年贝祖提出去消去法去解,1779 年在《代数方程的一般理论》中给出解法"[70],但这已在朱世杰之后四五百年了,可见,在四元高次方程理论方面,朱世杰的贡献要远远早于西方。

（2）天文历法、地理

第一,杰出的天文、水利专家——郭守敬。元初郭守敬,字若思[71],河北邢台人,出身于一个书香门第,自幼随祖父郭荣生活。郭荣是一位精通四书五经的儒者,并兼通天文、历法、数学与水利之学,曾有所造诣,祖父对郭守敬日后的成才有一定的影响。齐履谦的《知太史院事郭公行状》称郭守敬"生有异操,不为嬉戏事。"可见,郭守敬自幼便聪颖好学,珍惜时间,向学好思,不像一般小儿喜好嬉戏玩耍。少年时期的郭守敬就对天文学产生了极其浓厚的兴趣,而且跟一般对天文学产生兴趣的儒生大不相同的是:郭守敬并不只是停留在对天文学内涵的书面了解之上,而是更注重于付诸实践;郭守敬还不是对古代盛行的天文与祸福相关的说词有兴趣,而是更关注与人们的生产、生活密切相关的计时仪器,以及天体运动的规律本身。"少年时期的郭守敬对天文仪器具有很强的理解能力和动手制作的能力,在郭守敬后来的一系列科技活动中,这些都得到了更加充分的体现。"[72]郭守敬以毕生精力从事科学活动,同时,由于郭守敬从少年时代就注重实践、关心百姓的生产生活,这就为其今后在天文学等其他领域的突出成就打下了坚实的基础。其中,郭守敬参与编制的《授时历》于 1280 年完成,次年正式颁行,它是我国古代最精确和使用最久的历法。1368 年,朱元璋灭元,建立明王朝,"刘基是朱元璋的主要谋臣,他对授时历之优良早有了解,自知无以出其右,又鉴于新王朝的建立务必改正朔的传统,于是改授时历为大统历,以示受命之意,但实际则原封不动地使用授时历"[73]。况且,自授时历颁行不到二十年,便得到了古代朝鲜官方的关注,并开始了努力学习、引进与融会贯通的进程。郭守敬对授时历的编制以及后续的天文观测工作做了全面、系统的总结,构成了一个严密、完整的天文历法论著系列,十分出色地展示了中国传统天文学发展高峰的风貌。

第二,数学巨匠祖冲之在天文学方面,同样成就斐然。在对天文学的研究过程中,祖冲之坚持实际观测,不迷信前人的研究成果,敢于同当时的权臣戴法兴展开历法改革的论战。刘宋大明六年(462年),祖冲之完成了对《大明历》的修订工作,但后来由于内乱而未能采用。在 510 年,在其子祖暅的请求下,《大明历》才得以正式施行。同时,祖冲之在机械发明方面也有所建树:发明制造了"指南车、千里船、水碓磨等"。[74]

第三,空前丰富的地理巨著——《水经注》。《水经注》是由北魏地理学家郦道元所著,郦道元,字善长,范阳涿州(今河北涿州)人。据清代学者全望祖等人考证,《水经》一书是三国时期时人所作,但学界说法并不统一,"从《水经注》的内在特征来衡量,《经》与《注》可能本是郦氏一家之言。他的原序从没有表示他在为任何别人的《经》作注,序中只说'窃以多暇空倾岁月,辄述水经布广前文。'因此,我们认为全书的经注同出于他一人之手。"[75]郦道元在长期、大量实地考察

的基础上,参阅大量资料文献,终成《水经注》一书。"《水经注》共 40
卷,约 30 万字,注文 20 倍于原书,记 1252 条河流流经地区的地形、
物产、地理沿革等。"[76]"在注记每一水道时,并不限于大小河系源流
脉络,而是以河道水系为纲,一一穷源竟委,详细记述了每条河道所
经地域山陵、古迹、水文、土壤、气候、农业水利、历史事件、人物轶事、
地理沿革、甚至神话传说等各种历史人文地理与自然地理现象,无不
繁征博引,几乎包括所有的中国历史地理内容。"《水经注》是 6 世纪
前我国最全面而系统的以水道为纲的综合性地理著作,而郦道元则
是中国古代卓越的地理学家之一。另一方面,《水经注》的记载当中
也有许多错误的存在:"其一,在过分迷信唯心思想浓厚的各种史料
之外,郦氏有主观臆想出的许多附会——尤其在河水上源。其二,比
较广泛采用唯心史料——例如江水的上源,以及沔水延续到入江之
后。根据《山海经》的浪水,本身完全不符合客观的存在。其三,由于
前代资料存在着分歧,主流与支流时而混淆不清。其四,在认识到前
代错误的同时,仍然引用不正确的资料——例如漾水与沔水。"[77]等
等。《水经注》中许多错误的存在,一方面固然反映作者过于迷信古
人,以致在辨别是非上受到限制,更大的原因还是受到时代的影响,
使得郦道元难以得到完全正确的资料。对于郦道元这部首创的杰
作,首先是要给予全面的历史性的评价,它为中国地理学在 6 世纪初
期就大放异彩。"由于他所引用过的古书,一部分以后早已失
传"[78],这样,《水经注》还成为保存这些古书的点滴资料和显示它们
的特色的重要文献。但是为了工作的准确性,我们在参考《水经注》
这部著作的时候,应该充分认识到它的优缺点。

(3) 医学

第一,传统医学诊断法的奠基人——扁鹊。扁鹊,姓秦名越人,
战国时期名医,渤海郡鄚州(今河北任邱)人。扁鹊发明"四诊",奠基

脉学；提出"六不治"，反对巫术；传授生徒，创齐派医学；传播医术，创民间医学。"由于扁鹊杰出的医学贡献，被誉为"医学宗师"和中国医学的奠基人。"[79]扁鹊年轻时从长桑君学得医术，他是一个深入民间，为人民解除疾苦的医学家。他"周游列国"，"随俗为变"，处处从病人出发。《史记》记载，"至今天下言脉者，由扁鹊也。"扁鹊著有《扁鹊内经》等书，记录了他丰富的医学知识及临床经验，可惜书已经失传。扁鹊在处理具体病案时，又往往采用多方兼用的综合疗法。在中国传统医学的发展史上，他奠定了我国传统医学诊断法的基础。[80]

第二，"金元医学四大家"——刘完素、李杲。刘完素，金代河北河间人，[81]"金元医学四大家之一"。刘完素的父亲是位教书先生，在刘完素的童年时期，父亲就经常给他讲解纪昌学射、扁鹊治病之类的故事，这使他从小就有了较强的求知欲，后来母亲患病，家中贫苦，母亲求医不治而去，刘完素才立志学医。在治疗思路方法上，刘完素重视治病原因的火热因素，提出了一整套治疗热性病的方法。善用寒凉药，被后世称为"寒凉派"。"主要著作有《素问玄机原病式》《素问药证》。"[82]李杲，金代河北真定人，[83]"金元医学四大家之一"。在治疗方法上，李杲与刘完素的主张不同，"他强调脾胃的作用，创立了'温补派'。著有《脾胃论》"[84]。

3.2.2　科技物质文化

（1）矗立千年的石拱桥——赵州桥。隋朝中期（591—599年）由工匠李春主持设计建造的赵州桥，横跨洨河之上，设计独具匠心，造型奇特。"设计者大胆地提出割圆式桥型方案，并将把实肩拱改为敞肩拱，在桥两侧各建两个小拱作为拱肩，这是世界'敞肩拱'桥型的开端。"[85]桥台建在承载力非常小的地基上，在当时条件下，建造这样大跨度的石拱桥简直就是奇迹。赵州桥为历代南北交通要冲，至今已有 1400 多年,经历了数百次洪水和多次严重的地震等自然灾害的考验,仍巍然横跨于洨河之上,雄姿不减当年。可以说赵州桥当之无愧是中国和世界建桥史上一颗耀眼的明珠。赵州桥属于世界上跨径最大,并且建造最高的单孔弧形石拱大桥。[86]赵州桥比欧洲同样的大跨度敞肩拱桥梁领先了近一千三百年,"直到 1883 年,法国修建的安顿尼特铁路石拱桥和在卢森堡建造的大石桥,才揭开欧洲建造大跨度敞肩拱桥的序幕"[87]。

(2)宏伟壮丽的建筑群——北京故宫、北京天坛。北京故宫建筑群始建于明代永乐年间,[88]建筑群大气磅礴,彰显了中国古代木构建筑技术登峰造极的水平。"拼合梁柱构件技术是明清木结构技术的重要成果,"[89]这种技术使小块木料经过并合、斗接、包镶之后,在作用上与大块木料相同,这样就极大地节约了用料成本。同时,天坛建筑物的声学效应,是明、清时期建筑声学上的一大成就。天坛建筑物中最具声学效应的是回音壁、三音石和圜丘。[90]建筑中充分体现了声波的反射效应。

(3)世界领先的宗教器物——万钧钟。位于北京西郊大钟寺内的万钧钟,铸造于明代永乐年间,内外铸有经文 230184 字,无一字遗漏,铸造工艺精美,为佛教文化和书法艺术的珍品。"钟身高 5.9 米,外径 3.3 米,内径 2.9 米,重约 42 吨,同时,还有锻造的千钧锚。无论从铸、锻技术和生产规模看,在当时世界上都是很先进的。1990年 9 月 22—10 月 7 日在北京召开的第 11 届亚洲运动会开幕式上,这座已有几百年历史的永乐大钟(万钧钟)在运动场的中央用它宏亮的钟声庄严地宣告大会开幕。"[91]永乐大钟的钟体虽说是一次性浇铸而成,但它采用的是"地坑造型表面陶化的泥范法",在铸造准备过程中,其"外范"是将逐个制作的"铭文圈"合成一个整体外范,铸成后难免留下"合范"的缝隙痕迹,永乐大钟则运用若干条规整的"平行环形线"把其美化了。

3.2.3　科技制度文化

在冀域古代,专门用来建构科技组织、规范科技活动、选拔科技人才、奖励科技成果的系统制度没有建立起来,冀域古代科技制度文化还处于萌芽时期。

有代表意义的是中国古代的科举制。从隋朝大业元年开始建立到清光绪三十一年废止,中国古代科举制度历经一千三百多年历史。科举制度作为封建王朝选拔人才的一种方式,相比于之前的"禅让制""世袭制""察举制"等选官取士制度,对中国古代社会产生了巨大的影响。科举制度使得封建社会有了稳定的人才来源,奠定了中国古代文官制度的基础。一方面,由于古代封建社会主流的价值取向,"士农工商"的等级划分使得大多数读书人学习知识是为了考取功名,走向仕途,科举制度使得考试内容只局限于儒家经义,造成了知识人才结构的不完整,鲜有学习科技等偏离封建主流意识形态的人才存在。另一方面,科举制度也没有一味地灌输伦理思想,在古代关乎封建统治、社会生产的实用科技上,儒家思想和科举制度有所支持,"在唐朝的科举考试里,就开设有明算、明书、明法等考科。"[92]冀域古代科技与封建统治相联系:冀域古代许多科技成果是与封建统治相关,冀域古代许多科技人物是出自官身,官员和科技人才的双重身份又使得相关的科技活动能够得到优势资源,有效地向前推进,这也是冀域古代科技成果取得重要成就的一个原因。在冀域古代,虽然没有相对完善的科技人才选拔制度,但科举制度作为一种选拔官吏的方式,也间接地推动了冀域古代科技一定的发展。

冀域古代科技制度文化中虽然没有系统、全面的科技奖励制度,但是,也存在科技奖励情况:例如,元朝天文学家、水利专家郭守敬向元世祖忽必烈提出了六项发展华北平原水利的建议,"水利六事"

得到忽必烈的重视与赞赏,"被忽必烈任命为'都水监'(掌管全国河堤、渠防等水利事务),后因其治河有功,被赐钱两千五百贯,并迁官太史令"[93]。同时,基于科技人物的贡献而对科技人物的称号也可以算是对科技人物的一种特殊的奖励方式,例如扁鹊被誉为"传统医学诊断法的奠基人",李冶、朱世杰被誉为"宋元数学四大家",刘完素,李杲被誉为"金元医学四大家"。

　　同时,中国古代医学相比于其他科技学科,相应的制度建设较为完善,冀域古代作为政治中心,由于封建统治影响等方面因素,医学是较为发达的学科之一。但是相比于其他发达学科,其制度建设又是较为全面的。在长期历史发展过程中,在封建环境的影响下,医学人才的选拔、升迁等相应制度规范也在不断发展。太医作为封建意志作用于中国古代医学上的产物,伴随着古代医疗水平的提高也在不断完善。太医制度的萌芽形式最早可以追溯到古代西周时期的医师制度,《周礼·天官冢宰》记载:"凡邦之有疾病者,疕疡者造焉,则使医分而治之。岁终,则稽其医事,以制其食。"[94]发展到东汉时期,俸禄制度已较为明确:"太医令一人,六百石。"[95]此后,太医制度不断发展并完善。到元代,设立太医院,"它总领全国医政,是元朝最高的医事管理机构。"[96]太医院作为为封建统治阶级提供医疗保健服务的机构,在人才选拔、任用、考评等方面也有相应的制度。例如,在明朝后期,有征荐、医官世袭等制度;与此同时,太医也有相应的考评制度,"嘉靖十二年规定,将太医院医士、医生按季考试,严考分为三等,一等送御药房供事,二等给与冠带,与三等俱发本院当差"[97]。到清代,《太医院志》记载:"太医院俱汉缺属于礼部,正官院使一员,左、右院判各一员,属官御医十员,首领官吏目三十员。"[98]但是清代太医院官员的员额在各个时期都有增减,是不断变化的。

　　中国的古代医学制度随着历史发展在不断进步,而自元代起,冀域古代作为封建王朝的政治中心,相应的太医院制度也在不断完善;作为冀域古代发达科技学科之一的医学,相比于其他科技学科,其制度文化相对成熟、完善。

3.2.4　科技精神文化

(1)坚韧不拔的探索精神。探索精神是科技进步的有力支撑,面对前人未涉足的知识和需大量实地考察的挑战,只有坚忍不拔的探索精神才足以支撑这样巨大、辛劳的科技工作,在冀域古代科技活动中,坚韧不拔的探索精神也有诠释:南北朝时期著名的数学家祖冲之在进行圆周率计算的时候,由于当时计算条件的限制,需要对九位数字进行包括开方在内的各种运算 130 次以上。据记载,古代的算筹实际上是一根根同样长短和粗细的小棍子,祖冲之当时就是使用这种极其简陋且古老的方式,在落后的条件下,将圆周率数值准确地计算出来。进行如此巨大的运算,足见祖冲之对圆周率数值坚定的探索精神。

进行周密的实地考察与调查研究是郭守敬从事水利工作所具备的特点,"水利六事"是郭守敬进行了大范围长期考察的结果,他的建议详实可靠,没有坚韧的探索精神是难以实现的;《水经注》的作者郦道元纠正了前人诠释地名的许多错误,工作量之庞大,难以想象,其探索精神可见一斑。

探索精神难能可贵,在日复一日、年复一年复杂、枯燥的科技活动中,冀域古代科学家们正是凭借着持之以恒地探索,保证了冀域古代科技成就的准确、详实以及璀璨辉煌。

(2)突破樊篱的质疑精神。科技的向前发展建立在前人研究成果的基础之上,继承前人的研究成果对科技发展固然重要,但是若要一味地迷信前人研究成果的权威性,则会导致科技发展陷入停滞之中。冀域古代科技从萌芽到不断发展,再到形成璀璨辉煌的成就,突破樊篱、敢于质疑前人理论的科技精神是至关重要的。

商代时期,医与巫是联系在一起的,医巫不分造成了科学与迷信的混淆,同时也就大大阻碍了医学的进步。战国时期的扁鹊作为中医理论基础的奠基人,在"六不治"中就明确地提出"信巫不信医",在当时的社会大环境之下,迷信的色彩深深地笼罩在医学的研究氛围之中,敢于向迷信提出挑战的扁鹊迈出了质变的一步,突破了科学与迷信混淆的樊篱,实现了中国传统医学向前发展的跨越式一步。作为冀域古代医学的另一代表人物,河北玉田的清代医学家王清任在研究中发现,流传下来的医学典籍内容并不是全部正确的,"古人所以错论脏腑,皆由未尝亲见"(《医林改错》上卷)。因此,他决定通过大量的实际观察来解决问题,并对中国解剖学的进步做出了重要贡献。他医学研究的特色就在于坚持细致的临床观察,并对前人医学思想的樊篱敢于大胆突破,从而推动了解剖学的发展。当然,由于时代的局限性,他的医学研究不可避免地存在着不足之处,但王清任仍然不失为一位伟大的医学家。

数学巨匠祖冲之同时还是一名天文学家,他发现了之前历法家的不足,认为历法要进行改革,并完成了对《大明历》的修订。祖冲之面对当时环境的重重困难,勇于质疑前人的研究成果,发现了其他历法家的不足,大胆地提出了自己的想法,使得中国古代历法科技又向前迈进了一步。

质疑精神是冀域古代科技文化中的重要一点,没有质疑的环节,一味地接受前人的研究理论与成果,就会造成科技发展的停滞不前,冀域古代不断涌现的质疑精神在推动着冀域古代科技不断向前发展。

第四章　冀域古代科技文化的基本特质

在长期的历史发展中,冀域古代科技文化沉淀出鲜明的特质,主要有独具特色的思维方式、大胆创新的设计理念以及难以规避的时代局限。其中,独具特色的思维方式包括:一是阴阳对立统一的辩证整体思维;二是贴近生产的实用理念;三是注重"实证性"的科学意识。大胆创新的设计理念包括:一是实际应用中的创新精神;二是将艺术性思维纳入理性设计之中。难以规避的时代局限表现为:科技制度尚未形成完整体系,封建意识严重制约科技发展。

4.1　独具特色的思维方式

4.1.1　阴阳对立统一的辨证整体思维

以冀域古代医学科技为代表的辨证整体思维是冀域古代科技思想辉煌的一页。同时,冀域古代医学人物汇集:扁鹊、刘完素、李杲、王清任等等。而中医的诊断思路就是阴阳辨证的整体思维,将病患内部看成一个相互联系的整体,将病症进行阴阳识别。中医始终将人作为一个整体看待,无论是病机、病理,还是诊断、治疗,时时处处着眼体现出这一观点。

同时,由于地理因素的差异,中国南方多山区,中国北方多平原,这造就了南北中医研究的不同。相比于北方，南方的山区、丘陵地带以及相关环境和温度等，植物的生长更为适宜，这就使得在医药原料方面，南方比北方更为丰富，自然环境的便利使得中医学在南方更为注重对药物的研究。例如有"药圣"之称的李时珍，他是明代著名的医药学家；而北方由于不具备南方的自然环境优势，中医学在北方则更侧重对医疗思维体系、医疗方法的研究：扁鹊发明"四诊"，奠定了我国传统医学诊断法的基础；刘完素提出了一整套治疗热性病的方法；李杲以脾胃立论，以补为主，创立了"温补派"。

战国时期的扁鹊奠定了我国传统医学诊断法的基础。他不仅继承和发展了前人的医学理论和临床经验，而且结合自己的医学实践，在诊断方面，总结出了一套比较系统的诊断方法：切脉、望色、闻声、问病的四诊合参法，尤擅长望诊和切诊。这套方法成为中医两千多年来一直使用的传统诊断法，是中华文明的瑰宝之一。扁鹊的四诊合参法奠定了我国传统医学诊断法的基础，以扁鹊为鼻祖的中医理论体现了一种丰富的辨证思维，扁鹊所总结的四诊合参法，所体现的就是中国传统医学中的阴阳学说，也体现了对立统一的辨证思维。

在古代，人们对人体结构了解甚微的情况下，摆脱了一种"非此即彼"的思维误区，将各个身体组织的生命运动看作是一个相互联系、相互依存的关系，将人体看成一个有机的整体，扁鹊不单纯地诊断某一个病症，而是通过望、闻、问、切的方式来判断症状与身体各个组织器官之间不可见的内部联系。

同样，作为"金元四大医学家之首"的刘完素，在其著作《素问玄机原病式》中提及："观夫医者，唯以别阴阳虚实最为枢要。识病之法，以其病气归于五运六气之化，明可见矣。"[99]可见，刘完素也认为在病症的诊断过程中，对病症阴阳的识别和把握尤为重要，注重病患整体的联系是识病之法。

"中医学的发展是与中国文化的发展是一脉相承的,它是在中国哲学的基础上建立起来的"[100],阴阳对立统一的辩证整体思维也与中国哲学联系密切。同时,冀域古代医学成就在中国传统医学成就中占据重要地位,是中国传统医学璀璨成果中浓墨重彩的一笔。

4.1.2　贴近生产的实用理念

冀域古代的许多科技成就都是与贴近社会生产相联系的,科技成就的产生也是基于一定的社会历史、地理环境背景应运而生的。历法的修订是为了更好地服务于农业生产;桥梁的修建也是为了方便两岸之间的沟通往来;水利科技是为了军事、农业、统治需要;所以,"实用理念"是冀域古代科技发展的一个主流思路,科技成果的产生大部分是为了迎合当时军事形势的需要、社会生产的需要以及统治利益的需要。实用理念在冀域古代水利科技成果中表现尤为突出:隋炀帝时期,由于从洛阳到涿郡(今北京)长期交通不畅、隋炀帝为了征服辽东等原因,永济渠便开始动工。永济渠是南北大运河最长最重要的一段,隋炀帝沿运河还建立了许多粮仓,作为转运或贮粮之所。"永济渠全长两千多里,分为南北两段,永济渠途径的地域,南段自沁河口向北,经过新乡、汲县、滑县、内黄(以上属河南省)、魏县、大名、馆陶、临西、清河(以上属河北省)、武城、德州(以上属山东省)、吴桥、东光、南皮、沧县、青县(以上属河北省),抵今天津市。"[101]永济渠的军事用途只是用于一时,但它却在水运交通方面发挥了重要的长久作用。这条途经洛阳的南北大运河,曾为唐、宋的经济繁荣和政治稳定作出了不可磨灭的贡献。

在宏伟的大都城建成后,随着首都经济、文化建设的发展,城市用水量激增,这包括漕运、灌溉、园林以及生活等方面的用水。原先依靠玉泉水和永定河少量引水来供水的局面已远远不能满足需求。其中,"最突出的问题是,如何确保漕运任务的完成,以保障国家机器的正常运转,成为政治、经济的头等大事"[102]。基于以上种种情况,郭守敬提出了开凿通惠河的建议,并且得到了忽必烈的重视,采取了一系列的有效措施,并在较短的工期内完工。通惠河的开凿体现了郭守敬造福百姓、服务国家的思想,同时,也是由于封建统治的需要,大都城建成后,水利建设就显得至关重要,通惠河的开凿既解决了大都城官民的用水之急,更关乎着封建统治者政权的稳定。通惠河的开通,在漕运和减轻民工的劳苦方面所取得的效益是十分显著的。"先是,通州至大都,陆运官粮,岁若千万担,方秋霖雨,驴畜死者不可胜计,至是皆罢之。"[103]"船既通行,公私两便。先时,通州至大都五十里,陆挽官粮,岁若千万,民不胜其悴,至是皆罢之。"[104]说的都是这一情形,根据估算[105],"通惠河开通后,单避免破耗每年可达11000余石。至于整个运费的降低,更是可观的。"[106]通惠河工程在保证漕运供水的同时,又兼顾了周边的农田用水,实现航运、生活、农业用水以及防洪等多种综合效益。

元初,因长年战乱造成严重破坏的水利设施亟待修复,新的水利工程也极需兴修。经过张文谦的举荐,郭守敬在面见忽必烈的时候,"面陈水利六事",忽必烈对郭守敬的水利治理想法颇为赞赏。郭守敬的六项建议中有三项半("水利六事"之一的前半部、"水利六事"之二、之三和之四)得到了实施,而其余两项半是否也破土动工,史籍未见记载,尚难断言。其中,"水利六事"之二:"顺德达活泉开入城中,分为三渠,灌城东地"[107]。这项建议显然是郭守敬在前述参与和完成邢台城北水利工程后不久,把眼光扩大到邢台全城并进行实地考察而得到的预案为基础的,这项建议的主要目的就是要解决邢台城东农业灌溉的问题,由郭守敬选定的引水路线看,是要将引水渠"开入城中",尔后再"分为三渠"。这是一条最为近便、合理的引水路线,而且可以更好地解决对城区的供水问题,同时对美化与优化城区的环境大有助益,这些理应是郭守敬深思熟虑的抉择。'水利六事'之三:"顺德澧河(今称沙河),东至古任城(今河北省任县东),失其故道,没民田千三百余顷。此水开修成河,其田即可耕种。(其河)自小王村,经滹沱(河)合入御河(今卫河的一段),通行舟楫。"[108]从这一建议可以看出,郭守敬的视野与足迹已经超越了他的家乡,到了邢台东邻的任县。"水利六事"之三的内涵则是修复澧河故道,使因其改道泛滥造成的大片农田得以重新耕种与灌溉,而且还可以收通航之利。"实际上,"水利六事"的之二、之三、之四是郭守敬参与和完成邢台城北水利工程后,逐渐形成的后续水利工程的接二连三的建议,是开凿人工河渠连通北起邢台城北达活泉一带,南到'磁州东北'约160华里间的诸多河流,并扩大农业灌溉面积的系列构想。"[109]

由此可见,郭守敬作为冀域古代的一名水利学家,贴近生产的实用思维使他把目光集中到了解决农业灌溉、城区用水等现实问题上,以水利成果为典型的冀域古代科技成果在其设计之初也都渗透着实用思维。

4.1.3　注重"实证性"的科学意识

冀域古代科技成果之所以璀璨辉煌,是因为在中国古代科技史甚至在世界科技史上都占据一席之地,冀域古代科技成就的卓越性是建立在"实证性"的科技意识之上的。

郭守敬在创立《授时历》之初,就提出了"历之本在于测验,而测验之器莫先于仪表"的理论[110]"工欲善其事,必先利其器",这是人所共知的理念。依此理念,在"历之本在于测验"的前提下,"测验之器莫先仪表"当是一种自然的推论,似乎不以为奇。其实,这是一个是否要这样去做和如何去做的问题,这才是问题的关键,"在中国古代历法史上,就有不知如何去做、也有不愿去做的事例"[111]。"历之本在于测验,而测验之器莫先于仪表"主要体现出郭守敬的一种"实证性"的科学意识,在古代中国的封建体制下,这种"实证性"的科学意识显得尤为可贵。

在水利科技活动中,大量的实地研究是前期工作,浮光掠影式的调查是难以保证其准确性的。郭守敬把兢兢业业的态度贯穿到水利工作之中。例如,"在'水利六事'之一、之四、之五和之六中,都有关于引水口、引水渠的设置的记述,这些都是郭守敬进行过必要的水准测量的证明。"[112]实地考察与调查研究包括了水文、地质、地形、历史变迁等广泛的内容,更运用了测量、地图绘制等定量的科学技术方法,这充分反映了郭守敬水利思想中的"实证性"的科学意识。

地理学巨作《水经注》共记载了1.5万个地名,其中对1052处地名作了渊源解释[113],在地名渊源解释上、种类和质量上都胜过之前的成果,堪称巨作。此外,郦道元还纠正了前人诠释地名的许多错误,如此大的工作量,其坚定的"实证性"的科学意识可见一斑。

在上古,神权高于一切,巫术占统治地位。在西周之前,医和巫都是不分离的。西周时期,医和巫才相互分开,扁鹊完全抛弃巫医,明确宣告了"六不治"原则,他认为有六种病不能治:"骄恣不论於(于)理,一不治也;轻身重财,二不治也;衣食不能适(适),三不治也;阴阳并,藏(脏)气不定,四不治也;形羸不能服药,五不治也;信巫不信医,六不治也。"扁鹊提出的"信巫不信医"是六不治之一,反映了扁鹊重医轻巫的唯物主义态度,这在当时的社会环境中难能可贵。清代医学家王清任在研究解剖学的过程中,不迷信前人的经验与固有的模式,坚持实际考察研究,在解剖学的研究过程中注重实际的考察、细致的临床观察,"发现古代医书中有关人体结构和脏腑功能的记载有不确之处"。[114]在研究中,他不束缚于前人的医学思想,坚持实际临床观察的结果,同时,他强调将医学与解剖生理学联系起来,这相比于前人又有较大的提高。

纵观冀域古代科技的发展历程,研究总结冀域古代科技文化,"实证性"的科学意识始终贯穿于冀域古代科技文化发展的历史脉络之中,"实证性"的科技文化特质也保证了冀域古代科技成果的准确性和权威性。

4.2　大胆创新的设计理念

4.2.1　实际应用中的创新精神

创新精神是科技进步的源泉,是科技发展的不竭动力,科技的发展离不开创新。冀域古代科技活动中的创新精神推动着冀域古代科技不断发展进步,在历史发展中形成的冀域古代科技文化中,实际应用中的创新精神是其科技文化特质的关键一点,主要体现在桥梁设计、编制天文历法等方面。

赵州桥作为冀域古代科技学术文化器物层面的优秀代表,与其他三座古桥共称"中国古代四大名桥"。同时,并称为"中国四大古桥"的另外三座:潮州广济桥(始建于 1171 年)、泉州洛阳桥(始建于 1053 年)、北京卢沟桥(始建于 1188 年)的历史均不及赵州桥历史悠久,在千年历史更迭中,赵州桥历经无数次洪水冲击以及先后八次地震考验,赵州桥却始终矗立在洨河之上,屹立如初,当时设计之合理、理念之创新、施工技术之高超可见一斑。赵州桥在世界桥梁史上闻名遐迩,其独创的"敞肩拱"在世界桥梁史上是一次伟大的革命,赵州桥也是世界上"敞肩拱"桥型的开端。在实际应用中,赵州桥在桥身设计上运用了单孔、大跨度的设计结构,运用单孔石拱架,相比于我国古代桥梁中常见的多孔结构,既增加了排水的作用,又方便了洨河上船舶的往来。[115]其次,"敞肩拱"桥型的优势明显:一、减轻了桥体重量,节省建筑材料。因为桥身重量的降低,进而也减轻了对地基的作用力,这样就延长了桥梁的使用年限,大大提高了桥梁的耐久度;

二、在雨季，桥下过水的面积增加，相对减轻了洪水对桥身的冲力。

在编制《授时历》的过程中，郭守敬等人摒弃了不切实际的上元积年法，而使用实测历元法。但是上元积年法在传统历法领域根深蒂固，要打破这一传统并非易事。而郭守敬等人则是第一次理直气壮地从对上元积年法的弊端和实测历元法的优越性的理论阐述出发，从而对一系列与实测历元相关的天文数据进行精细测算，这是极大的勇气和缜密的实践活动，冲破了上元积年法的羁绊，实现了采用实测历元法的历史性变革。同样地，测验是修订历法的基础，而要预推或逆推日月五星在任一时刻的位置，就必须在其基础上，探索日月五星的运动规律，并采用数学方法加以描述，这是多数天文学家的基本思路，但是要做到科学与合理，就必须要有创新。在编制《授时历》的过程中，郭守敬等采取了一大批创新算法，例如密算方法的创新，"三次差内插法、弧矢割圆术、日食三限与月食五限的算法"等等，[116]这样使得《授时历》的精度大大提高：《授时历》规定一年的时间只比地球公转一周的实际时间相差26秒，而且比欧洲相同精确度的《格里历》领先了300年。"《授时历》设定一年为365.2425天，欧洲的著名历法《格里历》也规定如此，但却是公元1582年开始使用的。"[117]

郭守敬同时又是一名地学家，"他是重要概念——'海拔'的提出者"[118]。郭守敬合理地认定各地的海平面的高程是相同的，进而建立了以海平面作为衡量各地水平高度统一标准的概念，即所谓的海拔高度的概念。"我们推想，郭守敬大约是在元世祖至元十六年（1279）进行四海测验，去河南登封告成镇路经开封时，发现流经此处的黄河的流速要比流经北京的河流快得多，又兼及北京离海近而开封离海远的基本事实，而提出海拔概念并得出开封的海拔高度应高于北京的结论的。"[119]由此可见，郭守敬正是从实际的地理现象出发,进行合理的综合分析与机敏的理论思考而得到了创新理论。

冀域古代科技活动中的创新精神主要体现在实际应用中,相比于理论科技上的创新,实际应用中的创新能够保证科技成果更快地投入到现实生产之中。

4.2.2　将艺术性思维纳入理性设计之中

艺术性思维是冀域古代科技文化特质中难能可贵的一点,冀域古代许多科技成果除了理性设计的考量之外,还将艺术性思维纳入其中。

相比于桥身史无前例的大胆设计,赵州桥上还留下了很多具有文化价值的雕刻,在桥体上的石刻中,"最引人注目的就是位于桥巅上的饕餮"[120]。设计者不仅认真地考虑到汛期洪水对桥体的冲击作用,还细致地考虑到了桥面上的承重问题:行人行走到了桥梁的顶端,这里是一小段平坦的道路,人们不免会观赏远近的景色,驻足停留,但这样容易造成桥身上的交通拥堵,会出现危险的情况,相比于桥身其他部位的美轮美奂的石刻,设计者考虑周全,有意在大桥顶部两侧雕刻气势凶猛的饕餮恶兽,使得桥上往来的人们看到之后会心生畏惧,从而减少在桥身顶部逗留的时间,这样就减轻了桥面顶部的负重,使得行人和马车的流动加快,大大提高了桥体的安全性。设计者的深思熟虑在桥体图案雕刻上彰显无遗,这一设计充分体现了科学精神与艺术精神的完美结合。在赵州桥桥身细节的设计中,将艺术性思维纳入到了理性设计之中,理性的科学设计思想也可以通过艺术形式来表达。相比于并称为"中国四大古桥"的其他三座:广济桥、洛阳桥、卢沟桥上的雕刻图案装饰,除了寓意吉祥平安、祈求减少水患的共性之外,赵州桥桥巅上饕餮的雕刻图案设计可谓独具匠心。

这种设计思路在其他冀域古代其他科技成果上也有体现:香漏是古代一种计时器具,它"利用断面粗细一致,香料均匀的线香的燃烧速度基本均匀的特性,由线香火头位置的均匀移动以显示时间的均匀流逝"[121]。"香漏的采用不会晚于公元 6 世纪,而且至迟在北宋时期它已在民间被广泛采用。"[122]香漏通过线香均匀燃烧的位移来计时,主要是通过火头所在的位置来显示时间。郭守敬对于这种既简便又具有一定准确度的计时器也予以了极大的重视:柜香漏与屏风香漏便是他设计的两种形式新颖的香漏,线香被巧妙地镶嵌在柜式工艺品或屏风之中,既发出幽香,又具有观赏性,还可报时,这样的设计融艺术性、科学性与适用性于一身。

将艺术性思维纳入到理性设计之中,充分体现了冀域古代科技文化细腻的一面,科技成果不仅符合设计上的理性要求,更加追求艺术性完善。

4.3　难以规避的时代局限

4.3.1　科技制度尚未形成完整体系

冀域古代科技人物大部分是官员出身,在古代主流意识形态"学而优则仕"的影响下,专门从事科技活动的人员微乎其微,平民出身的百姓受自身经济条件的制约从事科技活动更是寥寥无几。专门用来建构科技组织、规范科技活动、选拔科技人才、奖励科技成果的系统制度没有建立起来,很多科技活动都是以封建统治者的意识为主要推动力,系统的科技文化制度在冀域古代并没有建立起来,冀域古代的科技制度文化不足。

造成这种状况的原因主要是:一是科技活动在冀域古代受重视程度较轻,没有形成相对完善的科技体系;二是冀域古代从事科学活动的人员大部分是官员出身。也正是由于他们的封建官员资源,才使得他们有条件进行与封建统治联系紧密的科技学科的研究,由于冀域古代是封建政治中心,"学而优则仕"的意识深刻地影响着大众,学习的目的也是为了奔向仕途,有志于专心研究科技的人员少之又少,封建统治者也不会建立专门的机制用来选拔科技人才。

4.3.2　封建意识严重制约科技发展

在中国古代,科技活动受封建意识的影响很大,"以农为本""重农抑商"等政策对古代科技发展的导向作用明显。冀域古代作为封建王朝的政治中心,科技活动向封建权力的辐凑表现得更加明显,跟农业相关的科技成果水平在中国古代范围内处于领先,由于处于封建政治中心,便于集中优势资源发展与农业相关、维护封建政权稳定的科技学科,例如天文学、水利、医学等等,这些学科在冀域古代都十分繁荣。

封建意识的作用对冀域古代科技发展的影响不容小视,这种影响主要表现在两方面:一方面,由于封建意识影响深刻,便于集中优势资源发展相关科技;另一方面,这种封建意识的影响会加重科技活动本身的政治性色彩,造成科技体系的片面发展,直接关系到封建统治的科技学科会加速发展,与封建统治没有直接联系的科技学科会发展缓慢、甚至不发展。在冀域古代,封建意识对科技成果的影响作用表现尤为突出。

以天文历法的推行为例:元初,忽必烈决定改革历法,制定新历,经过一系列工作,以郭守敬、王恂为代表的科技专家取得了《授时历》等一批新成果。在《授时历》初成后不到两年,历法改革的四位核心人物中三位先后去世,另一位杨恭懿也离职而去。这样一来,郭守敬可以说是临危受命,独自承担了领导完善授时历的历史使命。郭守敬前后大约花费了十年的时间,"倾注心力先后完成了不少于十四种一百零五卷的系列著作"[123]。郭守敬等人的功劳固然功不可没,但与此同时,统治者的封建意识也在很大程度上左右了《授时历》的产生。

同时,在冀域古代地学及农学著作上,也体现了浓重的封建意识色彩:清代康熙帝是一位精通自然科学知识的封建君主,"在康熙帝的主持和推动之下,清政府完成了中国古代科技史上两项重大工程——《律历渊源》的编订和第一幅采用近代科学方法绘制的中国地图《皇舆全览图》"[124]。在当时,《皇舆全览图》无论是绘制方法、精度,还是所包含的地域面积及内容的选择,在当时的制图学领域,都具有世界领先水平。除此之外,清代乾隆初年的《授时通考》一书也是由清代官修的综合性农书。

《授时历》《律历渊源》《皇舆全览图》以及《授时通考》等一系列冀域古代科技成果的产生,在很大程度上是由封建统治阶级的推动作用而决定的,封建意识在冀域古代科技成就上的影响较为深刻。

第五章 冀域古代科技文化特质的 影响要素分析

冀域古代科技文化在长期的历史发展过程中,形成了鲜明的科技文化特质,这些特质与冀域古代的地理环境特征、经济发展状况、社会政治影响以及思想文化元素相联系,并受其影响。这些影响要素是冀域古代科技文化特质的来源,在历史的长河中,深深地影响着冀域古代科技文化特质的形成与发展。

5.1 地理环境特征

自古以来中国,由于地理环境的特点决定了是一个农业大国,也称为"黄土文明",与西方的"海洋文明"相区别。在漫长的历史发展过程中,自然地理环境的限制使得人类活动有所不同,形成了不同的农业区域,有的地域发展缓慢,而有的区域则迅速发展成为某一历史时期的主要农业区。冀域地理环境特征明显,一是广阔的大平原带来了发达的农业;二是六朝古都的优势推动了科技相对迅速的发展。冀域古代一直是农业发达、文化昌明的地区。

磁山文化因河北武安磁山遗址的发掘而得名。磁山文化是一种早于仰韶文化的新石器时代的早期文化,它的发现说明早在距今

8000 年之前,河北南部一带就已经存在人类生存的痕迹。"磁山遗址的发现,把新石器时代提前了 1000 多年,填补了新石器时代的一段空白。"[125] 20 世纪 70 年代在今河北武安市磁山发现的新石器时代早期遗址中,已有了农业的痕迹。在磁山遗址出土的各类生产工具中,数量最多、所占比例最大的当属农业生产工具。"以第一次发掘出土的石质工具为例,上、下两层拱出土石器 859 件,其中斧、铲、镰、刀等农业生产工具 521 件,约占 60.7%,磨盘、磨棒等粮食加工工具 110 件,约占 12.8%,两者共计达 73.5%。"[126] 这不能不说明农业经济在磁山文化时期所占有的特殊地位。再者,考古学家在磁山遗址中发现了粟的遗迹,专家根据出土的农具来分析,当时的农业水平已不再原始,"进入到了耜耕农业阶段"[127]。可见,冀域古代农业在中国历史上发源较早。"磁山遗址的发现与发掘,是我国目前华北地区所发现的最早的新石器早期的考古遗存之一,对于认识"前仰韶时期"的古人类文明,具有极为重要的意义。"[128] 生产工具进步与否是反映生产力发展水平的重要标志,磁山遗址出土的农业生产工具绝大部分为石器,另有少量骨、蚌器。磁山文化时期的农业生产工具,不仅数量上高,而且品种上也比较完备,有了比较明确的专用工具,这说明当时的农业生产水平已有很大的提高。同时,磁山遗址"粟"的发现,"把我国人工种植粟的历史追溯到八千多年前"[129]。粟的驯化成功,是人类原始农业的一次跃进。磁山遗址出土的农具和粮食堆积痕迹的发现,证明了当时农业水平有了一定的提高,粟类作物开始被人类种植,与此同时,农业水平在一定程度上的提高,使得粮食有了剩余,这样就为饲养家畜提供了物质条件,磁山文化遗址中也出现了原始的畜牧业的痕迹。

随着历史朝代的更迭,冀域地区的农业发展水平不断提高。东汉末年,董卓举刘馥为冀州牧,时"冀州民人殷盛,兵粮优足"。[130]《齐民要术》中反映的北魏时河北平原的农业技术已相当发达,农作物品种已达到 20 余种。河北地区人口众多,唐代瀛洲(今河间地区)是河北诸州中人口最密集的一州。"到了 8 世纪中叶唐安史之乱之前,河北平原已是全国最发达的农业地区。"[131]

　　但此之后,由于战乱等原因,导致冀域农业发展受阻,但当战乱平息之后,政治稳定,统治者又开始大力发展农业。由于冀域地理环境的优势,许多朝代的统治者选择在这里建都,冀域属于古代多数王朝的政治中心,在封建社会,统治者的主张又大都是"以农建国",所以,在冀域地区,古代科技活动的环农业特征明显。

　　在中国几千年的传统社会之所以能够形成比西方同时期更先进的科技文明,就是因为中国传统社会盛行的"民本思想"。虽然在传统社会中,统治者的皇权地位是不可比拟的,但是占统治地位的儒家思想始终信奉"民为贵,君为轻","历代王朝也都以是否福祉于百姓及福祉于百姓程度的高低作为衡量其有道与否及有道多寡的根本尺度。这就使中世纪的中国比同时期的西方更关注物质生产,其所需借助科学来从事生产的分量自然要比西方多得多,这样就很自然地造就了传统社会里的中国在科技发达程度上比传统社会里的西欧要先进得多"[132]。

　　由于冀域地区古代优越的地理环境优势,使得冀域在古代一直是农业发达、文化昌明的地区。再者,由于政治中心以及封建统治意志催生科技发展等原因,造就了冀域古代科技活动主要是围绕着封建意识、农业生产活动来展开的,由此形成的科技文化中封建意识、实用思维也就较为深刻。

5.2　经济发展状况

　　经济发展是科学技术进步的重要基础,因为科学技术的进步是以广泛的物质、经济需要为背景的。经济的发展为整体社会文化的繁荣和提高奠定了基础,同时,这也给科技的进步提供了一个良好的空间。"同时,作为动态与竞争的经济发展本身必然对科学技术提出更高的要求。科学技术被视为经济的杠杆,经济要想取得更大的成就总是需要更高的科学技术的保障和支持。"[133]

冀域古代优越的地理条件为传统农业经济的发展提供了物质基础,一方面,农耕经济的不断发展使得封建社会向前进步,农耕经济成为社会经济的主要经济形式,占绝对优势地位;另一方面,农耕经济的绝对优势又抑制了冀域古代一些与农业关系不密切科技的发展。科技活动在古代相比于农业活动,地位差距较大,加上封建思想的影响,科技活动在平民中的普及并不高,冀域古代处于封建王朝的政治中心,这种影响更为深刻,所以在冀域古代,科技活动人员大部分都是出自官身,很少是布衣出身。这种农耕经济的绝对优势和封建思想的深刻影响,抑制了冀域古代一些科技水平的提高。

5.2.1　平原地理与发达的农业经济

"王充《论衡·率性》说:战国时期魏国西门豹、史起先后引漳水灌田,使河北临漳县西南邺城一带的土地,'成为膏腴,则亩收一钟'。由于农业发达,西汉时漳河上游的魏郡是人口最密集的地区之一。这种农业发展势头保持到公元 3 世纪不衰。东汉末年曹操定都于邺,在战国水利工程基础上进一步加以扩建,发挥了更大的作用。"[134]以后十六国后赵、前燕,北朝的东魏、北齐因相沿袭建都于此,均与当地农业发达有关。

同样,在出土的战国时期燕国的农业生产工具和粮食加工工具中,铁制农具已占相当大的比例,"在今河北新城一带的督亢陂,在战国时为燕国境内富饶的农业水利灌区"[135]。荆轲刺秦,他向秦王献的就是督亢地图。"东汉建武年间,渔阳太守张堪在今北京市顺义县境引白河开稻田 8000 余顷,这是北京地区种植水稻的最早记载。以后三国魏嘉平二年(250年)驻守在蓟城(今北京城西南隅)的征北将军刘靖在石景山南水(今永定河)上,筑戾陵堨,引水开车厢渠东入高梁水,又东注入水,灌田2000顷。不久又自车厢渠引流入鲍丘水(今白河),灌田万余顷。这是永定河、潮白河冲积扇上大规模开发水田的先声。以后北魏、北齐、唐代都曾在此基础上整修过督亢陂、戾陵堨、车厢渠等水利工程,发展水田,成效显著。"[136]

在明清时期,"明代汪应蛟、左光斗、董应举、徐光启等人也先后在天津兴修水利,开垦水田,使京津地区的经济迅速发展起来"[137]。"《明史》记载,汪应蛟在天津驻兵的时候,募民垦田5000亩,其中十分之四为水田,获得了每亩4—5石的收成。"[138]这是天津附近大规模改造盐碱洼地种植水稻的开始。同时,明代的徐贞明在冀域古代稻田的种植上也有贡献:"曾从南方招募农民来京东以代营治水田,一年间就垦田4万亩。"[139]从历史发展上看,冀域古代的农业经济一直较为发达。

5.2.2　农耕经济的绝对优势导致科技片面发展

在封建社会,"以农为本"的意识影响颇深,尤其在冀域古代,位于封建王朝的权力中心,这种"以农为本"的思想更加根深蒂固,所以,社会活动是围绕着农耕经济而展开的,科技活动亦是如此。与农业联系密切的科技学科会得到优先发展,联系不紧密的学科的发展则受到抑制。在中国古代的科技发展中,亦是这种特点,只不过在冀域古代,这种特点尤为深刻。

例如,天文学中的历法与农业联系最为紧密,季节是历法的核心所在。"《尚书·尧典》记载,'日中、星鸟,以殷仲春','日永、星火,以正仲夏','宵中、星虚,以殷仲秋','日短、星昴,以正仲冬'。这种根据恒星位置来判断时间的方法大概是最原始的季节形式。"[140]在重视农业生产的古代,天文历法取得了辉煌灿烂的成就。在元朝刚建立之初，常年的战乱导致民不聊生，忽必烈认识到亟需大力发展农业，增强实力，而农业的振兴需要历法的改革来作为支撑，在此背景下，郭守敬主持修订的《授时历》应运而生。水利工程技术显然也与农业相关，发展水利事业，为发展农业的基础与命脉。加上由于冀域古代政治中心的缘故，水路交通运输情况、水患治理情况影响着封建政权的稳固，所以冀域古代水利科技也是发达的科技学科之一：元初定都北京后，先后开凿了济州河、会通河等运河，元代的天文学家郭守敬还是一名水利学家，在北京附近主持修建了白浮堰工程。此外，一些其他的科学技术：冶炼技术等等，这些科技也间接地与农业的发展相关，在古代战国中期以后，农业生产活动中铁制农具的普及率已相当高："河北庄村赵国遗址与辽宁莲花堡燕国遗址出土的铁农具分别已占农具的65％和85％"，[141]而铁制农具的使用在相当大程度上带动了冶炼技术的进步，而冶炼技术的进步也是源于农业发展的需要。

　农业发展的需要极大地促进了冀域古代相关科学技术的发生和发展，科技活动都是围绕着农业的发展需要而展开的，科技活动有着明确的目的，这个目的就是农业生产。虽然农业生产有时候并不是冀域古代所有科技发展的唯一目的，但是注重农业生产而进行科技发展这一主线贯穿于冀域古代科技发展的脉络之中。冀域古代"以农为本"发展而来的农耕经济的绝对优势导致了科技发展的片面性，与农业相关的科技能够得到优势的资源大力发展，另一方面，与农业关系不密切的科技则发展滞后，甚至不发展，这样就造成了冀域古代科技体系片面发展的状况，也造就了冀域古代科技文化的特质。

5.3　社会政治影响

　科学技术活动往往会受到一些社会政治因素的影响，在古代科技活动中,受政治因素的影响更为深刻。"对于科学技术自身的研究活动而言,它的运行既受科学技术共同体内学术规范(如默顿规范)的制约,也受科学技术共同体之外政治的、社会的非学术规范的制约。"[142]同时,科技活动对政治也具有反作用:美国在大力发展科学技术的过程中,也有其政治目标的考量。通过保持科技在全球范围内的领先来巩固经济、军事领头羊地位,进而在全球推行其政治制度。"一是借助科技保持国防优势,以国防力量强化政治力量;二是通过科技来增强产业竞争力,力求以经济为中介达到自身的政治目标。"[143]"科学技术与政治的关系离不开特定社会历史条件下政治主体的政治利益需求,"[144]在冀域古代更是如此,科技向封建权力辐凑表现得更为深刻,冀域古代许多科技的产生与发展直接受到封建统治政治因素的影响,也造就了实用思维、科技制度文化不足、封建意识影响严重等鲜明特质。

5.3.1　统治者偏向农业发展,造就了天文、地学的突出成就

在冀域古代,科技活动受封建制度的影响更为深刻,科技活动向权力的辐凑,表现为很多科技人物均为官身。同时,冀域古代天文学成就突出。在古代科技活动中,与农业关系最紧密的无疑是天文学。冀域是许多历代王朝的政治中心,统治者的支持使得天文学发展较快;在古代,与天文学关系最为紧密的学科无疑是数学,天文学家的许多精确数字都依赖于他们扎实的数学功底,所以在古代,许多天文学家也兼修数学:冀域古代数学巨匠祖冲之便曾经参与过大明历的编制工作。由于封建意识的作用,在冀域古代,数学也是科技昌明的学科之一:祖冲之、李冶、朱世杰都是古代著名的数学家。此外,还有一些科学技术,间接地与农业有关,由于农业的发达,冀域古代也出现了一批地学科技人物及其著作:例如,郦道元及《水经注》、贾耽及《海内华夷图》、李吉甫及《元和郡县图志》。

贾耽,河北沧州人,他曾任宰相。贾耽奉唐德宗之命,于公元801

年完成《海内华夷图》的绘制。"图中以黑色书写古时地名,以红色书写当时地名,这是地图史上一项创新,为后世地图绘制所沿用。"[145]这样在同一幅图上表明古今两种情况,便于对照,"后代绘制历史地图,常用这种朱墨套色法,也就是现代通用的底图填图法的先驱"[146]。可见,《海内华夷图》对后世制图的影响之深。李吉甫,赵郡(今河北赵县)人,也曾任唐朝宰相。"李吉甫晚年著有《元和郡县图志》。书中记述了当时全国 10 道所属州县的沿革、通道、山川、户口、贡赋和古迹等,是现存最早的一部全国性地理著作。它继承和发扬了《汉书·地理志》的传统地理学体系,对后世全国性地志的编纂影响很大。"[147]因为李吉甫久任宰相与地方官,对当时的全国图籍较为熟悉,所以《元和郡县图志》记载详尽,引证有据。"其记叙方法以贞观十道为纲,配合元和时一级行政兼军事区划的 47 镇,以下每府、州,首记治城、地方等级、户乡数目、沿革、疆域、四至八到、贡赋;记次县分等级、沿革、山川、古迹、道里、关塞等。每镇篇首有图,其内容集魏晋以来地理总志之大成,图文并茂。"[148]

由于统治者偏向农业发展,造就了冀域古代在天文历法、地学方面的突出成就,天文历法、地学的发展过程中也铸就了注重"实证性"意识、顽强的探索精神、实际应用中的创新精神等科技文化特质。

5.3.2　战争与维护政权稳定,催生了水利科技发展

冀域古代战争的频发是催生水利科技发达的一个重要原因。东汉末年,皇权衰落,群雄并起,曹操与袁绍父子形成了两大对立的军事集团。为了彻底消灭盘踞在北方邺城(今河北邯郸市临漳县西南邺镇)的袁氏集团,具有雄才大略的曹操决定疏通白沟水道,借助这条水路向邺城进攻。白沟发源于今河南省浚县西南,此处接近淇水,往东北方向流去。"由于河水流量较小,不能满足航运的需要,只有将淇水引入白沟,才能达到通航的目的。《三国志》曰:'遏淇水入白

沟,以通漕运。'"[149]此后,粮船可以进入白沟而逼入邺城,使得曹操很快打败了袁军主力,攻克了邺城,为称霸北方创造了良好的条件。同时,曹操修建白沟,也为两岸的农业提供了灌溉的便利。曹操以邺城为国都建立了曹魏政权。"为了加强邺城与四方的联系,决定将白沟与漳河连接起来,于建安十八年(213 年)九月征集民工又开凿了利漕渠。从此,来自中原或河北东北部的船只均可由利漕渠折入漳河,溯漳水直接抵达邺城都下。"[150]"历史上,邺城曾为曹魏、后赵、冉魏、前燕、东魏、北齐六朝古都。"[151]东汉末年时,邺城为曹操的大本营,实际上那时的邺城是中国北方政治、军事、经济和文化的中心。到隋炀帝即位后,当时黄河以南开凿了通济渠,从洛阳至江都都十分畅通,而黄河以北,从洛阳到涿郡(今北京)则长期交通不畅,再加上隋炀帝为了征服辽东,永济渠便开始动工。"永济渠是在曹魏所开白沟的基础上开凿的一条南达黄河、北通涿郡(今北京市)的运河。"[152]永济渠的开通为当时隋朝起兵攻打高丽奠定了基础,唐太宗时期也曾利用永济渠征讨高丽,并凯旋而归。

　　元朝建都北京后,先后开凿了济州河、会通河等运河,这些运河与隋朝开凿的运河河道相接,从而形成了贯通南北的大运河,为政治、经济、文化作出了卓越贡献。"元代建都(今北京)后,凿成了京杭大运河。京杭大运河建成后直到京广铁路和津浦铁路修成前 600 年中,始终是中国南北交通的大动脉。"[153]明永乐年间迁都北京,漕运为国家急务。于是永乐九年(1411 年)工部尚书宋礼主持修浚运河,他采用汶上老人白英策的建议,"在东平县东戴村(今汶上县东北)筑坝,遏汶水入南旺湖分流南北济运,于沿岸设置安山、南旺、马场、昭阳四湖为水柜,'柜以蓄泉',西岸设陡门,'门以泄涨',全线设闸以通运,故又称'闸河'。"[154]永乐十三年(1415 年)运河大通,"逮会通河开,海陆并罢。南极江口,北尽大通桥,运道三千余里"[155]。此外,元代的"郭守敬于 1291—1292 年,在北京附近主持修建了用来解决大运河北段通惠河水源不足的白浮堰工程"[156]。兴利除害,恢复生产,发展经济,以造福百姓,是冀域古代水利科技的一个重要出发点,同时,这个出发点也是维护封建政权稳定的重要一点。例如郭守敬"水利六事"的提出,显然与他亲见父老乡亲深受水患之苦有密切的关系,郭守敬把他关注的目光扩展到他故乡的周边以致更远的地域,在当时忽必烈试图增强实力、统一中国的历史背景下,这一出发点无疑还具有更深层次的政治与军事含义,这也正是郭守敬提出的"水利六事"得到忽必烈重视的原因。郭守敬对水利事业的追求无疑已经上升到服务国家、增强国力的层面,这些水利活动对华北地区农业生产基地的形成,对于京城的建设都起到了十分重要的作用。

可以看出,为了稳定封建统治阶级政权的需要,冀域古代作为封建王朝的政治中心,水利的发展尤其得到重视,这其中主要有两方面原因,一是政治中心周围的水患亟需治理,周围稳定的水文环境为政权的稳固提供了基础;二是作为封建政治中心,漕运的通畅也是至关重要的,航道的畅通为运输等贸易往来也提供了保证,政治中心周围的农业发展也需要良好的灌溉条件。以上种种原因造就了冀域古代水利科技的发达,冀域古代的水利科技着重体现了贴近生产的实用理念以及封建意识对科技成就的影响。

5.3.3　人口众多,催生了医学发展

人是一切社会经济、政治、文化活动的创造者。相比于现代,古代人类改造自然的能力较弱,人类活动依据自然环境的状况而相应展开。客观因素上,自然环境的优劣对人类生活、人口的数量、分布与迁徙影响很大。而在古代封建统治者选择定都的时候,自然地理环境的优势往往也是统治者优先考虑的因素,因此,冀域

古代作为六朝古都,是政治、经济、文化繁荣之地,带来的直接效应便是吸引人口大量地向此迁移。特别是在"以农为本"的中国古代,充足的劳动力是保证农业发展的根本条件,这也直接关系到地区经济的发展。冀域古代作为六朝的政治中心,统治者对农业经济的发展要求较高,也促使了冀域古代地区人口数量的增多。

人口数量的庞大,必然要求这个区域医学人才的聚集。首先,冀域古代优越的地理环境为中医的发展提供了物质基础。其次,由于冀域是六朝古都、皇家所在地以及政治中心的缘故,相比于偏于贫困地区,统治者更需要中心地区的社会稳定、对生命的珍视和对健康的更高需求,这些需要自然催生了医学的发达。因此,冀域古代涌现出一大批医学人才:扁鹊、刘完素、李杲、王清任等等,这些冀域古代医学家,在中医史上都占有举足轻重的地位。人口众多催生了冀域古代医学科技的发展繁荣,而冀域古代的中医诊断思路则代表了阴阳对立统一的辨证整体思维。

5.4　思想文化元素

科技文化特质既受地理环境、经济发展和政治制度的影响,同时也受当时特定的思想文化的制约。

5.4.1　突出的"唯物主义"观念为古代科技发展奠定了哲学基础

冀域古代不仅自然科技成果璀璨,更涌现出一批哲学家,在冀域古代,"唯物主义"思想观念较为突出,这也影响着冀域古代科技文化,使得科技成果较为贴近社会生产生活,突出的"唯物主义"观念为冀域古代科技发展奠定了哲学基础。荀子是一位儒学大师,他主张"性恶论",强调后天的学习。荀子在《天论》中提及:"天行有常,不为尧存,不为桀亡。"荀子批判了唯心主义的观点,认为自然界的变化是不以人的意志为转移的,他提出了人定胜天,反对宿命论,万物都遵循着自然规律变化等朴素唯物主义观点。这些唯物主义观点就为科技的发展进步提供了适宜的土壤,也为科技活动的开展提供了必要的动力。在商代时期,医与巫、科学与迷信难以分开,巫除了进行"祭祀"外,也掌握一些药物知识,使用药物治病。到了西周时期时,医和巫才分开。所以,当时在进行医学治疗时,难免会掺杂一些虚幻的因素在其中,这就会对医疗水平造成不小的影响。就是因为当时的环境文化所致,才导致医学的发展受阻。战国后期赵国人荀子提出的反对宿命论则是一个积极的进步,他使得人们摆脱了消极的情绪,能够运用主观能动性去尝试着改变,这为科技发展提供了一个有力的思想武器。

欧阳建,冀州人,是西晋时期著名的思想家。他著有《言尽意论》,其中明确地说明了唯物主义的认识论的基本原则反映论。在当时玄学贵无论的影响下,欧阳建肯定了客观事物及其规律的客观性。欧阳建在《言尽意论》中提及:"形不待名而方圆已著,色不俟称而黑白已彰。"客观事物的属性是客观存在的,并没有其他玄幻的因素影响着其属性。在古代传统社会,这种唯物主义精神难能可贵。颜元,清初儒家、思想家、教育家,颜李学派创始人,直隶博野县北杨村(今属河北省)人。颜元是明清实学思潮中实体实学的代表人物之一,实体实学是基于明清实学的哲学基础之上,"它包括以气这一物质实体为本的本体论,以实践(力行)为基础的认识论等多方面内容"[157]。颜元主张"见理于事,因行得知",认为事物的客观规律要在充分实践之后才能获得;他在《存学编》中提及:"力(行)之所至,见(知)斯至矣。"可见,颜元主张行动先于认识,在社会生活中,要积极实践,发挥主观能动性;他提出的"实才实德之士"的培养目标,冲破了理学教育的桎梏,具有鲜明的经世致用的特性,在当时无疑是具有进步意义的。

　　从荀子、欧阳建再到颜元,他们推崇的都是唯物主义观点,唯物主义观念在冀域古代的传播使得冀域古代人们有着实际、实证的意识理念;同时,培养了贴近社会生活的思维观念;这也为冀域古代科技活动嵌入了实践、实用的因素,正是冀域古代这种突出的"唯物主义"观念为其古代科技的发展奠定了哲学基础。

　　但是,又不得不承认,这种在封建社会存在的主流价值导向对科技的发展也有一定的阻碍作用,科学理论伦理化和技术化趋向限制了科技的健康发展。在传统封建社会里,伦理是为政治统治服务的,在意识形态影响下的科技也受封建意识的支配,科技一旦不能满足统治阶级的需要,其发展道路就被阻塞;例如,一些不为现实生产服务的理论与技术则被斥为"屠龙之术",这就造成理论的技术化倾向,对于独立于技术之外的纯粹理论结构形成很不利。于是,"天文学附属于历法,生物学知识几乎完全存在于农学与医学之中。历法越来越精确,到元代《授时历》出现,已达到第谷・布拉埃的水平,但天文学理论几乎是停滞的"[158]。在封建社会中,强大的主流意识影响了所有社会活动进行,科技活动受封建主流意识影响也较为深刻。

5.4.2　"仁德重生"的价值追求引领了传统医学进步

　　《论语・公冶长》中提及,"老者安之,朋友信之,少者怀之。"这表现了孔子以仁信对待所有人的志向,这也成为中国古代封建社会实行仁政的具体要求。仁政是一种儒家思想,是儒家代表人物孟子从孔子的"仁学"继承发展而来,仁政的思想在很多朝代也都作为统治者的思想。

　　冀域古代作为政治中心,封建意识对大众的影响较深,儒家思想作为中国两千多年封建社会的主流意识形态,其仁政的思想也早已深入人心,由"仁"而引申出来的仁德、重生的价值观念也在历朝历代的更迭中延续下来。

战国末期的荀子,在其《天论》一文中阐明了自己在自然观方面的主张,"故明于天人之分,则可谓至人矣。"这就是"天人相分"的主张,荀子指出,自然界与人类社会是两人各自独立又相互联系的系统,自然界的运动不以人的意志为转移,所以这就要求人们要积极主动地去改变自然界,这种"天人相分"的主张就为推动冀域古代科技的进步发展奠定了哲学基础;其次,在《荀子·王制》中提及:"力不若牛,走不若马,而牛马为用,何也? 曰:人能羣,彼不能羣也。""人能羣"("羣"同"群"),指出人能够结合成社会群体,而牛、马等则不能结合成社会群体,另一方面,"能群"也反映出人相对于动物而言的更高的生存要求,而更高的生存要求则需要更好的科技成果来保证,这也激发了冀域古代科技,特别是医学的进步发展;最后,在《荀子·劝学》篇讲:"'礼'者,法之大分,群类之纲纪也,故学至乎'礼'而至矣。"在荀子的思想中,是十分重视礼乐的,这也带动了人们的人心向善。所以,一方面,"天人相分"的哲学思想为冀域古代科技的发展奠定了哲学基础;另一方面,荀子思想中的"人能群""礼乐"的部分又作为价值追求影响了大众的价值观,这两方面的影响就决定了冀域古代"仁德重生"的价值追求,随着朝代的不断变化,这个价值追求始终是统治者治国理政的信念,"仁德重生"价值追求也催生了冀域古代医学的进步。

西汉时期的儒学大师董仲舒在《必仁且智》中提及:"仁而不智,则爱而不别也;智而不仁,则智而不为也。故仁者,所以爱人类也。"而他在《仁义法》中又提及:"质于爱民以下,至于鸟兽、昆虫莫不爱,不爱奚足谓仁。"董仲舒主张的"仁"的范围比孔子的范围大很多,甚至包括了鸟兽等。从孔子、孟子、荀子再到董仲舒,儒家思想也一直都以"仁"立本。而荀子和董仲舒更是属于冀域古代的哲学家,"仁德重生"的价值理念在冀域古代也影响较为深刻,而这种价值理念正完全符合医学中医德的标准,"仁德重生"的价值标准符合医学的发展理念,重视生命、尊重生命正是医学得以不断向前发展的源源动力,冀域古代"仁德重生"的价值标准引领了传统医学科技的进步。

5.4.3　"实用思维"保证了科技成果对社会生产的贡献

由于冀域古代"以农为本"思想深刻的影响,使得农耕经济占绝对优势,这样就导致了科技发展的目的性极强,科技活动是围绕着农业生产而展开的,这种"目的性"进而演变为"实用性",即科技成果的产生是要及时投入到农业生产中去,科技活动的成果要直接与农业生产相联系或间接联系,所以这就造成了冀域古代科技活动的实用性极强,这种"实用思维"或与冀域古代的农业生产有关系,或与维护封建统治有关系。"实用思维"一方面造成了科技发展体系的不完整,冀域古代科技的理论性欠缺,但是,另一方面,"实用思维"很大程度上保证了沿用"实用思维"而产生的科技成果对社会生产的贡献。

冀域古代科技的冶炼技术起源较早,在商周时期淬火技术就已经广泛应用,今河北的邯郸市在战国时期是著名的冶铁手工业中心,铁器就已经推广到社会生活的各个方面。冶炼技术使得铁器的使用普及开来,提高了耕作的效率,直接加快了农业生产的速度。历法的改革也为农业耕作提供了更为有效的指导,提高了农业收成。冀域古代水利工程的建设也方便了农业灌溉,解决了水患问题,对社会生产的贡献不言而喻。但是,"实用思维"的价值引领导致了重视技术经验、轻视理论科学的科技研究缺点,导致了冀域古代科技理论科学的相对欠缺,没有科技活动中"进行理论概括和分析"这一环节。但在当时冀域古代的封建社会中,这种"实用思维"在一定程度上保证由此而产生的科技成果对社会生产的贡献。

　　同时,从思想文化的大环境上看,虽然个别历史发展阶段中"务实"的文化基因会有所遗失,但这种文化基因却始终贯穿于中华民族的历史发展脉络。"中国从明朝正德年间至清代鸦片战争前夕,从宋明理学中分化出一股新的社会进步思潮,叫做'明清实学思潮',是明清之际一种新的儒学形态。明清实学的主要代表人物有王廷相、李时珍、张居正、颜元、魏源等人。明清实学的基本特征是'崇实黜虚'。"[159]"崇实黜虚"的特征表现为:一是批判精神。这一社会批判的思潮,不仅表现在意识形态领域,不止限于哲学领域,还表现于文学艺术、经学、自然科学等方面,在传统封建社会的大环境下,批判精神是促进古代科学技术发展的一个重要的思想文化因素。二是科学精神。"崇实黜虚"的精神为自然科学发展提供了重要的文化思想渊源,重视实践、重视考察、重视实测的学风逐渐被确立。"明初,由于宋明理学空谈性命,不务实学,遂使自然科学处于冷落、沉寂时期。尔后,由于经济发展的需要和资本主义萌芽的发展,再加上'西学东渐',自然科学开始由沉寂转向复兴。"[160]同时,明清实学的"舍虚就实"和经世致用的学风也为明清之际产生的科技成果奠定了哲学基础。明清实学作为影响社会的文化思潮,在大环境的推动作用下,科技活动亦会受到这种思潮的作用影响。

第六章 冀域古代科技文化的现代启示

价值是一个关系范畴,是表示客体的属性和功能与主体需要间的一种效用、效益或效应关系的哲学范畴。科技文化的价值体现在对科技活动的指导、对科技制度的完善、对科技精神和思想的传播等等方面。优秀的科技文化价值应该渗透到大众的生活中去,并影响大众的理念。

冀域古代科技文化的价值体现在对当今科技文化建设上,冀域古代科技文化有着灿烂的成就,也有其发展的缺陷,这些共同构成了冀域古代科技文化的价值。冀域古代科技文化优秀的科技精神和科技理念、各种因素对科技文化发展的影响等可以借鉴当今科技文化建设;缺憾的科技体系、主流意识形态对科技文化发展的消极导向作用等可以警示当前科技文化建设。

冀域古代的科技文化成就大放异彩,也有难以规避的时代局限。以史为鉴,借鉴冀域古代科技文化优秀成果,克服或减少其负面因素,可以服务当今科技文化建设。从冀域古代科技文化的研究中,我们可以得到以下几点启示:

6.1　思维方式层面

6.1.1　创新思维是科学技术发展的不竭动力

科技进步是一个国家繁荣、兴旺和安全的保证,科技创新是取得核心竞争地位的关键。创新思维是科技不断发展的不竭动力,培育创新思维,需要加强创新文化建设。先进的文化理念对创新有重要作用,创新思维的培育离不开文化建设。也正是不断地探索与创新,才是科技文化得以存在与提升的关键所在。

在京津冀协同发展战略中,北京的定位是全国的科技创新中心,科技文化是科技创新的基础。纵览冀域古代的科技成就,其创新思维对于我们今天的科技创新仍有着深刻的启迪。然而,冀域古代特殊的农耕环境也会导致封闭的村舍环境,加上古代中国的封建制度,造成的冀域古代文化具有很大的封闭性。在今天的京津冀文化协同发展过程中,我们要避免狭隘的目光,营造一个开放的文化协同氛围。

京津冀三地毗邻,文化有着交汇融通的地理优势。但三地所代表的京派文化、津门文化和燕赵文化却难以整合,这对京津冀文化协同发展有一定阻碍。如何建设属于京津冀独特的、统一的、优秀的科技文化对于文化协同发展也有着重要作用,创新思维是当代科技文化建设重要的灵魂,把握好这一点,有利于打破传统科技文化中的桎梏,整合优秀的文化特色,提高京津冀科技文化的影响力。

6.1.2　用辨证的整体性思维指导现代科技发展

冀域古代的中医成就斐然:扁鹊是中医诊断法的奠基人,刘完素、李杲则是"金元医学四大家"其中的两位,而刘完素更是四大家之首,他们对中医学科的贡献更是巨大。第一位获得诺贝尔生理医学奖的华人科学家屠呦呦在获奖感言中就直言中国传统医学和药物学对她发现青蒿素的重要性。

中医非常强调整体，历来主张由表及里，病症的相关联系性，用辨证的整体性思维诊断病情。在科技发展的今天，科技的再发展面临着不小的挑战，发展思路是制约科技发展的瓶颈，辨证的整体性思维不失为一个有效的途径。况且，整体思维与现代科学有相通性。日本诺贝尔奖得主江崎玲在《读卖新闻》上撰文，认为量子力学、基因科学和电脑技术是 20 世纪的三大科学技术杰出成就，这三大学说都与阴阳学说有联系。[161]同时，现代科技发展在不断分化，也在不断综合。科技不同学科之间逐渐地相互渗透，学科分类越来越细化，学科之间界限不再明显；自然科学和社会科学之间也在相互渗透，彼此结合，形成了一个科技的整体。所以，现代科技的发展思路应该立足于整体，注重把握科技发展的本质，注重科技发展各个环节之间的整体联系，辨证的整体性思维应该作为科技发展积极性的指导方法。

6.2.　发展理念层面

6.2.1　努力实现"实证性"与"理论性"相统一

从科技目的上看，西方科技追求的是客观世界中的"理"，而中国古代科技则更重视现实生产中的"实用性"。从而忽略了理论上的探讨。科技发展离不开"实证性"的科学精神，以冀域古代天文学家郭守敬为代表的实证性科学精神是优异科技成果的保证，而冀域古代数学家们的"理论性"科学精神则是严谨、规范的代表，也推动了古代中国数学不断向前发展。以史为鉴，当代科技的发展也应将"实证性"与"理论性"的科学精神融为一体，在科技发展中，单纯地强调"实证性"或者"理论性"中的任何一个，都会导致科技发展的不均衡，将两者统筹兼顾，既能保证科技成果转化为生产力，为现实服务，又能促进科学理论的发展,二者的统一对科技发展大有裨益。

6.2.2　注重科技相关学科的交叉联系与继承发展

现代科学技术发展突飞猛进,科技学科的分类也越来越细化,各学科之间的相互联系也越来越紧密,单一学科技术的进步往往离不开相关领域研究的突破,因此,注重相关学科之间的交叉联系十分重要。并且,跨学科研究的"涌现"在当代科技发展中并不陌生。冀域古代科技成果的研究表明,由于统治者的重视和冀域古代的优势地理环境,在冀域古代科技中,与农业相关学科之间的联系十分紧密,也推动了一批学科的进步,这也是冀域古代科技繁荣的一个重要原因。同时,我们也要意识到,由于受到大一统社会组织形态和相应的小农经济所决定,中国古代的技术结构系统较为封闭,技术被长期封闭在一个个具体的行业中,靠自身经验积累发展着,很难对其他部门产生革命性影响。所以,在现代科技发展中,若想突破某一科技的发展瓶颈,与此相关科技的学科研究也至关重要,科技学科之间错综复杂的联系使得突破科技发展的思维要相应地做出改变。

此外,科技的继承与发展也十分重要。在古代,技术的继承往往是由父子"秘传"、行会师授或官营垄断的。受到地域和时间的严格限制,技术的继承十分脆弱,极易失传。我国文献和传说中的许多器械,后人已难以制造。"中国的指南车就曾几次失传,诸葛亮的木牛流马也不复重见,考古发现的古代一些精致的织物,其织法也久不流传了。"[162]前人的经验和教训为后来发展提供了借鉴,纵观历史,发展的提前在于继承,人类文明也是在不断继承中得到发展的,不断继承前人的成果和经验,才能得到不断地发展。

6.2.3　现代科技发展应兼具技术理性与价值理性

"历史表明:近代科技文化不是最理想的文化形态。近代两次技术革命大大提高了社会生产力和人类改造自然的能力,但是,人又在一定程度上成为机器的附属品。因此,早在 18 世纪卢梭就批评科技发展泯灭了人的本性,使人性受到压制,只是这种思潮当时不可能引起什么反响。"[163]现代科技发展带来的生态环境破坏、资源危机等全球性问题的爆发,使我们意识到:科技发展带来的效果并不都是我们认为的那么美好,法兰克福学派代表人物弗洛姆惊呼:"过去的危险是人成为奴隶,将来的危险是人可能成为机器人。"[164]现在科技发展迅速,科技成果也在不断地改变着人们生活的方方面面,但现代科技文化绝不是十全十美的,由于现代科技文化中的人文取向价值并未完全尚未渗入到科技成果的实现之中、技术理性与价值理性的不协调等等原因,使得现代科技文化的的弊端日益显现出来,我们应该充分认识到这一点,才不至于使人类精神家园因现代科技成果的工具理性的过分扩张而丧失,过于追求工具理性是现代科技发展中的一个缺陷。

现代科学技术突飞猛进,科技文化对人类文化的影响主要还是表现于器物层次,价值观层次的科技文化建设还有待完善,另外,过于注重科技文化的器物层面影响,则会导致工具理性的膨胀和价值理性的缺失,影响科技文化的健康发展。

冀域古代科技文化成果璀璨辉煌,中国古代哲学的思想融入科技发展之中,人与自然和谐相处的先进思想由来已久,这恰恰是现代科技文化中价值理性的精神之所在。健康、全面的科技文化应该是兼具技术理性与价值理性的,在现代科技的发展过程中,技术理性与价值理性应该相互协调发展。

6.3　制度环境层面

6.3.1　加强科技文化制度建设为科技发展提供制度保障

"制度层次的科技文化是在长期的历史发展过程中逐步形成了

一套规范体系。"[165]制度是规范化的保证,科技文化制度对科技活动有规范的效应,科技文化制度建设对科技发展的作用不言而喻。在冀域古代,科技文化制度体系尚未完善,这也就制约了冀域古代科技的规范化发展。在京津冀文化协同发展过程中,科技人才管理制度、科技成果的转化与应用、科技成果奖励制度等等都属于科技文化制度,这些都应该进一步建立并完善。

　　科技文化制度应该是基于科技文化底蕴的存在,冀域古代的文化历史底蕴颇深,具有培育科技文化的土壤,科技制度产生于科技活动之中,不同地区的科技活动也有着一定的差异,所以,在现代科技发展中,对于科技制度的完善也应该建立起相应的地区特色。同时,对冀域古代科技文化的研究还启示我们:对冀域古代科技文化资源不应该是流于少数人的学术研究,还应该注重对它的普及,大众科技文化素质的欠缺会阻碍科技文化的向前发展。

6.3.2　积极为现代科技发展创造优良的政治环境

　　在冀域古代科技发展的过程中,很大一部分科技成果的产生是依附于当时高度集权的封建统治,这种封建的政治制度对于当时的科技发展有利有弊:集权的封建统治有利于集中优势资源发展与统治阶级直接利益相关的科技学科,形成冀域古代天文学、地学、数学等学科璀璨的局面;同时,这也造成了科技学科发展的极不平衡,与统治阶级利益不相关科技学科在冀域古代发展相对滞后,造成了冀域古代科技体系的不完整。在现代科技文化建设中,国家应该为科技的发展创造优良的政治环境,通过各种政策和措施激励和鼓励科技创新。科技的发展应该是基于人类社会发展的需要,"任何社会要想接纳科学并发挥其社会功能,都必须做出种种调整,创造适应科学发展的社会条件,这些条件在权势社会中是不充分的"[166]。在现代科学技术史上的前苏联"李森科事件"正是由于前苏联共产党和政府直接干预科学争端,使得前苏联生物学界遭受到了严重的损失。我们是社会主义国家,科技发展的最终目的是为人民谋幸福,我们今天的社会政治制度也为科技发展提供了最好的政治环境。

第七章　结论

冀域古代有着丰富的科技文化遗产。不仅有丰厚的学术成果、物质文化成果,也有着制度文化和精神文化成果。这些科技文化成果的产生和形成,与这一区域的地理环境特征、经济发展状况、社会政治影响与思想文化元素有着密切的关系。"古为今用",研究和探索冀域古代科技文化的发展过程、主要成就、基本特质,就是为了挖掘历史宝库,总结经验,为今天的社会现实服务。

当今京津冀协同发展的大背景下,文化协同发展缺乏凝聚力。京、津、冀三地都有各自的文化脉络:京派文化、津门文化、燕赵文化。在三地各自推出具有自己特色的文化时,这些文化显示出各自为战的局面,虽然三地各有文化特色,但缺乏在全国范围内有绝对影响优势的整体城市文化。冀域古代科技文化是一个有待发掘的宝库,借鉴冀域古代科技文化的优秀品质,对推动京津冀协同发展战略的重要性不言而喻。

纵观冀域古代科技文化内容,既有丰硕的科技成果,也有不可避免的时代局限。我们应当取其精华,去其糟粕。必须对冀域古代科技文化进行全面的研究,才能对其有正确的认识,对冀域古代科技文化有正确的认识,然后服务于京津冀文化协同发展。在京津冀协同发展这个大环境下,充分吸收借鉴其科技文化成果,弘扬科技文化精神,为推动京津冀协同发展、建设当代优秀的科技文化提供可借鉴的理论支撑和经验总结。

参考文献

［1］［166］董光璧.二十世纪中国科学［M］.北京:北京大学出版社,2007(06):06,12.

［2］［12］汪劼.浙江科技文化的历史演进及当代价值(D).杭州:浙江大学,2014:5,5.

［3］［49］吕乃基等.科技文化与中国现代化［M］.合肥:安徽教育出版社,1993:29,29.

［4］［48］［51］［52］［53］［158］［162］［163］李建珊.科技文化的起源与发展［M］.天津:南开大学出版社,2004:01,01,02,03,03,109,108—109,05.

［5］杨怀中、裴志刚.科技文化:中国社会现代化的必然选择(J).武汉理工大学学报,2007(03),298.

［6］冯辉.关于文化的分类［J］.中州大学学报,2005,(04),40—41,47.

［7］杨藻镜.从第二语言教学看语言与文化——论语言文化教学原则在中国俄语教学中的贯彻［J］.解放军外语学院学报,1991(05),3—8.

［8］［10］刘雪.文化分类问题研究综述［J］.泰安教育学院学报岱宗学刊,2006(04),9—11.

［9］栗志刚.民族认同的精神文化内涵［J］.世界民族,2010(02),1—5.

［11］［165］潘建红.科技文化:内涵、层次与特质［J］.理论月刊,2007(03),93—95.

［13］［14］［18］［21］［24］［54］洪晓楠.中国古代科技文化的特质［J］.自然辩证法研究,1998(01),43—46.

［15］［25］张馨元.中国古代科技文化及其当代价值［D］.武汉:武汉理工大学,2013:19,9—10.

［16］王渝生.传统文化与中国科技发展［N］.光明日报.2012,05,14(005).

［17］张丽.儒家人本科技观对我国古代科学技术发展的影响研究［D］.长沙:湖南大学,2007:21—22.

［19］ 徐成蛟.儒家价值观对中国古代科技发展的影响研究［D］.武汉：武汉理工大学,2009：27.

［20］ 张洁、钟学敏.论中国古代科技发展的文化缺陷［J］.人文杂志.1998（02）,114.

［22］ 张卫平.浅谈中国古代科学技术发展的缺陷［J］.云南师范大学学报,1997（05）,39,40.

［23］ 者丽艳.浅谈中国传统科技观及其对中国古代科技发展的影响［J］.文山师范高等专科学校学报,2008(03),114.

［26］［27］［28］ 张志巧."天人合一"思想对中国古代科技的消极影响［J］.大庆师范学院学报,2006(03),19—21.

［29］ 刘炯忠、叶险明.从马克思对"生产力"概念的分类看科学与技术的关系［J］.马克思主义研究,1995(06),31—38.

［30］［德］恩斯特・卡西尔.人论［M］.甘阳译.上海：上海译文出版社,1985：37.

［31］［英］J.D.贝尔纳.科学的社会功能［M］.陈体芳,译.北京：商务印书馆,1982：542.

［32］［英］C.斯诺.两种文化［M］.纪树立译,上海：三联书店.1994：9.

［33］ 程宏燕.马克思恩格斯科技文化观研究［D］.武汉：武汉理工大学.2012：22.

［34］ Picking A. From science as knowledge to science as practice. In：pickering A, ed. *Science as practice and culture*. Chicago University Press,1992：35.

［35］［德］哈贝马斯.作为意识形态的技术与科学［M］.李黎、郭官义译.上海：学林出版社,2002：64.

［36］［英］迈克尔・马尔凯.科学与知识社会学［M］.林聚任译.北京：东方出版社,2001：145.

［37］［英］李约瑟.中国科学技术史（第一卷、第二卷）［M］.北京：科学出版社,1990：335.

［38］ 马克思、恩格斯.中共中央马克思恩格斯列宁斯大林著作编译局（第二版）.马克思恩格斯全集（第47卷）［M］.北京：人民出版社,1977：359.

［39］［英］劳埃德.古代世界的现在思考——透视希腊、中国的科学文化［M］.上海：上海科技教育出版社,2008：92.

［40］ 贾建梅、杨国玉、王紫璇.冀域演变及京津冀文化圈考略［J］.河北工业大学

学报(社会科学版),2014(02),17—21.

[41] 尚书·禹贡(第四卷)[M].北京：九州出版社,2012：879.

[42] 河北省政协文史资料委员会(编),河北文史集粹(民族宗教卷)[M].石家庄：河北人民出版社.1991(08)：319.

[43] 河北概况.河北省政府门户网站[EB/OL].[2015-03-29]. http：//www. hebei. gov. cn/hebei/10731222/10751792/index. html.

[44] [101] [125] [126] [129] [149] [150] [152] 董海林、李广.邯郸文化脉系[M].石家庄：河北人民出版社.2010(02)：78,395. 33,34,35,392,393,394.

[45] 杨生、肖学杰.论科学和技术的关系[J].云南师范大学学报(哲学社会科学版),2001(01),60—63.

[46] 眭纪刚.科学与技术：关系演进与政策涵义[J].科学学研究,2009(06),801—807.

[47] 吕达、陈北宁、赵江波.从科学与技术的关系中看人与自然的和谐发展[J].河北理工大学学报(社会科学版),2008(04),58—59,62.

[50] [英]迈克尔·马尔凯.科学与知识社会学[M].林聚任译.北京：东方出版社,2001：145.

[55] [56] [57] [59] [60] [63] [64] [65] [66] [67] [68] [74] [76] [80] [81] [82] [83] [84] [85] [88] [89] [90] [91] [118] [138] [139] [145] [147] [153] 王玉仓.科学技术史[M].北京：中国人民大学出版社,1993(03)：25.39.39.40.34.84—86.84.125.124.126.86.87.125—126.59.132.132.132.132.103—105.149.150.155.147.130.149.149.105.105—106.131.

[58] [133] [140] [141] 吾淳.古代中国科学范型[M].北京：中华书局,2002(02)：120.113—114.137.137.

[61] [124] [137] [156] 高奇.走进中国科技殿堂[M].济南：山东大学出版社,2008：69—70.224.182.153.

[62] [70] 梁宗巨、王青建、孙宏安.世界数学通史(下册·一)[M].沈阳：辽宁教育出版社,2000(07)：279.378.

[69] E. T. Bell, *The Development of Mathematics*. 1945：37.

[71] [103] [107] [108] [110] (明)宋濂.元史·郭守敬传[M].北京：中华书局.1976：1153—1156.

［72］［73］［106］［109］［111］［112］［116］［119］［123］陈美东.郭守敬
　　　　评传[M].南京:南京大学出版社,2011(04):08.340.329.29—30.119.
　　　　286.231—255.293.96.

［75］［77］［78］［146］王成组.中国地理学史[M].北京:商务印书馆,
　　　　1988(02):278.316.317.164.

［79］于孔宝.扁鹊与中国医学[J].管子学刊,2013(01),17—19,95.

［86］杨玉荣.隋代桥梁工匠李春与其赵州桥的历史意义[J].兰台世界,2014
　　　　(24),87—88.

［87］王小兰.桥[M].中国人民大学出版社,2007(07):96.

［92］王文成.中国古代成文法规考试制度的形成与文化科技发展的关系[J].
　　　　信阳师范学院学报(哲学社会科学版).2007(03),95.

［93］吴恺.我国科技奖励制度研究[D].武汉:武汉大学.2010:25.

［94］(东汉)郑玄注.周礼注疏(卷一,天官冢宰)[M].十三经注疏,北京:中华
　　　　书局,1990:641.

［95］(晋)司马彪.后汉书志(第二十六,百官三)[M].北京:中华书局,
　　　　1965:3592.

［96］［97］郭昌远.明代太医院研究[D].福州:福建师范大学,2014:6,19.

［98］任锡庚.太医院志[M].上海:上海古籍出版社.2000:387.

［99］姚春鹏、姚丹.刘完素医易思想初探[J].周易研究,2011(02),88—93.

［100］［114］何燕.图说中医[M].北京:华文出版社.2009:10.16.

［102］蔡蕃.郭守敬对元大都水利的贡献,郭守敬及其师友研究论文集[G].邢
　　　　台市郭守敬纪念馆编,邢台:郭守敬纪念馆.1996:121.

［104］(明)宋濂.元史·河渠志一[M].北京:中华书局.1976:1150.

［105］蔡蕃.北京古运河与城市供水研究[M].北京:北京出版社.1987:152.

［113］华林甫.论郦道元《水经注》的地名学贡献[J].地理研究,1998(02),
　　　　82—89.

［115］葛琪、张扬、周小儒.浅谈隋代赵州桥设计的文化内涵[J].美与时代(中),
　　　　2012(11),82.

［117］王修智、马来平.通俗科技发展史[M].济南:山东科学技术出版社,2007
　　　　(04):316.

［120］王忠强、金开诚.中国文化知识读本——赵州桥[M].长春:吉林文史出
　　　　版社,2009(12):74.

[121] 陈美东.郭守敬评传[M].南京：南京大学出版社,2011(04)：155.

[122] 王立兴.民间计时器"香漏"考[M].(中国天文学史文集编辑组：中国天文学史文集第五集),北京：科学出版社,1989：258—259.

[127] [131] [134] [135] [136] [154] 邹逸麟.中国历史地理概述[M].上海：上海教育出版社.2007(07)：242.243.242.243.243.343—345.

[128] [151] 董海林、李广、李亚.邯郸名胜古迹[M].石家庄：河北人民出版社.2011(09)：16.80.

[130] (晋)陈寿.三国志(卷1)[M].(魏志·武帝纪).裴注引(英雄记).太原：山西古籍出版社.2008：69.

[132] 程美东.中国现代化思想史[M].北京：高等教育出版社,2006(05)：07.

[142] [143] 董金华.科学技术与政治之间的社会契约关系[M].北京：知识产权出版社,2010(05)：01.214.

[144] 罗骞政、任建国.走向交融：科技与政治互动关系[M].北京：兵器工业出版社,2009(08)：05.

[148] 张全明.中国历史地理学导论[M].武汉：华中师范大学出版社,2006(06)：432.

[155] (清)张廷玉.明史(卷85)[M].河渠志三·运河上.北京：中华书局.1976：1275.

[157] [159] [160] 葛荣晋.宋明理学与近代新学之间的桥梁,文史知识编辑部编[G],儒·佛·道与传统文化[M],北京：中华书局,1990(01)：51.48.49.

[161] 张可喜.读卖新闻(新华社,东京)[EB/OL].[1999-02-26]. http://wenku.baidu.com/link? url=DSz_3qcspzu_qbHF3GPqJhGwgrtmxCmj6iJ5RmV993klySGQaRTHLlugzFpwokRLxCfHRX8Ku2FJkSdCxL6Hb0zJIr4Pswuh5prchvBW77.

[164] [美]弗洛姆.欧阳谦译.健全的社会[M].北京：中国文联出版公司,1998：370.

后　记

　　自 2010 年以来,冯石岗教授、贾建梅教授、李洪卫研究员、魏进平研究员、张慧芝教授、王宝林博士、贾万森老师等多名专家学者投入京津冀文化研究中来,培养指导了 20 多名硕士研究生和思想政治教育本科生,相继发表了数十篇相关学术论文。本著作是冯石岗教授和贾建梅教授指导马克思主义理论学科研究生近几年重点研究的部分成果。

　　第一编《慷慨悲歌特质,勇于担当基蕴——冀域燕文化精神研究》是河北工业大学马克思主义理论学科 2013 级硕士研究生许文婷同学在冯石岗教授指导下完成的;

　　第二编《经营诚信立命,商贸以德立业——冀州古代商帮文化研究》是河北工业大学马克思主义理论学科 2012 级硕士研究生汤庆慧同学在冯石岗教授指导下完成的;

　　第三编《陶瓷名窑故里,技艺几领风骚——冀域古代陶瓷文化研究》是河北工业大学马克思主义理论学科 2013 级硕士研究生董成志同学在冯石岗教授指导下完成的;

　　第四编《技术崇实黜虚,科学求真创新——冀域古代科技文化研究》是河北工业大学马克思主义理论学科 2014 级硕士研究生王儒同学在贾建梅教授指导下完成的。

全书由冯石岗、贾建梅总体设计、文字修改完成。

2017 年 3 月

图书在版编目(CIP)数据

坚韧担当　进取创新:京津冀文化特质探索/冯石岗,贾建梅
主编.—上海:上海三联书店,2017.9
ISBN 978-7-5426-5930-9

Ⅰ.①坚…　Ⅱ.①冯…②贾…　Ⅲ.①地方文化-文化发展-
研究-华北地区　Ⅳ.①G127.2

中国版本图书馆 CIP 数据核字(2017)第 117253 号

坚韧担当　进取创新——京津冀文化特质探索

主　　编 / 冯石岗　贾建梅

责任编辑 / 郑秀艳
装帧设计 / 一本好书
监　　制 / 姚　军
责任校对 / 张大伟

出版发行 / 上海三联书店
　　　　　(201199)中国上海市都市路 4855 号 2 座 10 楼
邮购电话 / 021-22895557
印　　刷 / 昆山市亭林印刷有限责任公司

版　　次 / 2017 年 9 月第 1 版
印　　次 / 2017 年 9 月第 1 次印刷
开　　本 / 890×1240　1/32
字　　数 / 250 千字
印　　张 / 10.5
书　　号 / ISBN 978-7-5426-5930-9/G·1459
定　　价 / 42.00 元

敬启读者,如发现本书有印装质量问题,请与印刷厂联系 0512-57751097